AF540109

आलोचना के प्रत्यय : इतिहास और विमर्श

आलोचना के प्रत्यय

इतिहास और विमर्श

डॉ. कन्हैया सिंह

लोकभारती प्रकाशन
पहली मंजिल, दरबारी बिल्डिंग, महात्मा गांधी मार्ग,
प्रयागराज–211 001
शाखाएँ : 1–बी, नेताजी सुभाष मार्ग, दरियागंज,
नई दिल्ली–110 002
अशोक राजपथ, साइंस कॉलेज के सामने,
पटना–800 006
1, अनमोल सोराबजी संतुक लेन, धोबी तलाव,
मरीन लाइंस, मुम्बई–400 002
वेबसाइट : www.lokbhartiprakashan.com
ई–मेल : info@lokbhartiprakashan.com

प्रथम संस्करण : 2020
पहली आवृत्ति : 2022

राजकमल प्रेस
नई दिल्ली–110 002
द्वारा मुद्रित

ALOCHANA KE PRATYAY
ITIHAS AUR VIMARSH
by Dr. Kanhaiya Singh

ISBN : 978-93-89742-74-9

मूल्य : ₹595

अपने परम आत्मीय एवं शुभचिन्तक
प्रिय प्रो. सदानन्द प्रसाद गुप्त
को
सस्नेह समर्पित

-डॉ. कन्हैया सिंह

अनुक्रमणिका

आमुख

आलोचना, रचना के सौन्दर्य-उद्‌घाटन की एक प्रक्रिया है और अपने मूलधर्म को पालन करते हुए जो आलोचना रचनाकार के साथ तादाम्य स्थापित करके अपने हृदय की अभिव्यक्ति करती है, वह आलोचना रचना का आनन्द प्रदान करती है। भारतीय काव्य-शास्त्र की शास्त्रीय परम्परा में आलोचना के सन्दर्भ में विस्तृत विवेचन हुआ। काव्य की आत्मा क्या है? अर्थात् काव्य का मूलधर्म क्या है? उसे रूपायित और व्याख्यायित करने के सम्बन्ध में, यहाँ प्रमुख रूप से पाँच सम्प्रदाय बने—अलंकार, रीति, वक्रोक्ति, रस तथा ध्वनि। इन्होंने अपने नानानुरूप काव्यात्मा की स्थिति तत्-तत् नामों की सृष्टिवाली रचनाओं में माना।

हिन्दी में अपना काव्य-शास्त्र या साहित्य-शास्त्र बनाने की दिशा में आचार्य रामचन्द्र शुक्ल ने पर्याप्त कार्य किया और रस-सिद्धान्त की मौलिक व्याख्या की। सैद्धान्तिक आलोचना का चक्र शुक्ल जी के विश्लेषण के इर्द-गिर्द घूमता रहा। आगे चलकर इस क्षेत्र में पश्चिम की आलोचना के प्रत्ययों का भी समाहार होता गया और सौन्दर्य-शास्त्र (ऐस्थेटिक्स) के आधार पर रचना में सौन्दर्य और श्रेष्ठत्व की तलाश होने लगी। साथ ही, मार्क्सवादी आलोचना के प्रत्यय 'साहित्य का समाजशास्त्र' या 'साहित्य का सामाजिक सरोकार' आदि का सन्दर्भ आलोचना में आया। इस पुस्तक के प्रथम भाग में 'आलोचना के नये प्रत्ययों' का विश्लेषण इसी दृष्टि से किया गया है कि यह कहाँ तक भारतीय काव्य-शास्त्रीय परम्परा से मेल खाते हैं और कहाँ इनकी गति हमारे विचारों से मेल नहीं खाती!

दूसरे भाग में हिन्दी की कुछ रचनाओं में इतिहास की स्थितियों का विश्लेषण किया गया है। साहित्य और देश के इतिहास का नाभि-नाल

सम्बन्ध होता है। साहित्यिक रचनाएँ इतिहास तो नहीं हो सकतीं, पर उनके इतिहास के साथ ही युग की प्रवृत्तियों के विश्लेषण से वास्तविक इतिहास-रस की प्राप्ति होती है। यद्यपि यह इतिहास नहीं होतीं, पर इनमें बहुत-सी ऐसी घटनाएँ भी मिल जाती हैं, जिन्हें इतिहासकारों ने जान-बूझकर दबा दिया था। हिन्दी में काव्य, कथा-साहित्य, नाटक आदि में इतिहास बहुत कुछ सुरक्षित भी है। यहाँ कुछ चुनी हुई रचनाओं को लेकर यह दिखाने का प्रयत्न किया गया है कि कैसे इन रचनाओं में इतिहास की स्थिति सही इतिहास की तलाश में सहायक हो सकती हैं!

तीसरे भाग में हिन्दी के प्रथम भाषा-कवि गोरखनाथ, द्विवेदी-युग के सशक्त रचनाकार हरिऔध, मैथिलीशरण गुप्त आदि की विशेषताओं पर विमर्श किया गया है।

ये आलेख समय-समय पर विभिन्न परिसंवादों में व्याख्यान के रूप में दिये गये हैं, अथवा हिन्दी की महत्त्वपूर्ण पत्रिकाओं में प्रकाशित हुए हैं। अतः इनमें कहीं-कहीं पुनरुक्ति भी हो गयी है, पर उन्हें यथावत् रहने दिया गया है। इस पुस्तक में यदि कुछ त्रुटियाँ लगें, तो विज्ञ पाठक मुझे बता दें, ताकि उनका परिमार्जन किया जा सके।

इन आलेखों में अधिकांश को प्रो. सदानन्द प्रसाद गुप्त ने उत्तर प्रदेश हिन्दी संस्थान में तथा डॉ. प्रदीप राव ने गोरक्षपीठ या अपने महाराणा प्रताप स्नातकोत्तर कॉलेज में प्रस्तुत करने का अवसर दिया है। अतः इनके प्रति आभार व्यक्त करके मैं सन्तोष का अनुभव करता हूँ। पुस्तक को प्रकाशन योग्य बनाने में अपने सुझावों और सहयोग से डॉ. रामकठिन सिंह ने जो योगदान दिया है, वह कृतज्ञता-ज्ञापन से कहीं अधिक सराहना के योग्य है।

दिनांकः 26 सितम्बर, 2019 **कन्हैया सिंह**

हिमाद्रि, राहुल नगर, आजमगढ़-276001

खण्ड–1

आलोचना के प्रत्यय

आलोचना का सौन्दर्य–विमर्श

आलोचक किसी कृति के सौन्दर्य-विमर्श में उसके मर्म से लेकर उसके रूप-विन्यास, शब्द-संयोजन, अलंकृति आदि तत्त्वों की तलाश में एक नयी सृष्टि या सर्जना करता है। संस्कृत में एक उक्ति है–

"पण्डित या आलोचक ही काव्य के रस को जानता है और 'रस' में ही सौन्दर्य और लावण्य है।" काव्य-रस या काव्य-सौन्दर्य का भोक्ता तो कोई भी सहृदय पाठक होता है पर उसका विशिष्ट भोक्ता और उस भोज्य को पचाकर उसके सौन्दर्य की वस्तु-व्यंजना से लेकर उसकी बारीक अन्तरंग परतों को उद्‌घटित करने का काम आलोचक करता है। आलोचना में प्रचलित समाज-विमर्श, मनोविमर्श, धर्मविमर्श, दलित-विमर्श, नारी-विमर्श आदि सभी विमर्शों का केन्द्रीय तत्त्व सौन्दर्य-विमर्श ही है।

सौन्दर्य, सौन्दर्यशास्त्र, सौन्दर्यदृष्टि ये पश्चिमी जगत् से आये आधुनिक प्रत्यय हैं जो अठारहवीं शती से क्रमशः विकसित हुए। काण्ट और हीगेल से लेकर सार्त्र, ब्रेख्त, लुकाच, ग्राम्सी, दरेदा तक दृष्टिभेद से इसका चिन्तन-मन्थन हुआ है। पुराने सौन्दर्यशास्त्रियों को परवर्तियों ने भाववादी, सौन्दर्यवाद और स्वयं को वस्तुवादी कहा। भारतीय भाषाओं में भाव और वस्तु दोनों का विचार हुआ है।

भारतीय कला-दृष्टि रस-दृष्टि रही है। यह दृष्टि भाववादी दृष्टि ही नहीं महाभाववादी दृष्टि है। डॉ. हजारीप्रसाद द्विवेदी ने 'पुनर्नवा' उपन्यास में मंजुला के मोहक नृत्य पर आचार्य देवरात की प्रतिक्रिया में उसमें 'भावानुप्रवेश' की स्थिति बतायी और 'महाभाव' लाने का सन्देश दिया। यह महाभाव ही हमारी आलोचना के आर्ष चिन्तन से लेकर अद्यतन वैचारिकी का केन्द्र बिन्दु है। हमने प्रत्यक्ष गोचर से लेकर उसमें अन्तर्निहित

सूक्ष्म चेतन सौन्दर्य का विशेष चिन्तन किया। उपनिषद् में 'सत्यधर्म' के प्रसंग में कहा गया–

हिरण्यमयेन पात्रेण सत्यस्यापहितं मुखम्।

तष्य पूषन्नपावृणु सत्यधर्मायदृष्यते। (ईशा. 15)

तात्पर्य है कि बाह्य जगत् सुन्दर तो है, पर उस सुन्दर स्वर्णपात्र की आभा के आवरण के भीतर सत्यधर्म का प्रभामय सूर्य छिपा है। वही चरम सत्य है, वही सुन्दर है। उसे चाहे तो ब्रह्म कह लें, चाहे महाचिति कहें, चाहे महाभाव कहें, चाहे 'रसोवै सः' कहें। क्योंकि रस को प्राप्त करके आनन्द मिलता है और इसी आनन्द को ब्रह्म कहा गया है–

आनन्दों ब्रह्म व्यजानात् (तैत्तरीय, तृ. बल्ली, षष्ठ अनुवाक्)

मुझे लगता है कि किसी ब्रह्म ने मनुष्य को रचा या नहीं पर मनुष्य ने ब्रह्म को रचा और उससे बड़ा काम लिया। उसे अपनी आस्था, विश्वास का सम्बल और भटकाव एवं व्यभिचार का निषेधकर्त्ता बनाया। भारतीय चिन्तकों ने ब्रह्म को विश्वात्मा, विश्व-चेतन, सर्व समाविष्ट और सर्व समावेशी रूप में देखा। वह अतर्क्य होते हुए भी तर्क की परिधि में स्थित होता है। अर्थात् जो कुछ भी जीवन और प्रकृति में चेतना है, वही ब्रह्म है। जब भौतिक जगत् का समस्त विस्तार ही ब्रह्म है तो ब्रह्मवादी और वस्तुवादी दृष्टि से सौन्दर्य मीमांसा में कोई विशेष प्रभाव नहीं पड़ता। जो ब्रह्म है वही सुन्दर है, अथवा जो सुन्दर है, वह ब्रह्म है। दूसरी दृष्टि है कि जो वस्तु सुन्दर है, वही सुन्दर है। उससे परे सौन्दर्य कुछ भी नहीं है। ये दोनों ही दृष्टियाँ अतिवादी हैं। प्रमाणवार्तिक में धर्मकीर्त्ति मूर्खता के पाँच लक्षण मानता है, उसमें पहला लक्षण किसी ब्रह्मसत्ता में विश्वास करना है। यह लोकायतन परम्परा चार्वाक, केशकम्बली और समस्त अर्हत परम्परा में चलती है। भाववादी आस्तिक परम्परा के विपरीत यह अभाववादी नास्तिक परम्परा भी भारत में चलती रही है। पर अग्रसर होती रही भाववादी आस्तिक परम्परा ही। अतः हमारा सौन्दर्य-विमर्श भी उसी के अनुसार चलता रहा है। वस्तुतः तर्क की दृष्टि से ईश्वर भी मनुष्य की एक भाव-सृष्टि है जो मनुष्य के जीवनगत के अभाव का पूरक बनता है। यही भौतिक भाव को उच्चतर महाभाव तक पहुँचाता है।

सौन्दर्य के लिए भारतीय आलोचना में रस, ध्वनि, अलंकार, वक्रोक्ति, औचित्य, लावण्य, चारुता, सौभाग्य, उदात्त, लालित्य, रमणीयता, कान्ति आदि कितने ही शब्दों का प्रयोग मिलता है। वामन के 'सौन्दर्य अलंकारं' पर प्रतिवादी स्वर रीति-गुण में सौन्दर्य माननेवालों का उभरा कि, ''स अदोषौ, सगुणावनलंकृति पुनः क्वापि?'' इसी विमर्श में आगे रसवाद की प्रतिष्ठा हुई जो भाव के उच्चतर धरातल पर एक ऐसी भावदशा में कलासृष्टि को मान्यता देता है जो उसके प्रेक्षक को भी उसी भाव में विभोर कर देती है। यह भाव दशा 'हृदयः की मुक्तावस्था' है, ब्रह्मनन्द सहोदर है, मधुमती भूमिका है, या युगनद्धभाव है। यह एक ही स्थिति को व्यक्त करने के लिए अलग-अलग शब्द हैं।

यही भावसृष्टि सौन्दर्य से प्रादुभूत और सौन्दर्य की सर्जक होती है। अन्य कलाओं में स्थूल प्रतीकों से सर्जनात्मकता आती है, पर साहित्य में यह भाव के साथ ही शब्दार्थ, अलंकृति, शैली, वक्रोक्ति से भी आती है। साहित्य में भाव और रूप दोनों ही सौन्दर्य-विधान और सौन्दर्य संवर्द्धन में सहायक होते हैं। पर रस या ध्वनि, लावण्य या लालित्य, चारुता या रमणीयता कुछ और ही चीज है जो साहित्य के बाह्य उपकरणों से अदृश्य और अन्तरंग होती है। बाह्य उपकरणों को काव्य शरीर और अन्तरंग चारुता या लावण्य को काव्यात्मा कहा गया और उसी में विशेष सौन्दर्य का अधिष्ठान है। सुन्दर शरीर से आत्मा निकल जाने पर जो गति सुन्दरता की होती है, वही गति साहित्य से 'शिव' तत्त्व निकल जाने पर होती है—'शिव' विहीन-साहित्य 'शव' रह जाता है। जो सत्य है, वही शिव है और जो सत्य है और शिव है, वही सुन्दर है। इस भारतीय चिन्तन-दृष्टि में पूँजीवादी-सामन्तवादी सौन्दर्यशास्त्र और समाजवादी-मार्क्सवादी सौन्दर्यशास्त्र दोनों समा जाते हैं। आनन्दवर्द्धन ने काव्य में लावण्य की अवस्थिति के सम्बन्ध में लिखा—

प्रतीयमानपुरन्यदेव वस्त्वस्ति वाणीषु महाकवीनाम्।
यत् यत् प्रसिद्धावयवातिरिक्तं विभाति लावण्यमिवाङ्गनासु।।

प्रतीयमान कोई और ही वस्तु है जो प्राणियों के प्रसिद्ध अवयवों की भाँति काव्य-अवयवों से भिन्न महाकवियों की वाणी में लावण्य के रूप में

स्थित होती है। लावण्य 'मोती की तरल छाया' की तरह सुन्दर शरीर के अंगों में या साहित्य में ध्वनित या अनुभूत होता है। यह लावण्य ही अपनी विशिष्टता से अन्तरंग का स्पर्श करता है। इसे 'रम्यछायान्तरस्पर्शीवक्रता' कहा गया है। यह लावण्य ही लोकहृदय को अभिभूत करता है। सारा समाज सुख-दुःख की समान अनुभूति से ही एक सूत्र में बँधता है। बौद्ध चिन्तक शान्तिदेवाचार्य ने 'बोधिचर्यावतार' में लिखा है—

हस्तादिभेदन बहु प्रकारो, कायोयथायिका परिपालनीय।

तथा जगत भिन्नमभिन्न, सुक्खं दुक्खं सर्वमिदं तथैव।।

इसी मूल मनोवैज्ञानिक तत्त्व से साधारणीकरण होता है और कवि के हृदय की मुक्तावस्था का आस्वाद्य सौन्दर्य, लोक के लिए आस्वाद्य बन जाता है।

वक्रोक्ति को काव्य का मूल माननेवालों ने शब्दार्थ, वक्र-व्यापार, व्यवस्थित बन्ध के साथ उसे आह्लाद उत्पन्न करनेवाला माना है। यद्यपि वे आनन्दवर्द्धन के लावण्य से भिन्न काव्य को चमत्कृत करनेवाले तत्त्व को 'सौभाग्य' कहते हैं और उसे सम्पूर्ण रचना का फल कहते हैं, पर आह्लादकारक तत्त्व तो निश्चय ही कोई सूक्ष्म सौन्दर्य ही है उसे चाहे जो नाम दिया जाय। आखिर सौन्दर्य, लावण्य और सुभग में कहाँ अर्थभेद है। शान्तिदेवाचार्य ने इसीलिए आर्ष के साथ अर्थाष को भी सौन्दर्य का हेतु माना है।

हिन्दी आलोचना में काव्य-सौन्दर्य के विवेचन में मौलिक चिन्तन आचार्य रामचन्द्र शुक्ल ने किया। उन्होंने रस-मीमांसा में संस्कृत के आचार्यों की परिभाषाओं और व्याख्याओं को यथावत् स्वीकार नहीं किया, बल्कि उसमें तार्किक और वैज्ञानिक सोच के द्वारा नयी स्थापनाएँ कीं। शुक्ल जी की सौन्दर्य दृष्टि भी भाववादी है पर वह काव्य, साहित्य और कला के क्षेत्र में आध्यात्मिकता और अलौकिकता को अनावश्यक मानते हैं। रस-दशा व्यक्ति से आगे बढ़कर समष्टि में विस्तार पाती है और हृदय की अनुभूति जब लोक की अनुभूति बनती है, तो उसे काव्यशास्त्र में साधारणीकरण कहते हैं। डॉ. रामविलास शर्मा ने भारतीय काव्यशास्त्र की इस दृष्टि के सम्बन्ध में लिखा है, "भारतीय काव्यशास्त्र ने साधारणीकरण के सिद्धान्त द्वारा इस भावजगत् की सामान्य अनुभूति भूमि की ओर संकेत

किया। यह उसकी बहुत बड़ी विशेषता है।" शुक्ल जी ने उस प्राचीन स्थापना को नवीन रूप देते हुए बहुत स्पष्ट शब्दों में लिखा था, "सच्चा कवि वही है जिसे लोकहृदय की पहचान हो, जो अनेक विशेषताओं और विचित्रताओं के बीच मनुष्य जाति के सामान्य हृदय को देख सके। इसी लोकहृदय में हृदय के लीन होने की अवस्था का नाम रस-दशा है।' (आस्था और सौन्दर्य, पृ. 30 द्वि.सं.)। नवजागरण काल के रचनाकारों ने मानव में ही ईश्वरत्व की प्रतिष्ठा की। अतीन्द्रिय और अगोचर से परे इन्द्रियगम्य और गोचर को साहित्य में प्रतिष्ठा दी। अब साहित्य के केन्द्र में मनुष्य है और सौन्दर्य-मीमांसा के क्षेत्र में भी। आलोचक शुक्ल जी ने यही मौलिक दृष्टि हिन्दी को दी।

सौन्दर्य-विमर्श में आचार्य रामचन्द्र शुक्ल ने ऐसा व्यावहारिक विश्लेषण किया है कि वह एक साथ भाववादी लेखकों और मार्क्सवादी लेखकों दोनों को स्वीकार्य हुआ। शुक्ल जी और मुक्तिबोध दोनों प्रत्यक्ष जीवनानुभूति से पृथक् रसानुभूति को कोई अन्य अन्तर्वृत्ति नहीं मानते। दोनों ही 'उदात्त स्तर' पर जीवनानुभूति का रसानुभूति या सौन्दर्यानुभूति में रूपान्तरण मानते हैं और इसके लिए 'आत्मबद्ध दशा का परिहार' आवश्यक मानते हैं। आचार्य शुक्ल और मुक्तिबोध दोनों ही 'उदात्त स्तर' और 'आत्मबद्ध दशा का परिहार' शब्द प्रयोग करते हैं और रसानुभूति का उनका विश्लेषण भी समान ही है।

मुक्तिबोध पर डॉ. विश्वनाथ त्रिपाठी लिखते हैं, रूप, रस, गंध, स्पर्श की अनुपम छवियाँ सौन्दर्य का उनकी जनहित कविता में अनूठा और झूठा नहीं होता। (नया ज्ञानोदय, सितम्बर, 2014/6038) वस्तुतः पुराने कवियों से लेकर प्रसाद, निराला, अज्ञेय आदि किसी का सौन्दर्य झूठा नहीं है। तुलसी का एक सौन्दर्य बिम्ब है "सुन्दरता कहँ सुन्दर करई, छवि गृह दीप शिखा जनु बरई।" मुक्तिबोध का एक बिम्ब देखिये—"गृह द्वार आंगन में रमी/व्यक्तित्व की आभा तुम्हारी विश्व-मानव-संगिनी/हिय साँच के प्रसन्न कोमल रंग-सी/ज्यों साफ पोंछे अमल गृह-कन्दील के/मृदु काँच में किरने उगीं।" देखिये, इन दोनों में क्या अन्तर है। अन्तर आलोचकों की अपनी-अपनी दृष्टि का है। (मुक्तिबोध : नन्द किशोर नवल, पृ. 54-55)

इधर हिन्दी आलोचना में 'लालित्य' शब्द का प्रयोग निबन्धादि गद्य-विधाओं के सौन्दर्यतत्त्व के सम्बन्ध में हुआ है। आचार्य हजारीप्रसाद द्विवेदी ने 'लालित्व' तत्त्व की व्याख्या करते हुए लिखा है, "मानवरचित सौन्दर्य को लालित्य कहना उचित ही है। जहाँ कहीं भी मानवचित्त में सौन्दर्य का आकर्षण है, सौन्दर्य रचना की प्रवृत्ति है, सौन्दर्यास्वादन का रस है, वहीं यह लालित्य की देवी विद्यमान है।" (ग्रन्था. 7 पृ. 34) विश्वव्यापिनी सर्जनात्मक शक्ति को 'ललिता' कहा गया है। यही लालित्य की विधायिनी है। कुबेरनाथ राय ने भी 'ललित तत्त्व' की व्याख्या कुछ इसी प्रकार की है, "लालित्य या सौन्दर्य परमा प्रकृति की एक चिद्कला है।...परमा प्रकृति स्वयं विश्व चैतन्य और परम चैतन्यरूपा 'महाचिति' है। यही व्यक्ति सत्ता के भीतर सीमित नाम रूप लेकर स्थित है चेतन बनकर। यह महाचिति का व्यष्टि-विधान लालित्य है। जिसके आस्वादन से सुख मिले वह ललित है, और लालित्यबोध माने आस्वादन सुख या रसानुभूति।" (वाणी का क्षीर सागर, पृ. 92-93)

लालित्य या सौन्दर्य रूप में भी है पर इससे अधिक वह भाव में है। 'यूसुफ जुलेखा' आख्यान में यूसुफ परम रूपवाला है। जुलेखा पर जब प्रवाद हुआ कि वह एक भेड़ चरानेवाले पर आसक्त है तो वह अपने पास-पड़ोस की कई औरतों को आमन्त्रित करती है और यूसुफ को कैद से निकलवा कर चौकी पर बैठाती है। सभी औरतों के हाथ में एक नीबू और एक चाकू देकर नीबू को दो टुकड़े में काटने को कहती है। सभी औरतों ने चाकू से अपना हाथ काट लिया क्योंकि सबकी दृष्टि यूसुफ की ओर लगी थी। तब जुलेखा ने उनसे कहा कि देखो यूसुफ इतना सुन्दर है कि कोई भी उसे देखकर आकर्षित हो जायगा। यूसुफ पर वजीर कन्या मरती रही, पर यूसुफ उससे उदासीन रहा। यूसुफ के प्रेम में वह मलिन हो गयी, मुँह पर झुर्रियाँ पड़ गयीं, बाल पक गये। जब यूसुफ राज सम्मान से अलंकृत हुआ और उसकी सवारी शहर में निकली तो अस्त-व्यस्त बालों और वस्त्रों में जुलेखा भी उसे देखने को भीड़ में खड़ी थी। यूसुफ की निगाह उस पर पड़ी, तो वह नीचे उतर कर उसके पास गया और अपने हाथों से उसका स्पर्श किया जिससे जुलेखा का युवा सौन्दर्य पुनः लौट

आया। यह रूपाकर्षण का ही नहीं श्रद्धा-समर्पण का प्रेमभाव है। शुक्ल जी के शब्दों में कहें तो वह परिपक्व मंजिष्ठा राग था जिससे यूसुफ भी पिघल गया।

सौन्दर्य की सृष्टि वस्तु और भाव के साथ ही साहित्य में 'भंगी भणिति' या कथन की भंगिमा में भी होती है। कुन्तक ने इसे वक्रता कहा है और बड़ी गहराई से इसका विचार किया है। साहित्य में अलंकारों के अतिरिक्त प्रतीकों, बिम्बों और मिथकों से भाषा की सर्जनात्मकता की सिद्धि तथा भंगिमा के सौन्दर्य का स्थापन किया जाता रहा है। प्रतीकों में भारतीय मनीषा ने देवी-देवताओं के चित्रों की सृष्टि की। गणेश और सरस्वती के रूप ऐसे ही प्रतीक हैं।

इस प्रसंग से स्पष्ट है कि सौन्दर्य वस्तुसत्ता के साथ द्रष्टा के भावजगत् में भी होता है। काव्य में सौन्दर्य-व्यंजना की सर्वाधिक सुविधा होती है पर मूर्ति और चित्र में भी भाव सौन्दर्य की अद्भुत सम्भावना होती है। 'शाकुन्तलम् में कालिदास ने एक चित्र की कल्पना की है जिसमें कण्व ऋषि के आश्रमोद्यान में एक मृग और मृगी बैठे हैं। मृग अपनी सींग के अति कठोर और नुकीले कोर से अपनी मृगी के कोमलतम अंग आँख की पुतली के भीतर खुजला रहा है। इस कल्पित चित्र में प्रेमीयुगल के परस्पर अपार विश्वास, परस्पर मंगल दृष्टि और आत्मिक एकात्मता का सौन्दर्य व्यंजित है।

कथन-भंगिमा से भाषा की सामर्थ्य बढ़ाकर सूक्ष्म सौन्दर्यबोध में बिम्बों और मिथकों का महत्त्वपूर्ण स्थान है। मैं कुछ मिथकों की चर्चा करके अपनी बात पूरी करूँगा। आचार्य द्विवेदी ने तीन शब्दों के उदाहरण द्वारा मिथक को स्पष्ट किया है। डाह (ईर्ष्या या जलन) यह दाह से बना है। अग्नि में दाह है, वह जलाने की चीज है। ईर्ष्या भी अन्तरंग जलन उत्पन्न करती है। अतः 'डाह' मिथक बनकर विशेष अर्थ में रूढ़ हो गया। इसी प्रकार के शब्द 'माधुर्य' और 'लावण्य' भी हैं। मीठा और नमकीन पदार्थ होता है। पद में या भाव में मिठास और लवणता अर्थान्तर संक्रमित है और मिथक बनकर एक विशेष अर्थ में रूढ़ हो गयी है। पौराणिक मिथकों का प्रचुर प्रयोग विश्व की सभी भाषाओं में होता रहा है। भारतीय भाषाओं में ऐसे

मिथकों का भण्डार है। इस दृष्टि से जायसी की 'पदुमावति' से एक उदाहरण पर्याप्त होगा। गोरा चित्तौड़ दुर्ग के बाहर युद्ध में मारा जाता है, कवि कहता है—

गढ़ सौंपा बादिल कहँ निकसि गये बसुदेव।

छाँड़ी लंक भभीषन जेहिं भावै सो लेव।

बात इतनी ही है कि बादल को गढ़ की रक्षा का भार सौंप कर गोरा मर गया, पर 'बसुदेव' और 'विभीषण' के मिथक से माया के बन्धन से मुक्त हो आत्मा (बसु) के शरीर से निकल जाने की अर्थ-व्यंजना रमणीयता, चारुता, लावण्य अथवा सौन्दर्य का विधान करती है। जायसी ने 'प्रेम की पीर' में तपा-तपा कर वह रसायन तैयार किया है, जिसमें कवि के साथ सभी रसमग्न हो जाते हैं। कवि की घोषणा ही है—

मुहमद यह कवि जोरि सुनावा। सुना जो प्रेम पीर गा पावा।
जोरी लाइ रकत कै लेई। गाढ़ी प्रीति नैन जल भेई।।

यही तन्मयता कलाकार या रचनाकार में अपेक्षित है, वह चाहे मलिक मुहम्मद जायसी हों या लियोनार्द विंकी हों जिनकी 'मोनोलिसा' विश्व प्रसिद्ध सौन्दर्य की कलाकृति है। सौन्दर्य-मीमांसक आलोचक को भी रचनाकार की उस तन्मय भावदशा से जुड़ना होता है, तभी वह रचयिता के सौन्दर्य-विधान के मर्म को स्पर्श कर पाता है।

भारतीय कला : सौन्दर्य–दृष्टि

'कला' शब्द अपने व्यापक अर्थ में सभी सौन्दर्यात्मक अभिव्यक्तियों के लिए प्रयुक्त होता है। 'कला' का उद्‌देश्य मूलतः अनुरंजन है–"अनुरंजन ऐहिक भी हो सकता है और मानसिक भी। हमारे भीतर की सौन्दर्यमयी अभिव्यक्तियाँ शब्द के माध्यम से काव्यादि में प्रकट होती हैं और कभी छेनी-हथौड़ी के माध्यम से मूर्ति, तूलिका से चित्र, अंग संचालन की विविध भंगिमाओं से नृत्य, स्वरों के आरोह-अवरोह से संगीत के रूप में प्रकट होती हैं। सभी स्थूल और सूक्ष्म कालाओं में यही भावात्मक प्रेरणा विद्यमान रहती है कि हम अपनी धुँधली अनुभूतियों को एक विशिष्ट रूप प्रदान कर सकें।" (एस. एन. दास गुप्त : फण्डामेण्टल ऑफ इण्डियन आर्ट, पृ. 4)

भारतीय सौन्दर्य दृष्टि भौतिक के साथ अध्यात्मिक है। कला अपने आप में उतनी महत्त्वपूर्ण नहीं होती जितनी कला जीवन के लिए। जीवन-दृष्टि प्रदान करना महत्त्वपूर्ण होता है, सम्पूर्ण संसार प्रभु का ही प्रतिरूप है, तथा उसकी विशेषताएँ अनन्त हैं। उस दिव्यरूप का यथावत् अनुकरण सम्भव नहीं है। अतः भारतीय कलाओं में प्रतीकों का सहारा लिया गया है। भारतीय कलाएँ जीवन से इतनी समरस हैं कि ललित कला और उपयोगी कला में यहाँ विभाजक रेखा प्रायः नहीं मिलती। उपयोगी कलाओं का क्षेत्र यहाँ अत्यन्त व्यापक है। भारत के आभूषण निर्माता, स्वर्णकार, लुहार, बढ़ई, वस्त्र बनानेवाले, वस्त्रों पर रंगाई करनेवाले, बर्तन बनानेवाले, पत्थर का काम करनेवाले, गलीचा बनानेवाले, सभी ने जीवनोपयोगी और साथ ही अनुरंजनकारी वस्तुओं का निर्माण किया है। भारत के घर-घर में वस्तुओं के रूप-रंग में कला के दर्शन होते हैं इससे संस्कृति और कला को भारतीयों ने जीवन के बहुत निकट कर दिया है। कोहबर के चित्र और रंगोली लोक कलाएँ हैं।

भारतीय कला का इतिहास अत्यन्त प्राचीन है तथा इसकी परम्पराएँ अतीव विकसित हैं। भारतीय प्रतिभा हीरे की कनी के समान विभिन्न प्रकाशों और रंगों को कला-क्षेत्र में विकीर्ण करती है। शताब्दी-से-शताब्दी तक तथा विभिन्न समयों की कलाओं में यहाँ शैलीगत अन्तर देखने को मिलते हैं; पर भारत का कलात्मक प्रभाव एक शक्तिशाली स्रोत के समान है, जो समय की प्रतिच्छाया को ग्रहण करते हुए प्रवाहित हो रहा है।

भारतीय कलाओं के चौंसठ प्रकार माने जाते हैं। पर चौसठ कलाओं में जिन-जिन वस्तुओं की गणना की गयी है, उन्हें बहुत व्यापक अर्थ में भी कला के अन्तर्गत नहीं ग्रहण किया जा सकता। वैसे काव्य को भी व्यापक दृष्टि से कला के अन्तर्गत स्थान प्राप्त होता है, पर व्यावहारिक रूप में कला के अन्तर्गत प्रधानतः संगीत, मूर्ति, चित्र, स्थापत्य या वास्तुकला आदि कलाएँ ही आती है। दण्डी ने अपने काव्यादर्श में काव्य या साहित्य को कला न मानकर कला शब्द का उल्लेख केवल नृत्य-गीतादि के लिए किया है—'नृत्यगीत प्रभूतयः कला कामार्य संश्रयाः।' भरतमुनि के नाट्यशास्त्र की व्याख्या करते हुए अभिनव गुप्ताचार्य ने कला शब्द का अर्थ 'कला गीत वाद्यादिका' कह कर किया है।

कला की हमारी धारणा पश्चिम की कला की धारणा से अलग ही है। पश्चिम की कला में वस्तु सौन्दर्य की प्रधानता है तो हमारी कला भाव सौन्दर्य और उससे भी ऊपर अतीन्द्रिय अलौकिक राग-बोध के साथ सम्बद्ध हो जाती है जिसे हमारे विचारकों ने महाभाव कहा है। हम कला को उसके ध्वन्यार्थ की सफलता में पूर्ण होता मानते हैं।

सौन्दर्य की सृष्टि वस्तु और भाव के साथ ही कला की उदात्तता या कथन की भंगिमा में भी होती है। कुन्तक ने इसे वक्रता कहा है और बड़ी गहराई से इसका विचार किया है। साहित्य में अलंकारों के अतिरिक्त प्रतीकों, बिम्बों और मिथकों से भाषा की सर्जनात्मकता की सिद्धि तथा भंगिमा के सौन्दर्य की स्थापना की जाती रही है। ये प्रतीक, बिम्ब, मिथक ही भारतीय कला-मनीषा में देवी-देवताओं के चित्रों की सृष्टि करते हैं। हीगेल ने अनेक हाथों और अनेक मुखवाले देवताओं में भारतीय कलाकारों के अव्यक्त को व्यक्त करने की सामर्थ्य के अभाव को कारण माना है, पर

वह वस्तुतः इसे समझने में असफल रहा। वाक् या वाणी उच्चरित शब्द-ध्वनि और कला-साधना से निखरते हुए सरस्वती के प्रतीक तक पहुँची। हाथ में पुस्तक और वीणा साहित्य और संगीत के और हंस या कमल नीरक्षीर विवेक तथा निर्मलता और सुगन्धि के तथा शुभ्रवसन 'शिवत्व' के प्रतीक बने। विनायक भी प्रतीक ही हैं जो शब्द को अर्थ प्रदान करते हैं। उनके कान बड़े हैं—ग्राह्यता में बेजोड़, लम्बी सूँड़ सूँघने या समझने की अमोघशक्ति, छोटी आँखे सूक्ष्म दृष्टि और लम्बा उदर सारे ज्ञान को पचाने की सामर्थ्य का प्रतीक है। पर यह पाण्डित्य बोझ नहीं है। अहं का भार उनमें नहीं है। अतः मूषक-वाहन भी उन्हें ढोने में समर्थ है। इसीलिए हम इन प्रतीकों का स्मरण करते हैं। आचार्य द्विवेदी जी ने लिखा है कि, "वाक्तत्त्व का प्रेषणधर्मी अर्थ, रस और छन्द मंगल की ओर तभी ले जा सकता है जब उसमें सामाजिक मंगल की बुद्धि से परिचालित विनायक धर्म एकमेक होकर गुँथा हुआ हो। इस धर्म को पाकर वर्ण अर्थ की ओर अर्थ रस की ओर और रस मंगल की ओर जाता है।" 'रामचरितमानस' के प्रारम्भ में तुलसी ने लिखा :

वर्णानामर्थसंघानां रसानां छन्दसामपि।
मङ्गलानां च कर्तारौ वन्दे वाणीविनायकौ।

द्विवेदी जी के अनुसार तुलसी के मन में इनके आधिदैविक रूपों के साथ ही इन मूर्त रूप के प्रेरक विचारों का ध्यान भी अवश्य रहा होगा। इन भारतीय प्रतीकों में गम्भीर भाव व्यंजना है।

लौकिक काव्य और कला के एक और प्रतीक का उदाहरण मैं देना चाहता हूँ—वह है सुन्दरी बाला की नग्न जंगा पर बिच्छू का चित्र। सामान्य रूप से यह काम-दंश का प्रतीक है। जायसी ने इस प्रतीक का प्रयोग पदुमावती की विरह-दशा में उसकी रोमावली को 'बिच्छू का घाव' कह कर किया है—

नलिन खंड दुइ भइ करिहाऊँ। रोमावली बिछूवक घाऊ।। छं. 412

रोमावली की आकृति और बिच्छू की आकृति समान है। लगता है डंक मार कर बिच्छू रोमावली के रूप में अभी चिपका पड़ा है। यह कितनी सटीक व्यंजनात्मक अभिव्यक्ति है कि पदुमिनि मुग्धत्व को प्राप्त है और कामदंश से पीड़ित है।

शिल्प में इस बिच्छू के अभिप्राय का एक रोचक प्रसंग है। मैसूर के बेलूड़ स्थित विष्णुमन्दिर के हयशाल शिल्प संग्रहालय में महात्मा गाँधी को एक कलाकृति दिखी। एक सर्वांग सुन्दर नारी मूर्ति जो सद्यः अपना एकमात्र वस्त्र झटक कर फेंक दी है और वह पूर्ण नग्न हो गयी है। पास में उसकी फेंकी हुई साड़ी भी उरेही गयी है जिसकी सिकुड़न के भीतर एक बिच्छू भी अंकित है। इस दृश्य को देखकर महात्मा जी स्तम्भित और अभिभूत हो गये। सामान्य रूप से यह चित्र कामोदीप्त नायिका का माना जायगा, पर गाँधी ने इसे अपनी सौन्दर्य दृष्टि से देखा। उन्हें लगा कि शान्तरस इस चित्र में निरूपित है। निःसन्देह साड़ी में छिपा बिच्छू कामदंश का प्रतीक है। नारी आत्मा है। वह अपने माया आवरण में छिपे काम वृश्चिक के दंश से पीड़ित रही। आवरण को फेंक कर वह निर्वसन हो गयी है। उसकी नग्नता विरति या निर्वेद है। माया के आवरण को हटाकर ही कामादि विकारों से मुक्ति मिलती है। इस प्रसंग से स्पष्ट है कि सौन्दर्य वस्तुसत्ता के साथ द्रष्टा के भावजगत् में भी होता है। काव्य में सौन्दर्य-व्यंजना की सर्वाधिक सुविधा होती है पर मूर्ति और चित्र में भी भाव सौन्दर्य की अद्‌भुत सम्भावना होती है। 'शाकुन्तलम्' में कालिदास के एक चित्र का उल्लेख पिछले लेख में हुआ है। कल्पना की है जिसमें कण्व ऋषि के आश्रमोद्यान में एक मृग और मृगी बैठे हैं। मृग अपनी सींग के अति कठोर नुकीले कोर से अपनी मृगी के कोमलतम अंग आँख की पुतली के भीतर खुजला रहा है। इस कल्पित चित्र में प्रेमीयुगल के परस्पर अपार विश्वास, परस्पर मंगल दृष्टि और आत्मिक एकात्मकता का सौन्दर्य व्यंजित है।

भारतीय कला के कुछ परम्परित प्रतीक है जैसे स्वस्तिक, श्रीवत्स, कलश, पद्‌म और शालभंजिका। कला में ये सौन्दर्य और आनन्द की सृष्टि करते हैं। इनके पीछे हमारे सांस्कृतिक-सामाजिक जीवन का एक इतिहास छिपा है। स्वस्तिक गणित के धन () चिह्न का विकास है। ब्राह्मी में 'क' वर्ण का आकार ऐसा ही है। 'क' का अर्थ ब्रह्म अथवा सुख भी होता है। अतः शुभ और मंगल के प्रतीक के रूप में इसका क्रमशः विकास हुआ। डॉ. वी. एस. पाठक ने वेदों में 'स्वस्ति' नामक एक देवी की स्थिति बताया है जो आगे चलकर वाग्देवी या सरस्वती में अन्तर्भुक्त हो जाती है। स्वस्तिक कालान्तर

में इस ज्ञान की देवी का प्रतीक भी बन गया। 'श्रीवत्स' का चिह्न मानव आकृति के रूप में है। इसका अर्थ है—लक्ष्मी का वत्स। यह लक्ष्मी का पुत्र मनुष्य ही है। यह प्रतीक सिन्धु घाटी की मृण्मूर्तियों से लेकर विष्णु के वक्षस्थल की शोभा के रूप में चित्रों एवं श्लोकों में मिलता है। यह प्रतीक हमारी मानव की महत्ता को प्रतिष्ठा देने की लोक दृष्टि है—नहिं मनुष्यात् श्रेष्ठतरं हि किंचित्। कलश को पूर्णकलश, मंगल कलश अथवा भद्र कलश कहते हैं। यह पूर्णता और सम्पूर्णता के साथ विराट् पुरुष और मानव दोनों का प्रतीक है। इसकी पूर्णता मानव की पूर्णता है जो उसे ब्रह्म पद तक पहुँचाती है।

भारतीय कला में धार्मिक, दार्शनिक और सामाजिक संस्कृति का समाहार है। हमारी कला और उसके प्रतीकों में गम्भीर तात्त्विक विवेचन के गूढ़ संकेत मिलते हैं। इन प्रतीकों में प्राचीन वास्तु और चित्रों में शालभंजिका का विशेष अभिप्राय मिलता है। वे सुघर नारी मूर्तियाँ तोरण या स्तम्भों में उत्कीर्ण हैं। यौवन और सौन्दर्य की ये प्रतिमाएँ अलंकृत केशों, आकर्षक आभूषणों, त्रिभंगी मुद्राओं, सुगठित उरोजों और सुस्मित आनन से साक्षात् कामोद्रेक की प्रतीक लगती हैं। बौद्ध स्तूपों विशेषतः विदिशा में साँची के स्तूप की ये मोहक शालभंजिकाएँ प्रतीक है—सहज सुन्दर गृहस्थ जीवन की—इससे आगे बढ़कर ही बोधिसत्व की प्राप्ति है।

शाल बनों में बसन्त ऋतु में क्रीडारत युवतियाँ इस अभिप्राय के मूल में प्रतीत होती हैं। इनमें तरुणी किसी वृक्ष में लिपटी, उसकी शाखा हाथ में लिये उत्कीर्ण होती हैं। किसी किसी शालभंजिका में उसके पैरों में दबा मनुष्य और कहीं हाथी तथा सिंह मिलते हैं। इन प्रतीकों में संकेत मिलता है कि काम के शक्तिशाली वेग के सम्मुख पुरुष क्या हाथी और सिंह की शक्तिवाले भी दब जाते हैं। धीरे-धीरे काम-प्रतीक की यह योजना स्थूल मिथुन-मुद्राओं में कोर्णाक, पुरी और खजुराहों के मन्दिरों की बाहरी दीवालों पर मिलने लगती है। लगता है कि मोक्ष के चतुर्थ पुरुषार्थ की उपलब्धि के लिए इस शक्तिशाली काम-वेग को जीतने का संकेत इन प्रतीकों में रहा होगा। यदि ऐसा न भी रहा तो रमणीयता का एक सर्वाधिक प्रबल रूप नारी में मिलता है और इसीलिए उसे 'रमणी' कहा गया। रमणीयता ही कला के सौन्दर्य और आनन्द का हेतु होती है।

कला के सौन्दर्य और आनन्द को विवेचित करते हुए हम देखते हैं कि तबलों पर हाथों का आघात जब लय बन जाता है या भाषा का व्याकरण जब कविता में ढल जाता है तो एक अति अनिर्वचनीय सौन्दर्य की अनुभूति करते हुए हम उसी के आनन्द में रम जाते हैं। मनुष्य क्या नाग भी बीन के स्वर पर मुग्ध नर्तन करने लगता है और हिरण रुक कर उसके आस्वाद में डूब जाता है। क्या आश्चर्य कि रागों के प्रभाव से बादल बरस जाते हैं और बिना जलाये दीप जल जाते हैं। कुमार स्वामी ने संगीत के सन्दर्भ में लिखा है—''यह एक ऐसे भाव-जगत् और अनुभव को अभिव्यक्त करता है जो व्यक्तिगत मनोभाव और बुद्धिगम्यता से कहीं अधिक गूढ़, विस्तृत और पुरातन है। इसकी व्यथा अश्रुरहित और उल्लास-हर्षोन्मत्तताविहीन है। रागात्मक होते हुए भी इसमें प्रशान्तता का अभाव नहीं।'' यीट्स ने भारतीय संगीत के सम्बन्ध में कहा है—''यह एक कला नहीं साक्षात् जीवन है।''

इस प्रकार भारतीय काव्य, संगीत, चित्र, मूर्ति, नृत्य वाद्य सभी में एक पूर्ण जीवन दृष्टि और लौकिक का अलौकिक से तादात्म्य है। यही हमारी कला की विशेषता है और यही इसके अन्दर का मुख्य आस्वाद है जो कला की सुन्दरता और सांकेतिकता में आनन्द की सृष्टि करता है।

साहित्य का समाजशास्त्र

'साहित्य का समाजशास्त्र' हिन्दी-आलोचना में प्रयुक्त एक नया प्रत्यय है। अमेरिका और यूरोप में इसकी चर्चा सर्वप्रथम हुई और वह भी बीसवीं सदी में। समाजशास्त्र के प्रसिद्ध विद्वान् मैक्स वेवर ने इस विषय पर विचार किया। समाजशास्त्र जिस तरह धर्म, विवाह, नैतिकता, राजनीति, अर्थतन्त्र इत्यादि को अपने विषय के घटक के रूप में अध्ययन करता है, उसी प्रकार 'साहित्य' भी इस शास्त्र का एक घटक है। आधुनिक समाजशास्त्रविदों के इस विश्लेषण के आधार पर यूरो-अमेरिकन आलोचना में 'साहित्य के समाजशास्त्र' की पड़ताल प्रारम्भ हुई। यह पड़ताल एक लेखक की एक रचना से लेकर एक काल की धारा-विशेष में की गयी।

साहित्य समाज में ही उपजता है। लोक-साहित्य तो सहज ही समाज का उत्पादन होता है, पर अन्य साहित्य भी समाज की संवेदनाओं का ही अभिव्यक्त-रूप होता है। इसीलिए कभी साहित्य समाज का दर्पण है, कभी साहित्य जीवन की आलोचना है या साहित्य समाज का ही चित्र होता है ऐसा कहा गया। यूरोप में भी फ्रेंच-लेखिका मादाम दस्ताल ने 17वीं-18वीं शती में इस विषय का गहन विचार किया था। उन्होंने लिखा था, "मेरा उद्देश्य साहित्य पर धर्म, रीति-रिवाज, कानून के प्रभाव का परीक्षण है, क्योंकि साहित्य की प्रकृति के निर्माण में योगदान करनेवाले सामाजिक और राजनीतिक प्रभावों का विवेचन प्रायः नहीं हुआ है।" उन्होंने कहा कि उपन्यास का विकास वहीं सम्भव है, जहाँ नारी का सम्मान होता है। इस विचार को फ्रान्सीसी इतिहासकार तेन ने बढ़ाया। 'अँगरेजी-साहित्य का इतिहास' नामक अपने ग्रन्थ में उसने साहित्य के मूल्यांकन में राजनीति, अर्थतन्त्र, मनोविज्ञान और कानून का महत्त्व बताया।

राजनीति में कार्ल मार्क्स और उसके मार्क्सवाद का प्रभाव बढ़ने के साथ ही बीसवीं सदी में साहित्य में समाजशास्त्र का अर्थापन, उसके भौतिकवादी सिद्धान्तों के अनुसार भी प्रारम्भ हुआ, जिसमें त्रात्स्की, प्लेखानोव, लूकॉच और ग्राम्सी प्रमुख हैं। इन्होंने साहित्य में सर्वहारा, वर्ग-संघर्ष, अर्थ की धुरी पर चलते धर्म-नीति के चक्र इत्यादि को केन्द्र में रखकर साहित्य का समाजशास्त्रीय अध्ययन प्रारम्भ किया।

मार्क्सवादी साहित्य में समाजशास्त्र की अध्ययन-दृष्टि का, यूरो-अमेरिकन लेखकों ने उसे संकीर्ण, एकांगी और अवैज्ञानिक कहकर विरोध किया। स्टेमलर और क्रोचे ने इसका विरोध किया। सबसे प्रबल विरोध मैक्स बेवर ने किया। उसने कहा कि समाज में अर्थव्यवस्था ही समस्त सामाजिक-सांस्कृतिक गतिविधियों को नियन्त्रण नहीं करती है, बल्कि उन्हें प्रभावित करनेवाले अन्य कारक भी होते हैं, जैसे-परम्पराएँ, धार्मिक मान्यताएँ, पर्यावरणीय प्रभाव इत्यादि। दूसरी बात उसने कही कि मार्क्सवादी समाजवाद में जिस सर्वहारा की डिक्टेटरशिप की बात कही जाती है, वह वस्तुतः राजपुरुषों की डिक्टेटरशिप होगी। स्टालिन के शासन में यह स्थिति बहुत कुछ सिद्ध भी हुई।

साहित्य के समाजशास्त्र पर बीसवीं सदी में व्यापक विचार हुआ इसके अध्येताओं मे इंकन, हुवाको, एस्कारपिट का नाम महत्त्वपूर्ण है। इन्होंने साहित्य का एक संस्था के रूप में अध्ययन किया, जिसके मुख्यतः लेखक, कृति और पाठ के तीन घटक एस्कारपिट के अनुसार हैं। साहित्य लेखन भी अन्तः क्रिया का प्रतिफलन है—यह कृति होती है। पाठक रचना का भोक्ता होता है और उसकी रुचि (जो समाज की रुचि का प्रतिबिम्ब होती है) लेखक की अन्तःक्रिया को प्रभावित करती है। किन्तु यह सांख्य के जैसा सिद्धान्त सदैव लागू नहीं होता। बहुत-सी रचनाएँ प्रारम्भ में फ्लॉप हो जाती हैं, पर कालान्तर में उनकी बिक्री और प्रसार बहुत होते हैं। फ्लाइवर के 'मादाम बोवरी' उपन्यास की यही स्थिति थी।

लेखक की वर्गीय स्थिति, उसकी आर्थिक-सामाजिक दशा, विचारधारा इत्यादि का लेखक पर प्रभाव पड़ता है, पर इस नियम के भी अनेक अपवाद हैं। रीतिकालीन अलंकृत साहित्य ''लेखकों द्वारा राजप्रभुओं की

प्रसन्नता के लिए लिखा गया था।" जहाँ-तक पाठकों से कृति की सामाजिकता के निर्धारण का प्रश्न है, यह भी सिद्धान्त 'चन्द्रकान्ता सन्तति' (बाबू देवकीनन्दन खत्री) की बिक्री और प्रसार से निरर्थक सिद्ध होता है। प्रेमचन्द ने इसकी आलोचना की। प्रेमचन्द से ज्यादा गुलशन नन्दा के उपन्यासों की विक्री होती है। अतः साहित्य का अध्ययन साहित्य की दृष्टि से होना उचित है, उसे समाजशास्त्र, अर्थशास्त्र, दर्शनशास्त्र या कि राजनीतिशास्त्र का विषय नहीं बनाया जा सकता। न ही वह किसी विषय का पिछलग्गू हो सकता है।

माल्कम बेडवरी 'साहित्य के समाजशास्त्र' की विसंगतियों पर विचार करने के पश्चात् निष्कर्ष के रूप में कहता है—वस्तुतः साहित्य और समाजशास्त्र दुनिया को देखने के अलग-अलग ढंग है। एक ओर जहाँ समाजशास्त्र महत्त्वपूर्ण और पूर्ण रूप से सफल कलाकृतियों में अनुभव की संश्लिष्टता जानने और पहचानने में हमारी मदद करता है तो दूसरी ओर वह लम्बे दौर में वैयक्तिक रचनाशीलता के हमारे बोध को नष्ट करने की ओर उन्मुख हो सकता है।...साहित्य के समाजशास्त्र में साहित्य का सर्जनात्मक साक्ष्य नष्ट हो जाता है।

इस प्रसंग में प्रसिद्ध आलोचक डॉक्टर बच्चन सिंह ने लिखा है—"साहित्य का समाजशास्त्र घटिया दर्जे की रचनाओं के लिए ज्यादा उपयोगी है। श्रेष्ठ रचनाओं में कई स्तर पर 'मेडिएशन' होता है, जो इस प्रकार के समाजशास्त्री अध्ययन की पकड़ में नहीं आ सकता। साहित्य अपने देशकाल की सीमाओं का अतिक्रमण करते हुए अन्यान्य कालों के लिए प्रासंगिक और प्रिय होता है। समाजशास्त्री अध्ययन इसे नहीं छूता है।" (साहित्य का समाजशास्त्र और रूपवाद, पृष्ठ-4)

मार्क्सवादी समाजशास्त्र

मार्क्स की दो आकांक्षाएँ थी—शोषणमुक्त वर्गहीन समाज की स्थापना और सम्पूर्ण मुनष्य की परिकल्पना। पहला साधन है, दूसरा साध्य। उसने देखा कि पूँजीवादी व्यवस्था मनुष्य का शोषण कर उसे असहाय बना रही है। अतः उसने नयी समाजवादी व्यवस्था-वर्गहीन समाज द्वारा सम्पूर्ण

मनुष्य के विकास का स्वप्न देखा। कला और साहित्य सम्पूर्ण मानव के अनिवार्य आयाम हैं। स्वयं मार्क्स और एंजेल्स ने कला और साहित्य पर समय-समय पर स्फुट रूप से अपने विचार व्यक्त किये थे, जिसका विकास आगे हुआ। मार्क्स एक संवेदनशील रोमाण्टिक कवि भी था। उसके अनुसार, रोमाण्टिक होना बुरा नहीं, पर रोमांस का रोग बन जाना बुरा है।

मार्क्स और एंजेल्स के विचारों के आधार पर पहली पीढ़ी लेनिन, प्लेखानोव, त्रात्स्की और स्टालिन की है, जिन्होंने उनकी साहित्य सम्बन्धी मान्यताओं को विकसित किया। दूसरी पीढ़ी लूकाच, सार्त्र, मारकूजे, गोल्डमान इत्यादि की है। पहली पीढ़ी राजनेताओं की और दूसरी दार्शनिकों-आलोचकों की है। इनके विचार की दिशाएँ हैं–

(1) आधार, अधिरचना, साहित्य

(2) वस्तु-रूप की द्वन्द्वात्मकता

(3) प्रतिबद्धता और

(4) सौन्दर्य-बोध की समस्या।

इस विचारणा का विश्लेषण तीन रूपों में हुआ–

(1) साहित्य कलात्मक रूप में विचारधारा के अतिरिक्त कुछ भी नहीं है।

(2) साहित्य अपने समय की विचारधारा का अतिक्रमण करता हुआ उन तत्त्वों को प्रकाश में लाता है, जिन्हें विचारधारा छिपाये रखती है।

(3) साहित्य विचारधारा का रूपान्तरण करता हुआ वास्तविकता का संवेदनात्मक साक्षात्कार करता है।

पहला मत घोर मार्क्सवादियों का है, जो कभी रचनाकार को स्वीकार नहीं हो सकता। दूसरा मत फिशर का है और यही मत अधिकतर आलोचकों को स्वीकार हुआ। तीसरा मत भी विचारधारा को ही प्रधानता देता है, केवल रूपान्तरण की बात करता है।

हिन्दी-आलोचना में लन्दन में प्रगतिशील लेखक-संघ के संस्थापकों मुल्कराज आनन्द और सज्जाद जहीर कोटि के सोचवाले थे और हिन्दी के प्रारम्भिक प्रगतिशील आलोचक शिवदान सिंह चौहान भी मार्क्सवाद की सीमा में ही हिन्दी के समूचे भक्ति-रीतिकालीन साहित्य को सामन्ती और

वायवी कहकर खारिज कर देते हैं। पर आगे चलकर डॉक्टर रामविलास शर्मा और डॉक्टर नामवर सिंह ने इस सोच को बदला और मूलभूत सर्वहारा और मानवीय दृष्टि के साथ साहित्य के कला-पक्ष को भी महत्त्व देकर मार्क्सवादी समीक्षा के नये मान-मूल्य की स्थापना की। डॉक्टर रामविलास शर्मा का कथन है–

''कला का सम्बन्ध विचारों के साथ मनुष्य के इन्द्रिय-बोध और भावों से भी है। विचारों की व्यंजना भाषा के बिना नहीं हो सकती। तो प्रश्न है, जो कलाएँ भाषा के अतिरिक्त माध्यमों-मूर्ति, चित्र, नृत्य में व्यक्त होती हैं, उनमें विचारधारा कैसे व्यक्त होगी। साहित्य शुद्ध विचारधारा न होकर इन्द्रियबोध और भाव से सम्बन्ध भी होता है।'' (साहित्य का समाजशास्त्र और रूपवाद, पृष्ठ-11) यूरोप में भी यह विकास-प्रक्रिया उत्तरोतर चलती रही। सार्त्र विचारधारा को प्रधानता देता था। पिकासो का प्रसिद्ध चित्र 'ग्वेरेनिका' उसे श्रेष्ठ कला का नमूना नहीं लगता। वह कहता है, 'एंण्टी-सेमेटिज्म' की प्रशंसा में अच्छा उपन्यास नहीं लिखा जा सकता। सत्य यह है कि विचारधारा से प्रतिबद्ध लेखन प्रथम श्रेणी की रचना नहीं दे पाता। टॉल्सटॉय को अच्छा उपन्यासकार कहकर भी उसे प्रतिक्रियावादी, सामन्तवादी या समझौतावादी कहकर उसकी आलोचना हुई, पर धीर-धीरे कुछ विचारकों ने इस दिशा को बदला। पहले काफ्का और सैमुएल बकेट मार्क्सवादियों के लिए निन्दनीय रहे, क्योंकि वे विचारधारा-विशेष से प्रतिबद्ध न थे और स्वतन्त्र मानव-व्यक्तित्व की परतों को खोलनेवाले बेहतर लेखक थे, पर गोल्डमान ने उन्हें यथार्थवादी साहित्यकार घोषित किया तो लोगों ने उन्हें युद्धोत्तर जीवन के मानवीय संकट का बेहतर चित्रकार माना।

साहित्य को विचारधारा का प्रतिबिम्ब मानकर चलने में न्यूनीकरण (रिडक्शनिज्म) का खतरा उत्पन्न हो गया। इसका तात्पर्य यह है कि साहित्य और कला, जो एक समग्र सृष्टि है, जिसमें विचार के साथ भाव, सौन्दर्य और रूप (फार्म का) समाहित, वह न्यून (Reduce) होकर वैचारिक प्रतिबद्धता-मात्र रह जायगा। राहुल सांकृत्यायन की कहानियों और उपन्यासों की यही स्थिति हुई।

मार्क्सवादी ऐतिहासिक भौतिकतावाद के सहारे साहित्य में उन सूत्रों की खोज करते हैं, जिनसे साहित्य में सुन्दर घटित होता है। साहित्य इतिहास को छोड़कर नहीं उसे लेकर चलता है, फिर भी वह स्वायत्त होता है। मारकूजे के अनुसार, साहित्य इतिहासातीत होकर भी ऐतिहासिक प्रक्रिया का अंग है। इतिहास और साहित्य को इस रूप में ग्रहण करना चाहिए कि वह न्यूनीकरण का कारण न बन जाये।

ग्राम्सी का चिन्तन

ग्राम्सी इटली का विचारक था। उसके साहित्य के समाजशास्त्र और सौन्दर्यशास्त्र के स्फुट विचार 'प्रिजन नोट बुक्स' में संकलित हैं। वह क्रोचे का अभिव्यंजनवाद व्यक्ति-स्वातन्त्र्य और अभिव्यक्ति की विविधता का पोषक था, पर ग्राम्सी क्रोचे से प्रभावित भी था और उससे असहमत भी। क्रोचे के तर्कों से वह मार्क्सवादी यान्त्रिकता और नियतिवाद तक ही सहमत था। उस समय तक मार्क्सीय सौन्दर्यशास्त्र न्यूनीकरण (Reductionis) का शिकार था और प्रतिबिम्ब के सिद्धान्त से जुड़ा था। क्रोचे ने सौन्दर्य को अभिव्यक्ति का मूल तत्त्व बताकर विचारधारा को गौण बताया।

ग्राम्सी क्रोचे के भाववादी और विचार-तटस्थ सौन्दर्यशास्त्र से सहमत नहीं था। वह एक 'जातीय लोकप्रिय समानाधिकरण' (National Popular Category) की बात कहता है, जो संघर्षरत संस्कृति की नयी सांस्कृतिक प्रभुसत्ता में से अरविर्भूत होती है। यह जातीय लोकप्रिय सामान्यजन की अपेक्षा, आशा, संघर्ष, आदर्श इत्यादि के अनुरूप होता है। इस दृष्टि से और इस हद तक वह साहित्य में विचारधारा का समर्थक है जो जनाकांक्षा का प्रतिबिम्ब है।

वह लोक और बुध (जनमानस और बुद्धिजीवी) के बीच ठोस लोकतान्त्रिक रिश्ता मानता है। अतः इसके लिए बुद्धिजीवी का प्रस्थान-बिन्दु जनता होनी चाहिए। लेखन में पूर्ववर्ती विचारकों के द्वारा प्रयुक्त शब्दों 'जेन्युइन' और 'मूलभूत मानवीयता' का उसकी दृष्टि में एक ही अर्थ है—ऐतिहासिकता या लेखक का जातीय लोकप्रिय चरित्र। उसे व्यापक अर्थ में लेखक की सामाजिकता कह सकते हैं। ऐतिहासिकता या जातीय

लोकप्रिय चरित्र आर्थिक सम्बधों में न्यूनीकरण उसे अस्वीकार है। वह व्यक्ति की क्रियात्मकता का विश्वासी है। वह यथार्थवाद का समर्थक है।

ग्राम्सी 'संरचना' को महत्त्व देता है। उसके अनुसार, बिना संरचना के कविता हो ही नहीं सकती। क्रोचे दांते की 'डिवाइन कॉमेडी' को प्रगीत कहता है, पर उसकी संरचना को अकाव्यात्मक। ग्राम्सी के अनुसार, बिना संरचना के कविता हो ही नहीं सकती? संरचना में ही तनाव (Tention), मूल्य (Value) और नाटकीय क्रिया (Dramatic Action) निहित होती है। टॉल्सटॉय के 'वार ऐण्ड पीस' को वह सौन्दर्यात्मक मानता है, पर वह उसकी विचारधारा से सहमत नहीं है।

इस प्रकार ग्राम्सी ने मार्क्सवादी सौन्दर्यशास्त्र और समाजशास्त्र को एक विस्तृत आयाम दिया। उसने प्रारम्भिक मार्क्सवादी परम्परा, संस्कृति और इतिहास को नकारने की प्रवृत्ति का विरोध किया। उनकी ऐतिहासिक विकास और प्रगतिशील तत्त्वों को आगे बढ़ाने को ही उसने साहित्य और कला में स्वीकृति दी। विचारधारा के साथ ही रचना की क्रियात्मकता, उसकी भाषिक संरचना और सौन्दर्य के उसने अनिवार्य तत्त्व बताया।

सारे विकास-क्रम में मार्क्सवादी आलोचना अन्ततः रचना के सांस्कृतिक सन्दर्भ, कलात्मक मूल्य और मानवीय संवेदना के तत्त्वों के साथ अपने को जोड़ लेती है। यह बात अलग है कि वह साहित्य का 'जन' की संवेदना के साथ अनिवार्य जुड़ाव मानती है। उसे केवल बौद्धिक विलास की वस्तु नहीं मानती। जहाँ-तक हिन्दी का प्रश्न है, उसमें खेमेबाजी अधिक वैचारिक प्रतिबद्धता कम नजर आती है। सही बात तो यह है कि अब समय आ गया है कि वर्गीय आलोचना की बजाय समग्र आलोचना-दृष्टि विकसित की जाय। 'कृति' केन्द्र में हो, कृतिकार की विचरधारा नहीं। समाज की दृष्टि तो आज अनिवार्यतः वैश्विक दृष्टि है, पर वहाँ भी मानवीय दृष्टि चाहिए—पूँजीवादी, समाजवादी, राष्ट्रवादी खेमेवाली नहीं। रचनाकार और आलोचक ही समाज, देश और काल को दिशा देता है और यही दिशाहीन समाज को चेतावनी भी देता है। यदि वह पक्षधारता का शिकार हो जायगा तो समाज को उचित दिशा कौन देगा?

सनातनता, पौराणिकता और आधुनिकता

सनातन का अर्थ है—नित्य, अनादि, सुनिश्चित, स्थायी, प्राचीन आदि। विशेषण के रूप में यह शब्द सनातन धर्म, सनातन पुरुष, सनातन प्रकृति या स्वभाव आदि रूप में प्रचलित है। भारत में धर्म के लिए सनातन धर्म कहा गया लेकिन शैव, शाक्त, वैष्णव, नाथ आदि पन्थों में भेद होते हुए सभी सनातन धर्म की परिधि में आते हैं। यहाँ तक कि बुद्ध के 'धम्मपद' में पदों में जो कुछ कहा गया है, "वही सनातन धर्म है, क्योंकि वहाँ अक्रोध, करुणा, अदोष का वरण, दोष का त्याग आदि ही तो धर्म है। अतः सनातन धर्म की संज्ञा प्राप्त करता है।" सनातनता के केन्द्र में मनुष्य है। मनुष्य जिन गुणों के कारण मनुष्य कहलाने का अधिकारी होता है, वे ही सनातन तत्त्व हैं। ये गुण हैं—समाजिकता, परोपकार, दया, करुणा, अहिंसा आदि। साहित्य में आख्यान या वर्णन निमित्त होते हैं, उनमें निहित आत्मा इन्हीं मानवीय गुणों में होती है। इसी कारण वेदव्यास ने कहा—"मनुष्य से श्रेष्ठ कदाचित् कुछ भी नहीं है।" उन्होंने प्राचीन वाङ्मय में साररूप में क्या है—इस सम्बन्ध में कहा—

अष्टादशपुराणेषु व्यासस्य वचनद्वयं।
परोपकारः पुण्याय पापाय परपीड़नम्।।

ये मनुष्य के केन्द्रीय गुण हैं।

यह सोच कि जो पुराना है, बड़ा श्रेष्ठ है; जो वर्तमान है, वह त्याज्य है, बड़ी घातक है। वस्तुतः हमारी संस्कृति पुनर्नवा है। हमेशा पुराना नया बनकर आता रहता है। इसीलिए कालिदास ने घोषित किया कि पुराने साहित्य में सब-कुछ साधु नहीं है और न नये में सब-कुछ त्याज्य है—

पुराणमित्येव न साधु सर्वम्।

न चापि सर्वं नवमित्यवद्यम्।।

हमारे शास्त्रकारों और साहित्यकारों ने बराबर हमें सावधान किया है कि कोई भी नियम, व्यवस्था या पद्धति शाश्वत या सनातन नहीं है। वह देशकाल के अनुसार बदलती रहती है। पर सनातन तत्त्व सार्वदेशिक और सार्वकालिक होते हैं और इसीलिए कालिदास और शेक्सपियर, टॉल्सटॉय और प्रेमचन्द, पन्त और वर्ड्सवर्थ अलग-अलग देशों के होने पर भी अत्यन्त निकट लगते हैं।

महाभारत में कहा गया है कि देशकाल का विचार करके आचरण करना चाहिए—

देशकालौ तु संप्रेक्ष्य बलाबलमात्मनः।

न देशकाले किंचित् स्यात् देशकाले प्रतीक्ष्यतम्।।

तस्मात् कौन्तेय विदुषा धर्माधर्म विनिश्चये।

बुद्धिमास्थाय लोकेऽस्मिन् कर्त्तव्यं कृतात्मना।।

पराशर स्मृति में भी कहा गया है कि केवल शास्त्र के द्वारा कर्त्तव्य का निर्णय नहीं होता। उसे युक्तियुक्त होना चाहिए। यदि कोई विचार बुद्धिग्राह्य नहीं है तो उससे धर्म की हानि होती है—

केवलं शास्त्रमाश्रित्य न कर्त्तव्यो विनिश्चयः

युक्तिहीने विचारे तु धर्महानि प्रजायते।।

स्पष्ट है कि साहित्य या शास्त्र युगानुरूप बदलते रहते हैं और देश-देश की प्रकृति एवं संस्कृति के कारण भी उनके रूपाकार अलग-अलग होते हैं; पर क्या कुछ उनमें ऐसा होता है जो तत्त्वरूप में सभी कालों और सभी देशों में साहित्य को जोड़ता है? यही 'कुछ' सनातन तत्त्व है जिसकी तलाश वर्तमान साहित्य में अभिप्रेत है। ''वर्तमान भी काल-सापेक्ष है। हिन्दी में छायावाद युग से ही वर्तमान काल माना गया, पर तब से आज तक उस वर्तमान ने अनेक करवटें बदली हैं। यदि हम गौर से वर्तमान काल के पिछले दो दशक में नारी-विमर्श और दलित-विमर्श के नाम पर जो रचा गया जो स्थापित किया गया, वह उसके पूर्व के दशकों में वैसा कदापि नहीं था। फिर

भी हमारे साहित्य में तात्त्विक रूप से कुछ चीजें बराबर संक्रमित होती रही हैं।

यदि हम अपने साहित्य का विचार करें तो कुछ मानवीय गुणों की प्रतिष्ठा हमने पौराणिक कथाओं में पात्रों के माध्यम से की थीं। इनमें एक ही कथा का विचार करें—वह है राम-कथा। संस्कृत महाकाव्यों से होकर मानस, साकेत, राम की शक्तिपूजा, संशय की एक रात तक गुजरते हुए इस कथा ने एक ऐसे राम को निखारा है जो चिरपुरातन होते हुए भी चिरनवीन होता गया है। महाकाव्यों-नाटकों के राम को काट-छाँट कर तुलसी ने गढ़ा-सँवारा; और लोग भूल गये पुराने राम को। तुलसी के राम, जहाँ न शम्बूक-वध है, न सीता वनवास; जहाँ शबरी, निषाद, बन्दर-भालू सभी समान व्यवहार के अधिकारी हैं; जहाँ शौर्य-धैर्य का रथ और सत्य-शील की ध्वजा; जहाँ सर्वानुमति से शासक का शासन है और नागरिक सुखी हैं। पर आगे चलकर इस राम में भी कुछ काट-छाँट अपेक्षित हुई।

वर्ण-व्यवस्था मण्डन, ब्राह्मण की महत्ता, शूद्र के प्रति अनुदारता, नारी-शूद्र की ताड़ना का प्रतिपादन देशकाल को ग्राह्य नहीं हुआ तो द्विवेदी युगीन 'साकेत' जैसे राम काव्य रचे गये। निराला के राम मनुष्य हैं। वहाँ प्रिया-प्रेम और राष्ट्र प्रेम एकाकार हो शक्ति-सन्धान होता है और जय का विश्वास जगता है। 'कृत्तिवास' में शक्ति की आराधना का उपदेश ब्रह्मा देते हैं। यह देश काल का प्रभाव था। मनुष्य राम के 'संशय की एक रात' में नरेश मेहता ने और 'अपने-अपने राम' उपन्यास में भगवान सिंह ने अधुनातम राम का चित्रण किया है। राम के बहाने यह छह सौ वर्षों की यात्रा में बहुत कुछ बदला है—पर राम का रामत्व, उनमें विद्यमान मानवीय तत्त्व सभी रचनाओं में संक्रमित होता गया—यही सनातन तत्त्व है जो पुराण से लेकर वर्तमान तक अनुस्यूत है।

इसी प्रकार कृष्ण कथा श्रीमद्भागवत-महाभारत से सूरदास तक होते हुए हरिऔध तक की यात्रा में कितनी बदल जाती है! 'प्रिय प्रवास' में कृष्ण-कथा तार्किक परिणति पा जाती है। नरेश मेहता के 'महाप्रस्थान', भारती के 'अन्धा युग' और नरेन्द्र कोहली के 'महासमर' में वह आधुनिक

सत्ता-संघर्ष और उसमें प्रयुक्त हथकण्डों में बदल जाती है। लक्ष्मीनारायण मिश्र के 'कालजयी' और दिनकर के 'रश्मिरथी' में कृष्ण या कोई पाण्डव नहीं, जाति-कुल से अज्ञात कर्ण नायक बनता है और जाति भेद की धज्जियाँ उड़ती-दिखती हैं। कथा का रूप देशकाल के अनुसार बदला, पर एक वंशमोह और अनुदार स्वार्थी सोच से सर्वस्व नाश का शाश्वत सन्देश तो सर्वत्र है।

विजयदेव नारायण साही ने जायसी में एक 'ट्रैजिक विजन' को उनकी रचना के केन्द्र में देखा और उसी के प्रभाव से वह रचना कालजयी बन सकी है। यही 'ट्रैजिक विजन' हम 'सरोज स्मृति' में पाते हैं और प्रकारान्तर से यह हमें 'अँधेरे में' कविता में भी मिलता है। कहने की आवश्यकता नहीं कि प्रेमचन्द और मोहन राकेश में भी यह विद्यमान है। एक सूक्ष्म मानवीय संवेदना का तत्त्व सभी श्रेष्ठ रचनाओं को श्रेष्ठ बनाता है। इसके लिए हमने जीवन मूल्य विकसित किया है, उसी प्रकार की एक जीवन पद्धति भी विकसित की, जिसने विवाह और परिवार की प्रथा को जन्म दिया। उच्छृंखल प्रेम को एक नारी में बाँधना और प्रेम में पत्नी-प्रिया के साथ माँ-बाप, पुत्र-पुत्री और आगे की परम्परा को जोड़ना हमारी परम्परा रही। इसी से परिवार बना। मानवीय संवेदना के सनातन तत्त्व की यह प्रथम प्रयोगशाला है। इसी से समाज, राष्ट्र और विश्व के साथ लगाव की क्रमागत कोटियाँ हमनें बनायीं और 'आनो भद्राः कृतयो यन्तु विश्वतः' का आह्वान किया था। अतः परिवार और विवाह की संस्था को ध्वस्त करनेवाला आज का साहित्य सनातनता की एक आधारशिला को ही खण्डित करता है।

आज का उपन्यास, कहानी, नाटक, कविता (कुछ उच्चस्तरीय कृतियों को छोड़कर) तथा आलोचना सभी तात्कालिकता की उपज हो गयी हैं। नयी समस्याओं ने नये उपन्यासों को जन्म दिया हे जिनमें साम्प्रदायिकता, अस्पृश्यता और अलगाववादी प्रवृत्तियाँ प्रमुख हैं। इनको केन्द्र में रख कई श्रेष्ठ रचनाएँ आयी हैं; पर अश्लीलता और नग्नता के चित्रण की अतिवादी प्रकृति ने हमारी सोच की शालीनता पर प्रश्न चिह्न लगाया और क्षुब्ध होकर एक साहित्यकार को 'छिनालपन की प्रतियोगिता' के रूप में इसे परिभाषित

करना पड़ा। इसी प्रकार टूटते परिवारों, बिखरते सपनों, भ्रष्टाचारों-घोटालों को ही समेटने वाले साहित्य तात्कालिकता प्रधान हैं। इन्हें रचनात्मक दृष्टि दी जा सकती है। डॉ. विवेकीराय के उपन्यास 'मंगलभवन' या 'बनगंगी मुक्त है' आदि इस दिशा के मार्ग-दर्शक हो सकते हैं। मैंने कुछ दिन पूर्व एक चित्रकार अशोक भौमिक का उपन्यास 'मोनोलिसा हँस रही है' पढ़ा। कलाकार की तड़पन और बाजारवाद का शिकंजा इसकी थीम है। इसमें कला पर बाजार का राक्षसी पंजा कसता हुआ दिखाया गया है। साहित्यकार-कलाकार की स्वतन्त्रता, स्वायत्तता, मूल्यों के प्रति उनका समर्पण, सच कहने की प्रतिबद्धता, इसके लिए आवश्यक है, सत्ता-प्रतिष्ठान के हाथ न बिकना। ये अपेक्षित शर्तें हैं जो सनातन मूल्यों पर बाजार को, राजनीति को या सत्ता को हावी होने से बचा सकती हैं।

सांस्कृतिक अस्मिता और साहित्य

हमारी अस्मिता या संस्कृति की पहचान हमारे पूरे पुरा-नवीन साहित्य, दर्शनों, शास्त्रों और जीवन जीने की विधि में ऐसी फैली है कि उसे महसूस किया जा सकता है, उसकी परिभाषा करना या उसका रेखांकन करना कठिन है। हम विविधता के साथ एक हैं और एक होकर विविध हैं। धर्म, संस्कृति के तत्त्व लोकव्याप्त होकर भी परिभाषा के लिए गूढ़ है। इसीलिए कहा है—

धर्मस्य तत्त्वं निहितं गुहायाम्।

महाजनों येन गतः स पन्थाः।।

डॉ. मुहम्मद इकबाल ने लिखा था—

दुश्मन रहा है सदियों दौरे जहाँ हमारा,

कुछ बात है कि हस्ती मिटती नहीं हमारी।।

मौलाना अलताफ हुसेन हाली ने अपने मुसद्दस में लिखा—

दीने हजाजी का बेबाक बेड़ा

निशां जिसका अकसाये आलम में पहुँचा,

किये पै सिपर जिसने सातो समन्दर।

वो डूबा दहाने में गंगा के आकर।

'दहाने में गंगा के आकर के डूबा' लिखने में राष्ट्रवादी हाली का मकसद यह था कि इस्लाम की फतह की आँधी भारतीय संस्कृति के आगे हार गयी।

इकबाल ने जिस 'कुछ बात' का इशारा किया और हाली ने इस्लाम के विजयी अभियान के गंगा की धारा में डूबने की बात जिस वजह से कही, वही हमारी अस्मिता है और वही हम हैं, वही हमारी पहचान है।

मिस मेयो की पुस्तक 'मदर इण्डिया' जब प्रकाशित हुई थी तो उस पर गाँधी जी की टिप्पणी थी कि लेखिका ने भारतवर्ष के शौचालयों तक अपनी अध्ययन दृष्टि सीमित की थी। भारत की विशेषता की ओर नहीं देखा था। उस पुस्तक में भारत की गन्दगी और हीनता का वर्णन ही किया गया था। भारत की क्या विशेषता है, इसे समझना आवश्यक है। यही विशेषता उसकी पहचान है और यही उसकी अस्मिता है। जवाहर लाल नेहरू ने 'डिसकवरी ऑफ इण्डिया' में लिखा कि हम भारत को इसलिए प्यार नहीं करते हैं कि हमनें उसमें जन्म लिया है, बल्कि इसलिए करते हैं जिसे सन्तों ने उसके अन्दर अतीत में देखा था।' वह है इस देश की आध्यात्मिकता, त्याग, समर्पण, सेवा-भावना, विश्वबन्धुत्व और राष्ट्रप्रेम की भावना। इसी ने इसे हजारों वर्षों से जीवित रखा और यही इसकी पहचान है।

साहित्य समाज का दर्पण है, प्रतिबिम्ब है या जीवन की आलोचना है। इन उक्तियों का अर्थ यह नहीं है कि जैसा समाज है, उसी का तदर्थ चित्र साहित्य है। रामराज्य की जो स्थिति भारतीय रामकाव्य रचयिताओं ने प्रस्तुत किया वह तत्कालीन समाज का सम्यक् यथार्थ है, यह तो नहीं कहा जा सकता है। उसमें अतिशयोक्ति और अतिरंजना होते हुए भी एक उत्तम राज्य, सुखी, सम्पन्न राज्य और लोकहितकारी राज्य का केन्द्रीय सत्य अवश्य है। वह एक एलडोरैडो, यूटोपिया या स्वप्न लोक भी हो सकता है। भारतीय दृष्टि से उसे आदर्श राज्य कहा जा सकता है। भारतीय काव्य दृष्टि श्रेय और प्रेय की समन्वित और समग्र दृष्टि है। यदि वाल्मीकि श्रेय के महाकवि हैं तो कालिदास प्रेय के। यदि भवभूति श्रेय के रचनाकार हैं तो बाणभट्ट प्रेय के। तात्पर्य यह है कि श्रेय भी यथार्थ से उद्भूत उस आदर्श का बिम्ब है जो अपनी दृष्टि क्या होनी चाहिए पर रखता है और प्रेय वह यथार्थ है जो 'क्या है तक' ही सीमित रहता है। इन दोनों ही दृष्टियों के रचानाकारों में अपनी पहचान विद्यमान है—एक में दिशाबोध स्पष्ट होता है, दूसरे में उसके संकेत मात्र।

भारतीय साहित्य में श्रेय और प्रेय की परम्पराओं की जड़ें बहुत पुराने समय से मिलती हैं। पर मुख्यधारा श्रेय की ही रही है। वाल्मीकि, व्यास की

श्रेयवादी परम्परा के साथ चार्वाक और लोकायतनवादियों की परम्परा भी यहाँ थी। 'ऋणं कृत्वां घृतं पिवेत्' की परम्परा असित केशकम्बली और आज तक मिलती है जो भौतिक अस्तित्त्व को ही सब-कुछ मानते थे– पुनर्जन्म, परलोक, मोक्ष आदि उन्हें अस्वीकार है। वे क्षण में विश्वास करते थे। अतः उन्हें क्षणवादी कह सकते हैं, जिसका अधुनातन रूप यूरोप में अस्तित्त्ववाद के रूप में जन्मा। बुद्ध की अर्हत परम्परा में यह विचार अग्रसर हुआ। ब्रजयानी सिद्ध और बौद्ध नाटककार अश्वघोष दिगूनाग आदि इसी के अन्तर्गत आते हैं। इसे भारतीय चिन्तन और भारतीय साहित्य की वामधारा कह सकते हैं। दोनों ही दृष्टियों में अन्तर है।

भारतीय वाङमय में यथार्थ और आदर्श का यह समवाय रूप ही मूलधारा के रूप में चला। रामायण और महाभारत दोनों में ये दोनों ही पक्ष हैं। कालिदास अभिज्ञान शाकुन्तलम् में यथार्थ की प्रेमभूमि का मनोरम चित्र प्रस्तुत करके उसे त्यागमय आदर्श में पर्यवसित करते हैं। 'मेघदूत' में एक रक्षक के निर्वासन की तानाशाही आज्ञा और उस साधारण व्यक्ति की असाधारण विरह वेदना के माध्यम से कवि कदम-कदम पर अपनी सामाजिकता से जुड़ता चलता है। पूरी कथा का अभिप्रेत भी सामन्ती कुबेर के निरंकुश शासन का उल्लेख है। 'कुमार सम्भव' कुमार कार्तिकेय के अस्तित्त्व की कथा है। शिव-पार्वती सामान्य स्त्री पुरुष की भाँति केलि-विलासरत दिखाए गये हैं। कालिदास समाज के सहज स्वाभाविक संस्पर्श के कवि हैं। उन्हें यर्थार्थवादी या न्यूनादर्शवादी कह सकते हैं। पर कवि रूप में उन्हें सर्वोच्च प्रतिष्ठा मिली, "पुरा कबीनां गणना प्रसंगे अनामिका तिष्ठति कालिदासः।" जीवन के विविध क्षेत्रों का निदर्शन कालिदास में है।

महाभारत में मनुष्य की स्वार्थ लिप्तता और उसके लिए अधम से अधम कर्म करने की तैयारी का बड़ा स्वाभाविक और मनोवैज्ञानिक चित्र उभरा है। राजनीति के दाव-पेंच और राजपरिवारों की अहंभावना के साथ ही उनके जुआ आदि के व्यसनों के दुष्परिणामों का बड़ा स्वाभाविक प्रसंग है। मनुष्य स्वभाव का जो भाव उसमें है उसे आधुनिक भाषा शैली के साथ नरेन्द्र कोहली, मनुशर्मा, युगेश्वर, बच्चन सिंह, जैसे कई उपन्यासकारों ने

आधुनिक सन्दर्भ से जोड़ दिया है। ये सभी रचनाएँ आज के सन्दर्भों से जुड़ी हैं। विशेषतः नरेन्द्र कोहली की रचना में यदि नाम और घटना-सन्दर्भ हटा दिया जाय तो वह आज की जीवन-गाथा ही हो जाती है। मनुष्य के स्वभाव को लक्ष्य करके जो रचना होती है, उसका कथानक भले ही कितना पुराना हो जाय, अपने कथ्य में वह सदैव ताजी बनी रहती है। रामायण की ही भाँति महाभारत की कथा भी भारत की सभी भाषाओं में लिखी गयी और उसे व्यापक लोक-प्रसार मिला। इसका कारण यही है कि इस कालजमी कृति में मानव के व्यवहार-प्रकृति और प्रवृत्ति के शाश्वत सन्दर्भ विद्यमान हैं। यही एक कारक है जो रचना को जीवन सन्दर्भ और सामाजिक सन्दर्भ से जोड़ देता है।

आज समूचे भारतीय साहित्य में नारी विमर्श एक प्रधान विषय बन गया है। 'कामायनी' की श्रद्धा क्या नारी की महत्ता और जीवन को सच्ची दिशा का बोध करानेवाली नहीं है। मनु की उपेक्षा, तिरस्कार और पलायन से पीड़ित नवजात मानव को लेकर भटकती श्रद्धा मनु, इड़ा (आधुनिक तर्कशील नारी) और मानव को जीवन के सन्तुलित मार्ग का दर्शन कराती है और महाआनन्द की वर्षा जीवन में होती है। साकेत की उर्मिला, यशोधरा की गोपा, या कि महाप्रस्थान की द्रौपदी नारी के त्याग, गरिमा, महत्ता और उनकी स्वतन्त्र इयत्ता का बोध कराती है। आधुनिक नारी की स्वतन्त्रता और साहित्य में उसके नये रूप उसे किस दोजख में डालते हैं, यह तसलीमा नसरीन के उपन्यास 'शोध' की नायिका के जीवन में देखा जा सकता है। नारी मुक्ति के आधुनिक मुहावरे के अन्तर्गत वर्तमान अपनी सामाजिकता को तलाशता जा रहा है।

आज के भारत के सामाजिक ताने-बाने में अनेक समस्याएँ हैं। इनके सन्दर्भ से कविता, कहानी, नाटक, उपन्यास लिखे गये हैं और आज भी लिखे जा रहे हैं। लक्ष्मीनरायण मिश्र ने समस्या नाटकों में मुख्यतः काम की समस्याएँ लीं। मोहन राकेश ने भी टूटते हुए परिवार, पारिवारिक परिवेश और बिखराव का सूत्र लिया। कुछ बड़े नामों को छोड़ दिया जाय तो भारतीय महिला का कथा-साहित्य प्रेम, विवाह आदि के इर्द-गिर्द प्रायः घूमता नजर आता है। 'आधे अधूरे' नाटक की पूरी पटकथा इसी पर

आधारित है उसका एक भी पात्र या संवाद अस्वाभाविक नहीं लगता है। यदि यही आज का जीवन है तो उसके भीतर ही झाँककर इस जीवन से अलग स्वस्थ पारिवारिक और सामाजिक जीवन की तलाश हो सकती है। पर यह तलाश पुरानी मिथ्यादर्शवाली रचनाओं से नहीं, आज की यथार्थ बोधवाली, रचनाओं में ही सम्भव है पर ऐसी रचनाओं में भी संयम, सन्तुलन और मर्यादा की सीमाओं का ध्यान रखना अनिवार्य है। मानवीय दृष्टि से भी और भारतीय जीवनदर्शन की दृष्टि से भी। हमारी जीवन दृष्टि पुनर्नवा-जीवन दृष्टि है। जो प्राचीन की मूल को सम्यक् दृष्टि के साथ युगीन नयी सोच से जोड़ती रहती है।

आजादी के साथ ही देश का विभाजन एक ऐसी त्रासदी लेकर आया कि शहर से लेकर गाँव तक उसके कहर को झेल रहे हैं। जम्मू-कश्मीर से लेकर अलीगढ़, मऊ, गोधरा, बम्बई, मुजफ्फरनगर, शामली, बागपत तक उस कहर के तानेबाने में लिपटे हैं। 1857 तक हिन्दू-मुसलमान साथ-साथ लड़ रहे थे—उनका एका बेमिसाल था पर खिलाफत आन्दोलन और मुस्लिम तुष्टीकरण ने हवा को दूसरा रुख दिया। विभाजन हुआ और दो मजहबवालों में ऐसी दरार बढ़ी कि बढ़ती ही गयी और राजनीति ने उसे बढ़ाने में ही दिलचस्पी ली। इस सामाजिक सन्दर्भ को बँटवारे के तत्काल बाद की त्रासदी के रूप को गुरुदत्त और भीष्म साहनी ने अपने-अपने ढंग से चित्रित किया पर इसके मुकम्मल सामाजिक सन्दर्भ को राही मासूम रजा ने 'आधागाँव' में गहराई से देखा है। 'गंगौली' गाजीपुर जनपद में राही का गाँव है जहाँ हिन्दुओं के साथ मुसलमान भी हैं—कांग्रेस के मुसलमान व मुस्लिम लीग के मुसलमान। शिया और सुन्नी, काजी, शेख, पठान, मौलवी, मोमिन, जुलाहा, कुरैशी। खुद मुसलमान अनेक खेमों में बँटे हैं और उनमें भी धनी मुसलमान और गरीब मुसलमान भी अलग-अलग रहे।

'आधागाँव' में अलीगढ़ से काली शेरवानी पहनकर आये लड़के मस्जिदों में पाकिस्तान को बनाने की तकरीर करते हैं। पर गाँव के बुजुर्ग हाजी गफ्फूर अंसारी उनकी खिलाफत करते हैं। "राही की नजर में जिन्ना की राजनीति गलत थी। आर्थिक सामाजिक दृष्टि से पाकिस्तान अव्यावहारिक और गलत है। जिन्ना ने मुसलमानों में पद और अधिकारों की भूख जगा

कर अपना स्वार्थ सिद्ध किया।" इस उपन्यास में मातृभूमि के प्रति नैसर्गिक प्रेम की अभिव्यक्ति है। काली शेरवानीवालों को गाँव का तन्नू जवाब देता है। "मैं मुसलमान हूँ लेकिन मुझे इस गाँव से मुहब्बत है क्योंकि मैं खुद यह गाँव हूँ। मैदाने जंग में जब मौत बहुत करीब आती है तो मुझे अल्लाह जरूर याद आता है। लेकिन मक्का नहीं, मुझे गंगौली याद आती है।" हिन्दू-मुस्लिम ताने-बाने पर अब्दुल विस्मिल्ला का उपन्यास 'झीनी-झीनी बीनी चदरिया' है। बनारस के बुनकरों के बीच से कथानक लेकर सार्थक सन्दर्भ पेश करता है। एक टिप्पणी उसी में है, "बुनकर अपनी मेहनत की कमाई शराब में फूँक देते हैं और उस नशे में उन्हें पाकिस्तान याद आता है या क्रिकेट मैचों के दौरान वे पाकिस्तान के विजय की कामना करते हैं। और अपने में वह खूब बँटे हैं।"

उपन्यास के सन्दर्भ में मैं पाकिस्तान के लेखक शौकत सिद्दिकी के 'खुदा की बस्ती' का जिक्र करना चाहूँगा। उसने पाकिस्तान की आम सामाजिक जिन्दगी का बेबाक चित्रण किया है। जिनमें नौजवान रोजी रोटी की तलाश में अपराधी बन जाता है। ये है नोशा, राजा, शामी और अनू। चारों खूबसूरत, हृष्ट-पुष्ट, कर्मठ और तेजस्वी हैं पर व्यवस्था और वातावरण ऐसा है कि वे सभी अपराध जगत् में प्रविष्ट होकर बर्बाद हो जाते हैं। उपन्यासकार का आखिरी वक्तव्य है—"तमाम नेता, लोगों के नाम पर आठ-आठ आँसू रोते हैं और ढेरों वादें करते हैं। मगर फिर भी समाज नोशा, राजा, शामी, अनू जैसों को जन्म देता है। इनमें कोई कत्ल करके जेल जाता है, कोई कोढ़ी बनकर एड़ियाँ रगड़-रगड़ कर मौत की प्रतीक्षा करता है, कोई खून थूकता है और रिक्शा चलाता है और कोई हिजड़ों के साथ कूल्हे मटकाता है। नारा ए तकबीर अल्ला हो अकबर।"

पाकिस्तान इस्लामी स्टेट है। मजहबी नारे से अन्त करके उपन्यासकार ने सारी व्यवस्था और धर्म के नाम पर ठगी पर व्यंग्य किया है।

आज भारत की भी यही दशा है। हिन्दी में भी बहुत पहले श्री लाल शुक्ल का 'रागदरबारी' और भगवती चरण वर्मा का 'सबहि नचावत राम गुसाई' हमारी सामाजिक संरचना के चूर-चूर में घुसे व्यभिचार भ्रष्टाचार की कहानी कहते हैं।

आजादी के बाद के भारत का चित्र बड़ा बेढंगा हो गया है। विवेकी राय ने वनगंगी मुक्त है और मंगलभवन में आज के समग्र परिवेश में लगे घुन को सही ढंग से उजागर किया है। उसके भी आगे देश उदारीकृत पूँजीवाद के चंगुल में फँसा आतंकवाद और आकण्ठ भ्रष्टता में डूबा हुआ इतिहास के ठहरे हुए मोड़ पर खड़ा है। हमें खाने को मुँह बाये दुश्मन और हमारी मदद में आगे आ गये दोस्त दोनों का स्वभाव एक है और लक्ष्य भी एक ही है। इसीलिए कवि शैलेन्द्र का कहना सही लगता है—

जार्ज बुश और लादेन, दो चेहरे हैं एक ही व्यक्ति के।

आज अनगिनत प्रश्न हैं हमारे सामने तमाम कवि लेखक इन प्रश्नों से रूबरू हो रहे हैं। एक कविता है, ‘‘आयी है महादेशों से, हथियारों की नयी किश्त, तीसरी दुनिया के लिए, जिद है तकनीकी विकसित करने की। क्यों दिखायी देगा तुम्हें, उड़ीसा का महाचक्रवात, भूकम्प भुज में, तुम्हें क्या पता कि समस्याओं की छोटी-छोटी कितनी ही शक्लें, चप्पे-चप्पे पर कितने अभाव कितनी बदहाली। सूचना अब पूँजी के प्रभाव से झरती है। पूँजी पर ही आकर खत्म होती है।’’

हमारी अस्मिता अन्तर की शुचिता और सर्वसमभाव की है और यही आज के साहित्य का पाथेय बन सकती है। 7 सितम्बर, 1967 में अपनी षष्टिपूर्ति पर काशी के आयोजन में हजारीप्रसाद द्विवेदी ने कहा था, ‘‘आज का साहित्यकार शब्द, अर्थ (पैसा) और प्रयोजन (मतलब) के पीछे भाग रहा है, जिसके कारण वह हृदय के तारों को जोड़नेवाले छन्द, लय और संगीत को भूलता जा रहा है। इस विस्मरण के कारण साहित्य में चैतन्य के स्थान पर जड़ता का प्रभाव बढ़ता जा रहा है, जो किसी भी साहित्य के लिए हानिकारक है।’’

अन्त में मैं सच्चिदानन्द हीरानन्द वात्सायन अज्ञेय के एक लेख में व्यक्त विचारों से आज के रचनाकर्म और अपनी अस्मिता या संस्कृति के सम्बन्ध को रेखांकित करना चाहता हूँ। रचनाकर्म और संस्कृति के सम्बन्ध नाभिनाल सम्बन्ध है। अज्ञेय के शब्दों में ‘‘रचनाकर्म और संस्कृति दोनों कल्पना का सहारा लेते हैं और कल्पना सर्जन का आधार है। दोनों समाज से जुड़े हैं, दोनों का स्वरूप समाज पर निर्भर करता है। दोनों समाज को

अभिव्यक्ति देते हैं। समाज के इतिहास को भी, उसकी वर्तमान स्थिति को भी और उसकी आकांक्षा को भी।" जिस साहित्य में उसकी अपनी अस्मिता का स्वर नहीं होता, उसकी विश्व साहित्य में पहचान नहीं होती। रवीन्द्रनाथ टैगोर की विश्व-प्रतिष्ठा अपनी संस्कृति के स्वर झंकृत करने के कारण है। कालिदास, तुलसीदास, प्रेमचन्द सभी अपनी अस्मिता के स्वर-साधने के नाते देश-विदेश में प्रतिष्ठित हुए। टॉल्सटॉय रूस के जनजीवन के मर्मी और शिल्पी थे उन्हें जो स्थायी कीर्ति मिली वे गोर्की और तुर्गनेव को नहीं।

हमारे साहित्य के लिए हमारी दृष्टि ऐसी चाहिए कि हम व्यक्तिगत लाभ या विद्वेष, या अलगाव के रचनाकर्म के बजाय लोकहितार्थ साहित्य रचें, जिसमें नचिकेता को हमें अपना आदर्श बनाना होगा जिसे ज्ञान के लिए यमराज के पास जाने तक में हिचक नहीं हुई और ज्ञान की प्राप्ति के बाद उसे अपने व्यक्तिगत मोक्ष की उपेक्षा अपने ज्ञान को बहुजन हिताय लोक में बांट देना श्रेयस्कर लगा। साहित्य की यही लोकदृष्टि हमारी पहचान रही है और आज के रचनाधर्मियों को इसी दृष्टि से अपनी रचना का स्वरूप गढ़ना होगा। हमारा उद्‌देश्य समाज को जोड़ना है, उसे तोड़ना नहीं।

हिन्दी साहित्य : बदलते परिदृश्य

हिन्दी साहित्य के अतीत और वर्तमान की विभाजन रेखा महावीरप्रसाद द्विवेदी के युग में खींची जा सकती है। यहाँ से साहित्य की विचार-सरणि लोकोन्मुख, राष्ट्रोन्मुख और जीवनोन्मुख होती है। स्वाधीनता आन्दोलन और तिलक-गाँधी के विचारों की छाप इस युग के वैचारिक धरातल पर दीखती है।

इसके बाद छायावाद का जन्म होता है। छायावाद यूरोप के रोमैण्टिक आन्दोलन के प्रभाव में तो आया, पर उसने वेदान्त दर्शन, भारतीय प्रकृति संवेदना और जीवन तथा साहित्य में रूढ़िमुक्तता के संयोजन से अपने वैचारिक धरातल को पूर्णतः भारतीय बनाया। प्रसाद, पन्त, निराला और महादेवी का काव्य भारतीय संस्कृति और भारतीय जीवन के काव्य के रूप में प्रतिष्ठित हुआ। निराला ने तो काव्य, कहानी, उपन्यास, निबन्ध सभी दिशाओं में आगे की साहित्यक पीढ़ी का मार्ग-दर्शन किया। उनके केन्द्रीय विचारों को अध्यात्म और यथार्थ के सन्तुलन के रूप में देखा जा सकता है। वे इतिहास और संस्कृति को जीवन के खुरदरे यथार्थ के साथ जोड़ते हैं। समाजवाद को राष्ट्रवाद के धरातल पर प्रतिष्ठित करते हैं। आगे के साहित्यिक परिदृश्य में निराला अपने किसी-न-किसी रूप में सर्वत्र दीखते हैं—भले ही किसी भी साहित्यान्दोलन ने उन्हें समग्र रूप से ग्रहण न किया हो।

छायावाद के पश्चात् 1935 के आसपास प्रगतिशील आन्दोलन के यूरोपीय प्रभाव में हिन्दी साहित्य में भी प्रगतिवाद की प्रतिष्ठा बढ़ी। मार्क्सवाद का साहित्यक संस्करण बनकर हिन्दी में प्रगतिवाद गतिशील हुआ। इस नये वैचारिक धरातल की प्रतिष्ठा बढ़ी। इस नये वैचारिक धरातल ने पूँजीवाद और सामन्तवाद के विरुद्ध सर्वहारा की प्रतिष्ठा को

साहित्य का विषय बनाया। इस साहित्यिक विचार-प्रवाह में दो वर्ग के साहित्यकार आते हैं—एक वर्ग तो सामन्तवाद, पूँजीवाद, धर्मोन्माद, जातिप्रथा आदि का विरोधी और गरीब, मजलूम, शोषित, पीड़ित का समर्थक होते हुए भी मार्क्सवाद के द्वन्द्वात्मक भौतिकवाद और उसके रूसी मॉडल का समर्थक-प्रशंसक नहीं था, अपितु उनके आदर्श मोहनदास कर्मचन्द गाँधी अथवा राममनोहर लोहिया थे। इस श्रेणी में सोहनलाल द्विवेदी, रामधारी सिंह 'दिनकर', बालकृष्ण शर्मा 'नवीन' और सूर्यकान्त त्रिपाठी 'निराला' जैसे रचनाकार आते हैं। वस्तुतः इन्हें गाँधीवादी ही कहना अधिक सार्थक है।

दूसरा वर्ग उन प्रतिबद्ध लेखकों का है तो मार्क्सवाद के चौखट में पूरी तरह फिट हो जाते हैं। रूस और चीन की जनक्रान्ति, वहाँ साम्यवादी शासन लाने के लिए हुई सशस्त्र हिंसा, समूह की आजादी के लिए व्यक्ति की आजादी का बलिदान तथा वर्ग-भेद एवं वर्ग-संघर्ष इनकी मान्यता के विषय थे। हमारे देश का मानस उपनिवेश में परानुगामी बन चुका था और पश्चिम से आनेवाले नये विचारों का हम राजनीति, समाज और साहित्य में भावुक अन्धता से स्वागत करने के लिए आदी बन चुके थे। नतीजन इस वर्ग के राजनीति प्रतिबद्ध लेखकों ने कविता, कहानी, उपन्यास आदि विधाओं में प्रगतिवाद के नाम पर साम्यवाद और मार्क्सवाद का विचार रखने का प्रयास किया। इस वर्ग के लेखकों में एक बड़ा नाम है—महापण्डित राहुल सांकृत्यायन का। राहुल जी ने कहानी, उपन्यास दर्शन इतिहास, पुरातत्त्व सभी लिखा। पर हर क्षेत्र में वे मार्क्सवाद के प्रचार से आक्रान्त हैं। 'वोल्गा से गंगा' की उनकी कहानियों में आर्यों के मध्य एशिया के वोल्गा तट तक आने की कहानी रोचक ढंग से कही गयी है। रूसी लेखक गोल्डेन चाइल्ड की स्थापना है कि आर्य वोल्गा तट से गंगा तट की ओर संक्रमित हुए। राहुल जी इसी थीसिस को कथा का जामा पहनाते हैं। यूरोपीय इतिहासकारों, पुराविदों और भाषाविदों के विरुद्ध आर्यों का आदि-देश भारत माननेवालों की कमी नहीं है, पर राहुल जी की अपनी दृष्टि है, अपना चश्मा है और एक बना बनाया रास्ता है। तेलगू में इसके विरोध में एक पुस्तक आयी थी—"गंगा से वोल्गा"।

राहुल जी ने 1942 में लोकभाषा भोजपुरी में कुछ नाटक लिखे जिनमें द्वितीय विश्वयुद्ध में अंग्रेजों की पक्षधरता है, जर्मनी और जापान का मुखर विरोध। कारण यह है कि रूस अंग्रेज के साथ था, जब कि सुभाषचन्द्र बोस आजाद हिन्द फौज के साथ जर्मनी-जापान के सहयोग से अंग्रेजों के विरुद्ध युद्धरत थे, तात्पर्य यह कि प्रगतिवादी मार्क्सवादियों की प्रेरणा के स्रोत रूस और चीन थे। 1949 में माओत्से तुंग ने भारतीय कम्युनिस्ट पार्टी को सन्देश भेजा—"स्वतन्त्र चीन की तरह एक दिन भारत भी स्वतन्त्र होगा और वह स्वतन्त्र साम्यवादी परिवार का अंग होगा। उसी दिन साम्राजी प्रतिक्रियावादियों का युग मानव-इतिहास से समाप्त हो जायेगा।" अर्थात् भारत अपनी स्वतन्त्रता को स्वतन्त्रता मानने में भी स्वतन्त्र नहीं है। प्रगतिवाद के विचार-सूत्र की डोर विदेशी शक्तियों के हाथ में होने से साहित्य में उनकी स्वीकृति कम होती गयी और प्रगतिवाद वर्तमान साहित्य परिदृश्य में एक खेमा बनकर रह गया है।

प्रगतिवाद से मोहभंग तथा आधुनिकतावाद से उत्पन्न नवीन परिस्थितियों ने प्रयोगवाद, नयी कविता और नव लेखन को नयी जमीन दी। इसमें सन्देह नहीं कि प्रगतिवाद की ही भाँति इस नये आन्दोलन का वैचारिक दाय पश्चिम के विचारकों से मिला। इनमें व्यक्ति-स्वातन्त्र्य को विशेष महत्त्व दिया गया। इसका उत्स फ्रान्स में था। एक वैभवपूर्ण सांस्कृतिक अतीत वाला देश फ्रान्स नाजी आक्रमण से भहरा कर गिर गया। सभी तरह की विचारधारा के लोग संगठित होकर स्वतन्त्रता के लिए संघर्ष करने को आगे बढ़े। मुक्ति मिली, पर एक निराशा और कुण्ठा ने जनमानस में स्थान बना दिया। नये मूल्य की तलाश और नये मनुष्य की अवधारणा ने फ्रान्स में नवलेखन को जन्म दिया।

भारत में प्रगतिवादी साहित्य की फार्मूलावादी प्रवृत्तिमूलक मान्यताओं के विरोध में नवलेखन का उदय हुआ। व्यक्ति-स्वातन्त्र्य इसका मूलमन्त्र था। नवलेखन ने जिस मनुष्य की, आधुनिक मनुष्य की, खोज की है, वह अब तक के अन्वेषित मनुष्यों में सबसे अधिक समर्थ और सक्षम मनुष्य है। यह मनुष्य न तो प्राचीन के प्रति अन्धमोह से ग्रस्त है न तो भविष्य के प्रति निराधार कल्पना से प्रेरित है। यह मनुष्य आधुनिक युग की सभी

विषमताओं के बीच संघर्ष करते हुए मनुष्यता की मूल चेतना यानी स्वतन्त्रता की सुरक्षा के लिए संकल्पित है। वह न तो लिजलिजी भावुकता से द्रवित होता है और न तो वैज्ञानिक बुद्धिवादिता की मशीनी चेतना के सामने अपनी आत्मानुभूति की बलि ही देता है। वह खुद जीने को प्रतिश्रुत है और दूसरों को अपनी व्यक्तिगत मान्यताओं के अनुसार जीने का अधिकार देता है। (डॉ. शिवप्रसाद सिंह : आधुनिक परिवेश और नवलेखन, पृ.89)

नवलेखन कई प्रकार से सामने आया। कहीं इन्द्रियबोध को प्रधानता, कहीं मध्यवर्गीय समाज की घुटन-पीड़ा, कहीं सम्भावित विनाश की हताशा आदि ने व्यक्ति स्वातन्त्र्यमूलक विविधता को जन्म दिया, पर कोई मूल्य निर्धारण में वह असफल रहा। पुराने मूल्यों पर प्रहार प्रगतिवादियों ने भी किया और नवलेखनवादियों ने भी। प्रगतिवादियों के पास तो पेटेण्ट मूल्य थे—लेनिन और माओ द्वारा स्थापित, पर नवलेखन मूल्यभ्रंश में ही उलझ कर रह गया।

इसी बीच भारत ने एक भयानक युद्ध की विभीषिका झेली—1962 के चीनी आक्रमण द्वारा। युद्ध तो हमें अनचाहे ही आजादी के साथ ही पड़ोसी पाकिस्तान के साथ झेलने पड़े और उसकी शृंखला का अभी भी अन्त नहीं हुआ। पर चीन के साथ युद्ध ने साम्यवादियों के प्रति हमारा मोहभंग किया जो चीन की सेना को मुक्ति-सेना कहने लगे थे। साथ ही अन्तरराष्ट्रीयता के अग्रणी और विश्वशान्ति के अग्रदूत बनने की हमारी ललक को झटका लगा। रक्षा-बजट की कटौती और सीमाओं की उपेक्षा ने हमें सबक सिखाया कि राष्ट्रीय स्वाभिमान की उपेक्षा और अपनी सुरक्षा को नजरअन्दाज करके अन्तरराष्ट्रीयता का मन्त्र रटना निरर्थक है।

एक बार पुनः द्विवेदी युगीन राष्ट्रवाद की लहर साहित्य में व्याप्त हो गयी। पर यह लहर मंचीय कवियों और पत्र-पत्रिकाओं के स्तम्भ लेखकों तक सीमित रही। प्रतिष्ठित कहे जानेवाले रचनाकारों ने अपनी रचनाधर्मिता को इससे अलग रखा। 1965 के पाकिस्तानी आक्रमण से आरोपित युद्ध जिसमें भारत ने विजय कीर्तिमान् बनाया, उसमें भी सृजनशील रचनाकार का यही रुख रहा। 1971 की बँगला देश उदय की घटना और उसमें भारत

की शौर्यगाथा या सद्यः घटित कारगिल के घुसपैठियों को भारतीय सेना द्वारा खदेड़ने का पराक्रम भी किसी बड़े उपन्यास, कहानी या महाकाव्य को जन्म नहीं दे सका। इस वैचारिक परिदृश्य पर विचार करने पर लगता है कि आज का रचनाकार अभी पराधीन मन से मुक्त नहीं हो सका है और अन्तरराष्ट्रीयता, मानववाद और सेक्यूलरिज़्म के बनावटी नारों की आड़ में राष्ट्र की मूल संवेदना से अलग-थलग अपने बौद्धिक कोटर में रहना पसन्द करता है।

65 के युद्ध के समय दिल्ली की एक संस्था 'संज्ञा' ने एक साहित्यकार गोष्ठी आयोजित की। प्रश्न था कि युद्ध से साहित्यकार का सम्बन्ध होता है या नहीं? एक पक्ष प्रमुखता से सामने आया कि सच्चा साहित्यकार हमेशा इस बात पर ध्यान देता है कि कला और सौन्दर्य की रक्षा हो। इधर हिन्दी में भड़भड़िया काव्य बहुत लिखा जा रहा है। चूँकि इस तरह की स्थिति पर लिखा काव्य कभी महान् नहीं होता, इसलिए सच्चे और बड़े साहित्यकार इस तरह के कार्यों में दिलचस्पी नहीं लेते। (आधुनिक परिवेश और नवलेखन, पृ. 21) इसी तरह की स्थिति में लखनऊ से चुने एक सांसद ने एक शेर सुनाया था—

खूने शहीद से भी है, कीमत में कुछ सिवा।
फनकार की कलम की, स्याही की एक बूँद।।

इस शेर पर उ.प्र. विधानसभाध्यक्ष अनन्त राम जायसवाल ने कहा—

सफक कितना भी अपनी रंगीनी पै नाजा है।
मुकाबिल सुर्खिए शहीदाँ हो नहीं सकता।।

उसके उत्तर में दूसरे शायर ने लिखा—

"दुश्मन रहा है देश का दिलदार नहीं है, इन्सानियत का वो अमलदार नहीं है। है तोलता स्याही से शहीदों के खून को, गद्दार है, गद्दार है वो फनकार नहीं है।"

भारतीय साहित्य के वर्तमान वैचारिक परिदृश्य में यह एक बड़ा सवाल है कि नाज़ी आक्रमण और युद्ध के विरोध में लड़ती जनता में मानस के चितेरे रूसी लेखक शोलोखोव को नोबल पुरस्कार मिलता है और भारत का

रचनाकार अपनी धरती पर होनेवाले साम्राज्यवादी चीन और धर्मान्ध पाकिस्तान के हमले पर चुप्पी साध कर कला और सौन्दर्य की रक्षा की बात कहता है।

यह स्थिति केवल साहित्य में नहीं अपितु सम्पूर्ण भारतीय बुद्धिजीवी वर्ग में है। वह मानववाद और सेक्यूलरिज्म के हवाई किलों में रहने का इतना आदी हो चुका है जमीनी यथार्थ को छोड़कर चलना उसकी नियति बन चुकी है। हमने देश का बँटवारा झेला, पाकिस्तान के साथ इतने युद्धों की पीड़ा सही, काश्मीर व पूर्वोत्तर राज्यों के अलगावाद और आतंकवाद को सहते आ रहे हैं, फिर भी दुनिया और मानवाधिकारवादियों को हमें ही सफाई देनी पड़ती है। बुद्धिजीवियों और साहित्यकारों के एक वर्ग ने भारतीयता और राष्ट्रीय अस्मिता की पहचान को साहित्य में उभारने की कोशिश की। विद्यानिवास मिश्र, केशवचन्द्र वर्मा ने भारतीयता के प्रश्न को राष्ट्रीय चेतना के केन्द्र में रखकर पुस्तकें लिखीं। नयी कविता के क्रोड से उपजे नवगीत लेखकों ने अपने को राष्ट्र, गाँव अपनी संस्कृति और अपनी जमीन से जोड़ने को अपनी सही चहचान बनाया। उन्होंने अपने पूर्ववर्ती साहित्यान्दोलनों पर आयातित विचार ढोने का आरोप भी लगाया। अन्तरराष्ट्रीय, मानवतावाद, सेक्यूलरिज्म ऐसे ही विचार हैं जिन्हें पश्चिम ने हमारे देश को नपुंसक बनाने हेतु निर्यात किया है। भारत स्वभाव से ही मानववादी, विश्ववादी और सर्वधर्म वाला देश है, पर अपने राष्ट्रीय स्वाभिमान, स्वत्व और सांस्कृतिक वैशिष्ट्य को कायम रखते हुए हम इन उदार विचारों के हैं। इस दिशा में अज्ञेय ने पहल की थी। निर्मल वर्मा, कुबेरनाथ राय, नरेन्द्र कोहली, विवेकी राय, विष्णुकान्त शास्त्री जैसे राष्ट्रवादी लेखकों का उभार साहित्यिक परिदृश्य में एक समृद्ध भारत के साथ चिन्मय भारत की पहचान की ओर अग्रसर है।

अन्तरराष्ट्रीयता और मानववाद जैसे छद्म नारों ने हमें इतना छला है कि हम वैश्वीकरण और विश्व-बाजारवाद के शिकंजे में कस कर पुनः पश्चिम के आर्थिक साम्राज्यवाद की चक्की में पिसने की ओर अग्रसर हैं। आज के भारतीय साहित्य के परिदृश्य में इन परिस्थितियों पर तीखी प्रतिक्रियाएँ हो रही है। लेकिन इसी के साथ लेखन में खेमे बन्दी की ध्वस्त

सीमाएँ फिर उभर रही हैं पुराने प्रगतिवादी समकालीन लेखन के नये शीर्षक से लामबन्द हैं तो उनके कुछ पुराने साथियों ने दलित लेखन को हवा देने का काम किया है। कहीं नारी-लेखन और युवा-लेखन के समूह भी हैं। ये वैचारिक परिदृश्य अस्थायी हैं और अस्मिता से जुड़ाव एक नयी दिशा का सूचक है। यह हिन्दी ही नहीं समूचे भारतीय साहित्य में अपनी सही पहचान बनाने का एक सरल उपाय भी है।

साहित्य और सामाजिक सरोकार

'सामाजिक सरोकार' आज का एक प्रचलित मुहावरा है। कुछ लोग इसका प्रयोग सीमित अर्थ में करते हैं यानी समाज के दबे-कुचले, पीड़ित, शोषित के सरोकार के अर्थ में। वस्तुतः समाज एक एकात्म इकाई है। उसमें पुरुष भी है और स्त्री भी; दलित भी है, ललित भी है, दुख भी है सुख भी है, वैभव भी है, विपन्नता भी है। ये समग्र 'सामाजिक सरोकार' के अंगभूत हैं। यह आवश्यक नहीं कि साहित्यकार सम्पूर्ण सामाजिक सरोकारों को अपनी एक ही रचना में समेट ले। वह उसके किसी अंग को ले सकता है। किसी-किसी कालजयी रचना की बात अलग है, जैसे महाभारत। उसके बारे में कहा जाता है कि जो कुछ भी भारत में है, वह सभी महाभारत में है।

साहित्य समाज का दर्पण है, प्रतिबिम्ब है या जीवन की आलोचना है, इन उक्तियों का अर्थ यह नहीं है कि जैसा समाज है, उसी का तद्रूप चित्र साहित्य है। 'रामराज्य' का जो स्वरूप भारतीय रामकाव्य रचयिताओं ने प्रस्तुत किया, वह तत्कालीन समाज का सम्यक् यथार्थ है, यह तो नहीं कहा जा सकता है। उसमें अतिशयोक्ति और अतिरंजना होते हुए भी एक उत्तम राज्य, सुखी-सम्पन्न राज्य और लोकहितकारी राज्य का केन्द्रीय सत्य अवश्य है। वह एक 'एल-डोरैडो', 'यूटोपिया' या 'स्वप्न लोक' भी हो सकता है। पर भारतीय दृष्टि से उसे आदर्श राज्य की परिकल्पना कहा जा सकता है। भारतीय काव्य-दृष्टि श्रेय और प्रेय की समन्वित और समग्र दृष्टि है। यदि वाल्मीकि श्रेय के महाकवि हैं तो कालिदास प्रेय के। यदि भवभूति श्रेय के रचनाकार हैं तो बाणभट्ट प्रेय के। तात्पर्य यह कि श्रेय यथार्थ से उद्भूत उस आदर्श का बिम्ब है जो अपनी दृष्टि 'क्या होना चाहिए' पर रखता है और प्रेय वह यथार्थ है जो 'क्या है तक' ही सीमित

रहता है। इन दोनों ही दृष्टियों के रचनाकारों में सामाजिक सरोकार विद्यमान है—एक में दिशाबोध स्पष्ट होता है, दूसरे में उसके संकेत मात्र।

भारतीय साहित्य में श्रेय और प्रेय की परम्पराओं की जड़ें बहुत पुराने समय से मिलती हैं। पर मुख्यधारा श्रेय की ही रही है। वाल्मीकि, व्यास की श्रेयवादी परम्परा के साथ चार्वाक और लोकायतनवादियों की परम्परा भी यहाँ थी। ऋणंकृत्त्वा घृतं पिबेत्' की परम्परा, असित केशकम्बली से आज तक मिलती है जो भौतिक अस्तित्त्व को ही सब-कुछ मानते हैं—पुनर्जन्म, परलोक, मोक्ष आदि उन्हें अस्वीकार हैं। वे 'क्षण' में विश्वास करते थे। अतः उन्हें क्षणवादी कह सकते हैं जिसका अधुनातम रूप यूरोप में अस्तित्त्ववाद के रूप में जन्मा। बुद्ध की अर्हत परम्परा में यह विचार अग्रसर हुआ। ब्रजयानी सिद्ध और बौद्ध नाटककार अश्वघोष-दिङ्नाग आदि इसी के अन्तर्गत आते हैं। इसे भारतीय चिन्तन और भारतीय साहित्य की वामधारा कह सकते हैं। दोनों की दृष्टि में अन्तर है। एक उदाहरण पर्याप्त होगा। दिङ्नाग के नाटक 'कुन्दमाला' में सीता-वनवास की कथा है। उसमें सीता को वन में पहुँचाकर लौटते समय लक्ष्मण सीता से सन्देश चाहते हैं, राम के लिए। सीता का उत्तर है—

तथा निष्ठुरो नाम संदिश्यत् इत्वप्रतिहतवचनतैषा,

लक्ष्मणस्य न सीताया धन्यत्वम्।

अते अविश्वसनीयता कृति निष्ठुर भावनां पुरुष हृदयानाम्।।

अर्थात् ऐसे निष्ठुर के लिए जो सन्देश देना चाहती हूँ, इसमें लक्ष्मण की धन्यता का हेतु है—सीता का सौभाग्य नहीं। स्वभाव से ही निष्ठुरतापूर्ण पुरुष हृदय की अविश्वसनीयता विचित्र है।

इसी प्रसंग में 'उत्तररामचरित' नाटक में भवभूति ने लिखा कि सीता की सखी वासन्ती जब वार्तालाप में राम को 'निष्ठुर' कहती है तो स्वयं सीता प्रतिवाद में कहती हैं—'पूजार्हः सर्वस्यार्यपुत्रो' अर्थात् आर्यपुत्र तो सभी के लिए पूज्य हैं। दिङ्नाग जीवन के कटु यथार्थ के रचनाकार हैं और भवभूति यथार्थ को आदर्श से संयमित करनेवाले रचनाकार हैं।

भारतीय वाङ्मय में यथार्थ और आदर्श का यह समवाय रूप ही मूलधारा के रूप में चला। रामायण और महाभारत दोनों में ये दोनों ही पक्ष

हैं। कालिदास अभिज्ञान शाकुन्तलम् में यथार्थ की प्रेमभूमि का मनोरम चित्र प्रस्तुत करके उसे त्यागमय आदर्श में पर्यवसित करते हैं। 'मेघदूत' में एक रक्षक के निर्वासन की तानाशाही आज्ञा और उस साधारण व्यक्ति की असाधारण विरह-वेदना के माध्यम से कवि कदम-कदम पर सामाजिक सरोकारों से जुड़ता चलता है। पूरी कथा का अभिप्रेत भी सामन्ती कुबेर के निरंकुश शासन और तज्जन्य प्रजा-पीड़ा का अहसास कराना है। 'कुमार सम्भव' में शिव-पार्वती के प्रेम और कुमार कार्तिकेय के अस्तित्त्व की कथा है। शिव-पार्वती सामान्य स्त्री-पुरुष की भाँति केलि-विलास रत दिखाये गये हैं। राहुल सांकृत्यायन इसमें रामगुप्त के केलि-विलास की छाया देखते हैं। कालिदास समाज के सहज स्वाभाविक संस्पर्श के कवि हैं। उन्हें यथार्थवादी या न्यूनादर्शवादी कह सकते हैं। पर कवि रूप में उन्हें सर्वोच्च प्रतिष्ठा मिली 'पुरा कवीनां गणना प्रसंगे कनिष्ठिका तिष्ठति कालिदासः।' जीवन के इन विविध क्षेत्रों के निदर्शन सामाजिक सरोकार से जुड़ना ही है।

भारतीय साहित्य में परम्परा कालिदास की नहीं चली। चली तो वाल्मीकि और व्यास की। 'रामायण' की कथा कम्ब, त्यागराज, पोतना, तुलसीदास आदि के माध्यम से समस्त भारतीय भाषाओं में चली और एक भाषा में कई-कई महाकवियों की रचनाओं में उसने विविध रूपाकार ग्रहण किया। रामकथा का सरोकार व्यक्ति, परिवार, समाज, मित्र, शत्रु, गृहस्थ, साधु-संन्यासी, वन्य-जातियों आदि तक से है और पूर्ण समाज का एक बिम्ब उसमें मिलता है।

यही स्थिति महाभारत की है। महाभारत में मनुष्य की स्वार्थलिप्तता और उसके लिए अधम-से-अधम कर्म करने की तैयारी का बड़ा स्वाभाविक और मनोवैज्ञानिक चित्र उभरा है। इसमें राजनीति के दाव-पेंच और राज परिवारों की अहं भावना बड़ा स्वाभाविक प्रसंग है। इन्हें आधुनिक भाषा-शैली के साथ नरेन्द्र कोहली, मनु शर्मा, युगेश्वर, बच्चन सिंह जैसे कई उपन्यासकारों ने आधुनिक सन्दर्भ से जोड़ दिया है। ये सभी रचनाएँ आज के सामाजिक सरोकार से जुड़ी हैं, विशेषतः नरेन्द्र कोहली की रचना में यदि नाम और घटना-सन्दर्भ हटा दिया जाय तो वह आज की जीवन-गाथा ही

हो जाती है। मनुष्य के स्वभाव को लक्ष्य करके जो रचना होती है, उसका कथानक भले ही कितना पुराना हो जाय, अपने कथ्य में वह सदैव ताजी बनी रहती है। रामायण की ही भाँति महाभारत की कथा भी भारत की सभी भाषाओं में लिखी गयी और उसे व्यापक लोक-प्रसार मिला। इसका कारण यही है कि इस कालजयी कृति में मानव के व्यवहार, प्रकृति और प्रवृत्ति के शाश्वत सन्दर्भ विद्यमान हैं। यही वह सरोकार है जो रचना को जीवन-सन्दर्भ और सामाजिक-सन्दर्भ से जोड़ देता है।

भारतीय पुरा साहित्य प्राकृत और अपभ्रंश की रचनाएँ और उन्हीं की उत्तरवर्ती सिद्धों और नाथ योगियों की रचनाएँ सामाजिक सरोकारों से विशेष जुड़ी हैं। इस समय तक आते-आते साहित्य की दो कोटियाँ बन जाती हैं—अभिजात साहित्य और लोक साहित्य अथवा जन-साहित्य। सिद्धों, योगियों, सन्तों की रचनाएँ सामान्यतः जन-साहित्य के अन्तर्गत् आती हैं। यह सही है कि सीधे सामाजिक सरोकारों से टकराने का कार्य इस लोक धारा में अधिक मिलता है। पर अभिजात-साहित्य में भी सामाजिक सरोकार विद्यमान हैं—दोनों की भंगिमा अलग हैं और दोनों के स्तर भिन्न हैं।

आज समूचे भारतीय साहित्य में नारी-विमर्श एक प्रधान विषय बन गया है। 'कामायनी' की श्रद्धा क्या नारी की महत्ता और जीवन को सच्ची दिशा का बोध करानेवाली नहीं है! मनु की उपेक्षा, तिरस्कार और पलायन से पीड़ित नवजात मानव को लेकर भटकती श्रद्धा, मनु, इड़ा (आधुनिक तर्कशील नारी) और मानव को जीवन के सन्तुलित मार्ग का दर्शन कराती है और तभी आनन्द की वर्षा जीवन में होती है। 'साकेत' की उर्मिला, 'यशोधरा' की गोपा याकि 'महाप्रस्थान' की द्रौपदी नारी के त्याग, गरिमा, महत्ता और उनकी स्वतन्त्र इयत्ता का बोध कराती हैं। आधुनिक नारी की स्वतन्त्रता और साहित्य में उसके नये रूप उसे किस दोजख में डालते हैं, यह तसलीमा नसरीन के उपन्यास 'शोध' की नायिका अथवा कन्नड़ के अनन्तमूर्ति के उपन्यास 'भव' के नारीपात्रों के जीवन में देखा जा सकता है। नारी-मुक्ति के आधुनिक मुहावरे के अन्तर्गत वर्तमान में सामाजिक सरोकार तलाशा जाता है, उसका एक ही उदाहरण पर्याप्त है। नये कवि

पवन करण की दो कविताएँ 'प्यार में डूबी माँ' और 'स्तन' हैं। पहली कविता हंस में (अप्रैल, 2001) छपी और दूसरी 'समकालीन भारतीय साहित्य' (नवम्बर-दिसम्बर, 2004) में। पहली में जवान बेटी अपनी विधवा माँ को प्रेमी के साथ सम्भोगरत देखती है और कहती है—"प्रेम करती हुई माँ को देखती मैं क्यों न फिरूँ बौराई पगलाई।" क्या यही भारतीय समाज का सच्चा जीवन-बोध और आम पारिवारिक परिवेश का सरोकार है? दूसरी कविता 'स्तन' में एक औरत के स्तन-मर्दन-सुख का खुला वर्णन है। एक में अन्तरंग क्षणों में उन दोनों को हाथों में थाम कर' वह 'कभी शहद के छत्ते और कभी दशहरी आमों की जोड़ी कहता' और उसकी बातें सुन-सुनकर 'बौराई वह' कई दफे सोचती, इन दोनों को एक साथ उसके मुँह में भर दे और मूँद ले अपनी आँखें।" कालान्तर में कैंसर से पीड़ित उसका एक स्तन काटकर निकाल दिया जाता है—पर उसका प्रेमी और वह उसके कट जाने से इसलिए मायूस हैं कि अब वह मजा नहीं है। ऐसे करुण प्रसंग में ऐसी देहयुक्ति और कामक्रीडा के विस्तार का सामाजिक दर्शन प्रगतिशीलता के नाम पर स्त्री को नंगा करनेवाले ही मान सकते हैं। इस दिशा में कृष्ण बलदेव वैद्य तथा अन्य कई समर्थ लेखक और लेखिकाएँ उन्मुक्त कामक्रीड़ा का सांगोपांग वर्णन आधुनिकता के नाम पर कर रहे हैं। यह सब-कुछ सामाजिक यथार्थ, मुक्त यौन-सम्बन्ध और व्यक्ति स्वातन्त्र्य के नाम पर चल रहा है जिनके बारे में अभी विभूतिनारायण राय ने कहा कि 'मानों इनमें छिनालपन की प्रतियोगिता चल रही है।'

'सामाजिक सरोकार' के नाम पर वामपन्थी प्रगतिशील आन्दोलन ने मुख्य रूप से आर्थिक-विषमता के प्रश्न को उभारा और देश की बदहाल गरीबी-बेकारी और नारकीय यातनाओं का झकझोरनेवाला चित्र भी खींचा। गाँव के परिवेश, वहाँ के जातीय जीवन, छूआछूत, शोषण-गरीबी आदि के बेबाक चित्रण नागार्जुन, केदारनाथ अग्रवाल, धूमिल सरीखे बहुत से कवियों ने सार्थक ढंग से किया। दुष्यन्त कुमार ने और अधिक व्यापक परिवेश में गाँव से शहर तक के सामाजिक जीवन पर व्यंग्यपूर्ण श्रेष्ठ रचनाएँ लिखीं। इन रचनाओं के सामाजिक-आर्थिक पक्ष की महत्ता को अस्वीकार नहीं किया जा सकता, पर देश के अर्थतन्त्र का परिवर्तन सार्थक

सामाजिक आन्दोलन से होगा। आजादी के बाद इस प्रकार के किसी आन्दोलन के अभाव में ऐसी रचनाएँ समाज-परिवर्तन का औजार न बन कर महज अकादमिक व्यसन बनकर रह गयीं। रूस के साम्यवादी तन्त्र के ध्वस्त होने और चीन के उदारीकरण के रास्ते पर चलकर अर्द्ध पूँजीवादी व्यवस्था स्वीकारने से वाम आन्दोलन की विश्वसनीयता भंग हुई है और उनकी स्वयं की निराशा हिंसक आन्दोलनों में प्रकट होने लगी है। नेपाल का माओवादी-आतंक और भारत में आन्ध्र, बिहार, झारखण्ड छत्तीसगढ़, उ.प्र. में सोनभद्र आदि की नक्सल हिंसाएँ इसी का प्रतिफल हैं। ऐसे में आर्थिक ढाँचे के बदलाव का सार्थक दर्शन ही सम्मुख न होने से ऐसी रचनाओं की भूमिका भी नगण्य हो गयी है।

आज के भारत के समाजिक ताने-बाने में अनेक समस्याएँ हैं। इनके सन्दर्भ से कविता, कहानी, नाटक, उपन्यास लिखे गये हैं और आज भी लिखे जा रहे हैं। लक्ष्मीनारायण मिश्र ने समस्या नाटकों में मुख्यतः सेक्स की समस्याएँ लीं। मोहन राकेश ने भी टूटते हुए पारिवारिक परिवेश और बिखराव के सूत्र को लिया। कुछ बड़े नामों को छोड़ दिया जाय तो भारतीय साहित्य का कथा साहित्य प्रेम, विवाह आदि के इर्द-गिर्द प्रायः घूमता नजर आता है।

मोहन राकेश के 'आधे अधूरे' नाटक की पूरी पटकथा इसी पर आधारित है और उसका एक भी पात्र या संवाद अस्वाभाविक नहीं लगता है। यही आज का जीवन है तो उसके भीतर ही झाँक कर इस जीवन से अलग स्वस्थ पारिवारिक और सामाजिक जीवन की तलाश हो सकती है। पर यह तलाश पुरानी मिथ्यादर्शवाली रचनाओं से नहीं, आज की यथार्थबोध वाली रचनाओं में ही सम्भव है। पर ऐसी रचनाओं में भी संयम, सन्तुलन और मर्यादा की सीमाओं का ध्यान रखना अनिवार्य है—मानवीय दृष्टि से भी भारतीय संस्कारमय जीवनादर्श की दृष्टि से भी।

आजादी के साथ ही देश का विभाजन एक ऐसी त्रासदी लेकर आया कि संसद से लेकर गाँव तक लोग उसके कहर को झेल रहे हैं। जम्मू-कश्मीर से लेकर अलीगढ़, मऊ, गोधरा, बम्बई तक उस कहर के ताने-बाने में लिपटे हैं। 1857 में हिन्दू-मुसलमान साथ-साथ लड़ रहे थे—उनका एका बेमिसाल

था, पर खिलाफत आन्दोलन और मुस्लिम तुष्टीकरण ने हवा को दूसरा रुख दिया। राष्ट्रीय विचारों के तिलक, मालवीय के साथ रहनेवाले और खिलाफत आन्दोलन समर्थन के गाँधी जी के प्रस्ताव के विरोधी मोहम्मद अली जिन्ना फिरकापरस्ती के अलम्बरदार बन गये। विभाजन हुआ और दो मज़हब वालों में ऐसी दरार बढ़ी की बढ़ती ही गयी और राजनीति ने उसे बढ़ाने में ही दिलचस्पी ली। इस सामाजिक सन्दर्भ को बँटवारे के तत्काल बाद की त्रासदी के रूप को गुरुदत्त और भीष्म सहानी ने अपने-अपने ढंग से चित्रित किया पर इसके मुकम्मल सामाजिक सन्दर्भ को राही मासूम रजा ने 'आधा गाँव' में गहराई से देखा है। 'गंगौली' गाजीपुर जनपद में राही का गाँव है जहाँ हिन्दुओं के साथ मुसलमान भी हैं—कांग्रेस के मुसलमान व मुस्लिम लीग के मुसलमान। शिया और सुन्नी, काजी, शेख, पठान, मौलवी, मोमिन, जुलाहा, कुरैशी। खुद मुसलमान अनेक खाँचों में बँटे हैं और उनमें भी धनी मुसलमान और गरीब मुसलमान की अलग-अलग राहें।

'आधा गाँव' में अलीगढ़ से काली शेरवानी पहनकर आये लड़के मस्जिदों में पाकिस्तान को बनाने की तकरीर करते हैं। पर गाँव के बुजुर्ग हाजी गफ्फूर अंसारी उनकी खिलाफल करते हैं। वे कहते हैं—"हमारे खयाल से निमाज खातिर पाकिस्तान-आकिस्तान की तनिको जरूरत ना है।... कौनो तो कहत रहा कि जिन्ना त नमाजो ना पढ़ते।" राही की नजर में जिन्ना की राजनीति गलत थी। आर्थिक, सामाजिक दृष्टि से पाकिस्तान अव्यावहारिक और गलत है। जिन्ना ने मुसलमानों में पद और अधिकारों की भूख जगाकर अपना स्वार्थ सिद्ध किया। इस उपन्यास में मातृभूमि के प्रति नैसर्गिक प्रेम की अभिव्यक्ति है। काली शेरवानीवालों को गाँव का तन्नू जवाब देता है—मैं मुसलमान हूँ लेकिन मुझे इस गाँव से मुहब्बत है क्योंकि मैं खुद यह गाँव हूँ। मैदाने जंग में जब मौत बहुत करीब आती है तो मुझे अल्लाह जरूर याद आता है लेकिन मक्का-ए-मुअज्जमा या कर्बला-ए-मुअल्ला की जगह मुझे गंगौली याद आती है।" हिन्दू-मुस्लिम ताने बाने पर अब्दुल बिस्मिल्लाह का उपन्यास 'झीनी झीनी बीनी चदरिया' भी बनारस के बुनकरों के बीच से कथानक लेकर सार्थक सन्दर्भ पेश करता

है। एक टिप्पणी उसी में है—"बुनकर अपनी मेहनत की कमाई शराब में फूँक देते हैं और उस नशे में उन्हें पाकिस्तान याद आता है या क्रिकेट मैचों के दौरान वे पाकिस्तान के विजय की कामना करते हैं।" और अपने में वह खूब बँटे हैं। बनारस के जुलाहों में कुछ मऊवाले हैं और कुछ बनारसवाले। मऊवाले 'एम ग्रूप' और बनारसवाले 'बी ग्रूप' कहे जाते हैं। यह भिन्नता आर्थिक भी है। जब बुनकर ही एक अखण्ड इकाई नहीं हैं तो मुसलमान कहाँ से होंगे। मुसलमान रचनाकारों के ये सामाजिक सरोकार न केवल-कला और रचनागत सत्य की दृष्टि से सराहनीय हैं अपितु राष्ट्रीय एकता और सामाजिक समरसता की दृष्टि से भी श्रेष्ठ हैं।

उपन्यासों के सन्दर्भ में मैं पाकिस्तान के लेखक शौकत सिद्दीकी के 'खुदा की बस्ती' का जिक्र करना चाहूँगा। उसने पाकिस्तान की आम सामाजिक जिन्दगी का बेबाक चित्रण किया है जिनमें चार नौजवान रोजी की तलाश में अपराधी बन जाते हैं। ये हैं नोशा, राजा, शामी और अनू। चारों खूबसूरत, हृष्ट-पुष्ट, कर्मठ और तेजस्वी हैं पर व्यवस्था और वातावरण ऐसा है कि वे सभी अपराध जगत् में प्रविष्ट होकर बर्बाद हो जाते हैं। उपन्यासकार का आखिरी वक्तव्य है—"तमाम नेता लोगों के गम पर आठ-आठ आँसू रोते हैं—और ढेरों वादे करते हैं। मगर फिर भी समाज नोशा, राजा, शामी, अनू जैसों को जन्म देता है। इनमें कोई कत्ल करके जेल जाता है, कोई कोढ़ी बनकर एड़ियाँ रगड़-रगड़कर मौत की प्रतीक्षा करता है, कोई खून थूकता है और रिक्शा चलाता है और कोई हिजड़ों के साथ कूल्हे मटकाता है। नारा-ए-तकवीर-अल्ला को अकबर।" पाकिस्तान इस्लामी स्टेट हैं मजहबी नारे से अन्त करके उपन्यासकार ने सारी व्यवस्था और धर्म के नाम पर ठगी पर करारा व्यंग्य किया है।

यही सामाजिक सन्दर्भ भारत का भी नहीं है क्या? यदि आखिरी नारा बदलकर 'सेक्यूलिरिज्म-समाजवाद : जिन्दाबाद-जिन्दाबाद' कर दिया जाय तो यह उपन्यास हिन्दुस्तान के लिए भी उतना ही प्रासंगिक होगा जितना पाकिस्तान के लिए। हिन्दी में भी बहुत पहले श्रीलाल शुक्ल का 'रागदरबारी' और भगवती चरण वर्मा का 'सबहि नचावत राम गुसाई' हमारी सामाजिक संरचना के चूर-चूर में घुसे व्यभिचार-भ्रष्टाचार की कहानी कहते हैं।

आजादी के बाद के भारत का चित्र बड़ा बेढंगा हो गया है। विवेकी राय ने वनगंगी मुक्त है' और 'मंगलभवन' में आज के समग्र परिवेश में लगे घुन को सही ढंग से उजागर किया है। उसके भी आगे आज देश उदारीकृत पूँजीवाद के चंगुल में फँसा आतंकवाद का शिकार और आकण्ठ भ्रष्टता में डूबा हुआ, इतिहास के ठहरे हुए मोड़ पर खड़ा है। हमें खाने को मुँह बाये दुश्मन और हमारी मदद में आगे आ गये दोस्त दोनों का स्वभाव एक है और लक्ष्य भी एक ही है। इसीलिए कवि शैलेन्द्र का कहना सही लगता है–

जार्ज बुश और लादेन। दो चेहरे हैं एक ही व्यक्ति के।

आज अनगिनत प्रश्न हैं हमारे सामने। तमाम कवि-लेखक इन प्रश्नों से रूबरू हो रहे हैं। एक कविता है–"आयी है महादेशों से। हथियारों की नयी किश्त। तीसरी दुनिया के लिए। जिद है तकनालाजी विकसित करने की। क्यों दिखायी देगा तुम्हें। उड़ीसा का महाचक्रवात। भूकम्प भुज में।. ..तुम्हें क्या पता कि समस्याओं की छोटी-छोटी कितनी हैं शक्लें। चप्पे-चप्पे पर कितने अभाव कितनी बदहाली। सूचना अब पूँजी के प्रभाव से झरती है। पूँजी पर ही आकार खत्म होती है।"

अपनी बात समाप्त करते हुए कहना चाहता हूँ कि इस छोटे से आलेख में साहित्य की समस्त विधाओं के सारे सामाजिक सरोकारों को समेटना न सम्भव था और न वैसा कुछ किया ही गया है। कुछ बानगी और नमूने के तौर पर बातें कहते हुए, यह बताने की कोशिश की गयी है कि हमारी जिन्दगी के अनेक रूप हैं और सभी में सामाजिक सरोकार के तार जुड़े हैं। उनमें रचनाकार किसी एक का चयन करके उसे उभार देता है, क्योंकि वह समाज का चितेरा ही नहीं दिशा-दर्शक भी है। हमारा दृष्टिकोण इस बिखराव में समाज को जोड़ना और उसे उचित दिशा देना है। कवि ओम धीरज के शब्दों में–

टूट रहे रिश्ते नातों पर
जाति धर्म के जज्बातों पर
तुम विग्रह-विच्छेद लिखो
हम तो सन्धि-समास लिखेंगे।

साहित्य पर बाह्य प्रभावों का हस्तक्षेप

भारत के स्वतन्त्रता-संग्राम का एक पक्ष अपनी भाषा की आजादी का भी था। पूरे भारत की राष्ट्रभाषा-सम्पर्क भाषा-हिन्दी या हिन्दुस्तानी हो यही मुख्य मुद्दा था। लम्बी जद्दोजेहद के बाद नागरी लिपि में लिखी हिन्दी हमारी राष्ट्र भाषा बनी। वह कैसी हो इस सवाल पर संविधान में कहा गया है कि वह सभी प्रादेशिक भाषाओं से शब्द, रूप और शैली ग्रहण करके बनेगी। सभी प्रदेशों के लिए हिन्दी का संस्कृत रूप ही ग्राह्य है, जिसके शब्द सभी भाषाओं में बहुतायत से हैं। व्यक्ति के नाम—सुब्रह्मण्य भारती, विश्वनाथन्, बंकिम चन्द्र, नरसी मेहता, कुसुमाग्रज आदि या स्थान के नाम तिरुवनन्तपुरम्, अर्णवकुलम्, कन्याकुमारी, श्रीरंगम्, मुदरई आदि या पानी, नीर, जल जैसे अनेक संस्कृत शब्द उनमें हैं। अतः ग्राह्यता और सुविधा में वही रूप राष्ट्रभाषा को स्वीकार है। पर हिन्दी का हृदय-देश जिस भाषा का प्रयोग आज कर रहा है वह उसका उर्दू-फारसीवाला रूप है, जिसको आमजन की भाषा कहकर धड़ल्ले से साहित्य में प्रविष्ट किया जा रहा है। यह भाषा-विकृति का एक रूप है जो राजनीति के प्रभाव या दवाब का फल है।

भाषा-विकृति का एकरूप आज के समाचार-पत्रों में तेजी से फैल रहा है। उर्दू प्रभावी हिन्दी तो फैशन और राजनीतिक दबाव में चल रही है। अब उदारीकरण का प्रभाव बड़ी तेजी से बढ़ा है। बड़ी आसानी से हिन्दी समाचार-पत्र के एक पृष्ठ पर सैकड़ों अंग्रेजी के शब्द अपने खाँटी प्रयोग के साथ आ रहे हैं। जैसे 'सेक्स स्कैण्डल', 'सेक्स रौकेट', 'इण्टरव्यू, 'एडमिशन', 'गैंगरेप', वगैर। ये प्रयोग देश के सांस्कृतिक पराभव के सूचक हैं। उधर नयी तकनीक के साथ नये शब्द भी धड़ल्ले से आ रहे हैं।

कम्प्यूटर, ई-मेल, एस.एम.एस., इण्टरनेट, सेन्सेक्स, ई.पी.एफ.। नये नाम अंग्रेजी विद्यालयों के 'ईस्ट टू क्राउन स्कूल' 'लिटिल फ्लावर', त्रिमिडाड, जैसे चल रहे हैं। दिल्ली स्कूल के बड़े दिग्गज इसे 'हिंगलिश' कहते हैं। इसका एक नमूना 'हिन्दुस्तान' दैनिक की निम्नांकित भाषा है—"एअर होस्टेस के प्रशिक्षण के लिए फ्लाइंग फैट्स ने नयी दिल्ली स्थित साउथ एक्सटेन्सन पार्ट-2 में एअर होस्टेस ट्रेनिंग स्कूल खोलता है।" (12 जुलाई, 2006) यह भाषाई प्रदूषण है जो देश के आत्मसम्मानशून्य, अस्मिताविहीन, औपनिवेशिक मानसिकता के बड़े नेताओं और साहित्यकारों के नाते आ रहा है।

जो भाषा अपनी अस्मिता की रक्षा नहीं करती वह जीवित नहीं रहती। भाषा राष्ट्र की वाणी होती। भारत माता 14 भाषाओं में बोलती है पर 14 भाषाओं को एक सूत्र में पिरोनेवाली राष्ट्रभाषा हिन्दी है।

सुब्रह्मण्य भारती ने हिन्दी को राष्ट्रभाषा मानते हुए सभी भारतीय भाषाओं को राष्ट्रीय भाषा कहा है। मराठी के शिखर कवि कुसुमाग्रज ने वर्षों पूर्व विश्व मराठी सम्मेलन में कहा था—"बिना एक राष्ट्रभाषा के राष्ट्र की कल्पना नहीं की जा सकती।" उन्होंने केन्द्र से माँग की कि महाराष्ट्र से अंग्रेजी को सरकारी तौर पर हटा लिया जाये। महाराष्ट्र के सारे राज-काज मराठी में होंगे और केन्द्र से सम्पर्क की भाषा हिन्दी होगी, क्योंकि हिन्दी ही निर्विवाद स्तर पर देश की राष्ट्रभाषा है। आज भी संसद के भाषणों में, केन्द्रीय सरकारी कार्यालयों में, दिल्ली की आम जिन्दगी से लेकर खास गोष्ठियों में और साहित्यिक संस्थाओं के कार्यक्रमों में अंग्रेजी की प्रेत छाया व्यापक रूप में पसरी हुई है। बिना इससे मुक्त हुए हिन्दी अपने स्वरूप को नहीं प्राप्त कर सकेगी। इसके लिए हमें अपना मन बदलना होगा। हमें राष्ट्रीय सोच अपनानी होगी और आत्महीनता से छुटकारा पाना होगा।

अब हम अपने साहित्य का विचार करें। संस्कृत, प्राकृत, अपभ्रंश और हिन्दी का साहित्यिक इतिहास भाषा की दृष्टि से भले ही अलग-अलग है, पर भाव और विचार, दर्शन और सोच, पुरुषार्थ और जीवनबोध की दृष्टि यह एक प्रवहमान् सतत परम्परा है। यह दो हजार वर्ष से अधिक की

परम्परा है। वह क्या उत्तरोत्तर अपने एकहरे रूप में अनूदित होती हुई चली है अथवा कालक्षेप से उसमें परिवर्तन-संशोधन हुए हैं? नयी रचना एक विद्रोही तेवर लेकर आती है। वह किसी पुरानी लकीर को तोड़कर नयी रेखा बनाती है।

वह रूढ़ियों और विसंगतियों को छोड़कर या तोड़कर जब आगे बढ़ती है तभी वह कुछ नया दे पाती है। नयापन मनुष्य और समाज दोनों का स्वभाव है। पर एकदम नया कुछ भी नहीं होता। अतः पुराने को तोड़कर नये मूल्य स्थापित करना एक जोखिम है और जो रचनाकार इस जोखिम को उठाता है, वही नया रच पाता है और वह कालजयी कृतिकार बन जाता है। जो यथास्थिति में जीता है, पुराने को निबाहता चलता है, वह अपने ही जीवन में विस्मृत हो जाता है। जो उठता है, लड़ता है, लड़कर-मरकर रचता है वह अमर हो जाता है। इस नयेपन की एक शर्त है कि वह प्राचीन और परम्परा के जीवन्त और स्वस्थ सामग्रियों का ग्रहण और मृत और अस्वस्थ का त्याग करें। तात्पर्य यह कि साहित्य का हर नया अपनी संस्कृति का ही वाहक होता है, उसकी विकृति का नहीं। अपने समय में परम्परा से आगे का नयापन, कालिदास और तुलसी में भी था, कबीर और जायसी में भी और आधुनिक युग में रवीन्द्र नाथ टैगोर, प्रेमचन्द, प्रसाद, निराला आदि में भी है। ये सभी हमारी संस्कृति के पुण्य-प्रवाह के कूल हैं और इनकी समग्रता ही भारतीयता या भारतीय संस्कृति है।

विश्व का कोई भी साहित्य ऐसा नहीं है जो अपने देश की संस्कृति का स्वर नहीं झंकृत करता है। अज्ञेय ने लिखा है—जो साहित्य किसी एक संस्कृति का प्रतिबिम्बन करता है, उसका अपना व्यक्तित्व, अपनी अस्मिता होती है और वह व्यक्तित्व उसके क्षेत्र से बाहर पहचाना जाता है। तभी दूसरे संस्कृति-समाजों में उसे महत्त्व मिलता है।... अर्थात् तभी वह विश्व साहित्य में स्थान पाता है। जिस साहित्य में संस्कृति का स्वर नहीं बोलता, उसका विश्व-साहित्य में स्थान पाने का सवाल ही नहीं उठता।''...जाहिर. ..है कि टॉल्सटॉय को अपने देश के किसानों और आमजन की दशा के चित्रण पर विश्व साहित्य में स्थान मिलता है, तो टैगोर और प्रेमचन्द को अपनी धरती के चित्रण पर।''

भारतेन्दु और महावीरप्रसाद द्विवेदी तो नवजागरण के पुरोधा ही थे। भारतेन्दु ने रचनाक्रम में समाज-देश को स्थान दिया और हिन्दी भाषा की लड़ाई की सार्थक भूमिका निभायी। 'सरस्वती' का जन्म ही राष्ट्रीय स्वाधीनता आन्दोलन के क्रोड़ से हुआ। उस जमाने के कई कवि 5-6 वर्षों तक जेलों में रहे और कलम से राष्ट्रीयता और जागृति का सन्देश देते रहे पर रचना धर्म में ये सभी अग्रगामी रहे। तुलसी के राम मैथिलीशरण गुप्त के 'साकेत' में नये रूप में आये। वे स्वर्ग का सन्देश देने नहीं, धरती को स्वर्ग बनानेवाले मनुष्य है। हरिऔध के कृष्ण गोपी-बल्लभ और करिश्माई श्रीकृष्ण नहीं हैं। अपितु लोकसंग्रही और अत्याचार के विरुद्ध संघर्षशील लोकनायक हैं। ये परिवर्तन भी युग की वैज्ञानिक सोच और आधुनिकता के प्रभाव थे। इसी प्रवृत्ति ने आगे चलकर निराला, नरेश मेहता और दिनकर के लिए मार्ग प्रशस्त किया।

छायावाद के आन्दोलन ने यूरोप के स्वच्छन्दतावाद का अनुसरण किया और अनुसरण-अनुकरण की यह परम्परा प्रारम्भ हो गयी। छायावाद ने शैली तो यूरोप से ग्रहण की पर अभिव्यक्ति को वेदान्त और प्रकृति-संवेदना से जोड़ कर उसे आत्मसात कर लिया। परिणामतः प्रसाद, पन्त, निराला, महादेवी जैसे कालजयी रचनाकार पैदा हुए। छायावाद की भारतीयता पर महादेवी ने दीपशिखा की भूमिका में प्रकाश डाला है। रूसी बोल्शेविक क्रान्ति की सफलता ने मार्क्सवाद का आकर्षण बढ़ाया तो हिन्दी में भी प्रगतिशील लेखन का प्रारम्भ हुआ। इस आन्दोलन की जड़ें रूस में थीं, यद्यपि यह आया इंग्लैण्ड के मार्फत। इसके प्रतीक कम्युनिस्ट पार्टी और रूसी क्रान्ति के थे। इसने जो अच्छा काम किया, वह यह कि इसने सामन्तवाद, साम्राज्यवाद, पूँजीवाद का विरोध किया और साहित्य को जनता की चीज बनाया। पर बुरा यह हुआ कि यह धर्म निरपेक्ष, संस्कृति-परम्परा निरपेक्ष होते हुए राष्ट्र-निरपेक्ष हो गया। द्वितीय महायुद्ध में राहुल सांकृत्यायन जैसे लेखक ने आजाद हिन्द फौज की लड़ाई को जर्मनी की लड़ाई और मित्रराष्ट्रों के (अंग्रेज के भी) पक्ष को अपना पक्ष बताते हुए भोजपुरी में कई नाटक लिखे। प्रगतिशील लेखन, जनवादी लेखन, समकालीन लेखन के अलग-अलग चेहरों पर इसने यूरोप से आयातित लेखन का यह मॉडल ग्रहण किया।

यह साहित्यकारों के ऊपर एक विचारधारा से प्रतिबद्धता का परिणाम था। यह प्रभाव और दबाव राष्ट्रभाव को कम करके देश के मनोबल को गिराने वाला था। देश की सीमा पर सैनिक और देश के अन्दर कलम के सिपाही कदम से कदम मिलाकर लड़ते हैं तो देश का मस्तक गौरव से उठाता है। इस हकीकत को इस आन्दोलन ने नजरअन्दाज किया और देश के मनोबल को गिराया। रूसी लेखक शोलोखोव को नाजी आक्रमण के विरुद्ध लड़ रही जनता की थीम पर लिखे उपन्यास को नोबल पुरस्कार मिलता है और आजाद भारत में आजादी की रक्षा की लड़ाई में रचनाकार चुप्पी साध लेता है, यह चिन्तनीय है।

प्रगतिवाद से मोहभंग और आधुनिकता से उत्पन्न परिस्थितियों ने प्रयोगवाद, नयी कविता और नवलेखन को जन्म दिया। प्रगतिवाद की भाँति इन विचारों का दाय भी हमें पश्चिम से मिला। फ्रान्स से इसका प्रारम्भ हुआ और स्वतन्त्रता इसका मूलमन्त्र था। इसमें इन्द्रियबोध की प्रधानता, मध्यमवर्ग की घुटन, हताशा और अस्तित्त्व संकट की ध्वनियाँ थीं। इस धारा ने पुराने मूल्यों को तोड़ा पर कोई नया मूल्य स्थापित न कर सका और मूल्यहीनता का शिकार हो गया। अस्तित्त्ववादी दर्शन का प्रभाव भी इन पर पर्याप्त पड़ा। अंग्रेजी उपनिवेश के कारण हमारे सोचने का तरीका पश्चिम के अनुकरण का हो गया है। इस अनुकरण की प्रवृत्ति ने हमारे मौलिक चिन्तन को समाप्त कर दिया। हमने इलियट, पाउण्ड, सार्त्र, लूकाच, ग्राम्सी को अपना मार्गदर्शक मान लिया और उन्हीं के मापदण्डों से अपनी रचनाओं को परखने लगे। यह विचार पीछे छूट गया कि साहित्य अपने देश की दशा और परिस्थिति में सृजित होता है तो वही स्थायी महत्त्व का होता है। नकल तो नकल होती है।

आज का बड़ा लेखक और आलोचक आधुनिकता, उत्तर आधुनिकता और विखण्डनवाद के सहारे अपनी महत्ता और इयत्ता को प्रमाणित करता है। पर भारत अभी उन परिस्थितियों से नहीं गुजरा है, जिनसे यूरोप के देश गुजर चुके हैं। औद्योगीकरण की चरम परिस्थिति, दो-दो महायुद्धों के दंश और विघटित समाज-व्यवस्था को यूरोप ने झेला है। अतः उस प्रकार के साहित्य का सहज निर्माण नहीं हुआ। यही कारण है कि नयी कविता

के आन्दोलन पर नवगीत का आन्दोलन हावी हो गया। नवगीत ने अपनी जमीन की ओर, अपने गाँव की ओर अपनी संस्कृति की ओर लौटने का नारा दिया। भाषा के नये मुहावरे और उसके आधुनिकतम प्रतीकों-मिथकों को अपनाते हुए भी नवगीत इसी जमीन की जड़ से जुड़ गया। अज्ञेय और निर्मल वर्मा जैसे दिग्गज रचनाकार आधुनिकता की सारी दौड़ लगाकर अन्ततः अपनी जमीन और संस्कृति से जुड़ने की बात कहने लगे।

नये यूरोपीय-अमेरिकी लेखन से जो चीजें हमारे यहाँ आयीं, उनमें नग्न देहवाद, मूल्य भ्रंशता, अनस्थिरता, अजनबीपन खास है। इनसे हमारे रचनाक्रम को कुछ लाभ नहीं मिला। हमारी संस्कृति में वर्जनाएँ तो नहीं रही हैं। कालिदास का 'कुमारसम्भव' इसका उदाहरण है। पर सीमाएँ रही हैं। उनके अतिक्रमण से हमारी निजता समाप्त हो जाती है। हमने एक और प्रत्यय पश्चिम से आयातित किया है, वह है 'सेक्यूलरिज्म'। यह आया तो राजनीति में पर इसका व्यापक प्रभाव हमारे साहित्य पर पड़ा। भारत-विभाजन की त्रासदी जितनी बड़ी थी, उतना बड़ा रचनाक्रम इसके सही सन्दर्भ को लेकर नहीं आया।

हमारे देश का कोई बड़ा लेखक इन सवालों से टकराने की हिम्मत नहीं करता है। इसके पीछे सेक्यूलरिज्म का दबाव रहता है। गोधरा के उपजे गुजरात के दंगे हों या बाबरी ढाँचा का ध्वंस यह तो हमें मर्माहत करता है पर दशाब्दियों से आतंक, नरसंहार और विस्थापन का दंश झेलता कश्मीर, पूर्वोत्तर भारत के ईसाई व इस्लामीकरण से उत्पन्न अलगाव की प्रवृत्ति, या अक्षरधाम, अयोध्या से लेकर बम्बई और संसद तक के विस्फोटों पर कलम चलाने में हमारे सेक्यूलरिज्म के कल्पित मिशन की नींव ढहने का डर लगता है। यह साहित्य और राष्ट्र के लिए तो खतरनाक है ही विश्व के लिए भी बड़ा खतरा है।

आखिरी बात मुझे उदारीकरण के परिणामी बाजारवाद के दबाव के बारे में करनी है। आज लेखन में बजार की बात की जाती है। आज दूरदर्शन के विज्ञापनों ने बाजार के प्रभाव को खूब अभिव्यक्त किया है। एक विज्ञापन में एक लड़का एक अर्द्धनंगी युवती को गोद में लेकर पर्दे पर आता है। उसे चूमते ही वह लड़की एक साइकिल में बदल जाती है और

लड़का साइकिल को उसी चाव से चूमता है जैसे लड़की को। बाजार तो इसी स्तर के साहित्य से बनेगा। एक प्रकाशक ने बताया कि उपन्यास लेखक गुलशन नन्दा को एक लाख तक रायल्टी वार्षिक हमने दी है। बाजार धन से जुड़ा रहता है, मन से नहीं।

इधर बाजारवाद और धन-लोलुपता से आदमी किस कदर मशीन बन गया है, कितना स्वार्थी और मतलबी हो गया है, इसकी प्रतिध्वनियाँ हमारे वर्तमान साहित्य में तेजी से प्रकट हो रही हैं। उपन्यासकारों में यौन चित्रों का यथातथ्य वर्णन प्रसिद्ध लेखकों की कृतियों में भी मिलते हैं। जैसे कविता में आयातित भदेस को नवगीत ने नकारकर अपने सांस्कृतिक अधिष्ठान को तलाशने की कोशिश की है, उसी प्रकार कथा साहित्य में हिन्दी के कहानीकारों ने बाजार और उपभोक्ता संस्कृति की विडम्बनाओं को उजागर करके उनके दुष्परिणामों को प्रकट रूप में रेखांकित किया है। उदय-प्रकाश की कहानी 'पालगोमरा' का स्कूटर' ने उपभोक्ता संस्कृति की विडम्बनाओं को उजागर करके उनके दुष्परिणामों को प्रकट रूप में रेखांकित किया है। यह उपभोक्तावाद और उत्तर आधुनिक समय के मनुष्य की अमानुषिक दुर्दशा का एक दस्तावेज है। उन्हीं की कहानी 'वारेन हेस्टिंग्स का साँड़'' बाजारवाद का प्रतिरोध कर भारतीय जीवन मूल्यों की प्रतिष्ठा करती है। संजीव की कहानियाँ 'ब्लैक होल' और 'नस्ल' इसी ढंग की कहानियाँ हैं। अखिलेश की 'हाकिम कथा', स्वयं प्रकाश, दूधनाथ सिंह, शेखर जोशी आदि की कहानियाँ इस सन्दर्भ में उल्लेखनीय हैं।

जाहिर है कि हमारे साहित्य में अन्धानुकरण के प्रतिरोधी स्वर भी उठते रहे हैं। आज के विश्वगाँव के नारे और बाजारवाद के मोह ने हमारी जड़ को हिला दिया है पर साहित्य में इसका प्रबल प्रतिरोध भी है, जो भविष्य के लिए शुभ का लक्षण है।

साहित्य, संस्कृति और समालोचना

साहित्य की आन्तरिक संवेदना सार्वभौम होती है। मनुष्य के हृदय में स्नेह-प्रेम, करुणा, दया, घृणा, क्रोध आदि स्वाभाविक वृत्तियाँ समान रूप से रहती हैं। अतः इनकी तात्त्विक अभिव्यक्तियाँ विश्व की तमाम भाषाओं में समान होती हैं। पर देश-देश के साहित्य में अपनी निजता भी होती है। यह निजता वहाँ के बाह्यपरिवेश से भी उपजती हैं पर उससे अधिक वह उसके अक्षय सांस्कृतिक उत्स से रूपाकार ग्रहण करती हैं। घर तो हर देश में होते हैं पर भारत में 'घर' की अपनी ही निजता है। जायसी ने रत्नसेन से कहलवाया :

जो घर घरनि जाय घर केरी।
का चितउर का राज चन्देरी।।

इसमें 'घर' भी है, 'घरनी' भी है और 'घर की घरनी' है। अलाउद्दीन के पास न वह 'घर' है, न 'घरनी' है और 'घर की घरनी' का तो सवाल ही नहीं। निराला की 'सरोज स्मृति' घर की ही कविता है। पूरा घर इसमें उपस्थित है। घर का अपार प्रेम, दारिद्रय, विवशता और घर के बाहर की सारी सामाजिक जड़ता-पाखण्ड और एक महान् मन्त्रद्रष्टा रचनाकार की अपराजेय पौरुष सम्पन्न वेदान्तिक विराटता। पर हमने इस महाकाव्यात्मक विराट् कृति को 'शोक शीत' कहकर अपने सांस्कृतिक पतन को चिह्नित किया।

रामदरश मिश्र की 'पत्नी' और 'घर', धूमिल की 'घर की वापसी', नागार्जुन के 'तरौनी गाँव' में 'सिन्दूर तिलकित भाल' जैसी उक्तियाँ अभिव्यक्तियाँ किसी दूसरे देश की कविता में मुश्किल है। इसीलिए शम्भूनाथ सिंह ने दर्द के साथ आह्वान किया—

छोड़ो बातें इधर-उधर की

आओ बात करें कुछ घर की।।

आज के भारतीय साहित्य की मुख्य समस्या यह है कि उसका 'घर' ही उससे छूट गया है। वह बेघर बनजारे की तरह दुनिया की खाक छान रहा है, पर उसके हाथ कुछ नहीं लग रहा है। पिछले कई दशकों से हमें साहित्य में अपनी जमीन से बेदखल करके विश्व में प्रतिष्ठित करने का प्रगतिशील दौर चला। इस क्रम में यह कहा जाता है कि आज संस्कृति एकदेशीय न होकर वैश्विक हो गयी है। गोरखपुर विश्वविद्यालय में 'सृजन-संवाद-2006' में डॉ. नामवर सिंह ने कहा है—''भारतीय संस्कृति जैसी कोई संस्कृति यहाँ नहीं है। भारत में अनेक संस्कृतियाँ हैं।'' उन्होंने यह भी कहा कि, ''भूमण्डलीकरण के दौर के बाद जिस तरह की हत्यारिन संस्कृति बन रही है, वह खतरनाक है। उस पर सांस्कृतिक राष्ट्रवाद और पूँजीवाद जैसे नारे का रेशमी पर्दा डालना और ज्यादा खतरनाक है।'' जाहिर है कि वे उस जनवादी संस्कृति की वकालत कर रहे हैं जो अपनी विसंगतियों से स्वयं निष्प्राण हो चुकी है। वे पूँजीवादी हत्यारिन संस्कृति के बदले उस संस्कृति की वकालत करते हैं जिसमें त्रात्स्की की हत्या, बोरिस पोस्टरनेक का निर्वासन और लाखों का कत्लेआम जायज था तथा जहाँ मानवीय स्वतन्त्रता को कोई स्थान नहीं था। उसे संस्कृति कहना भी शायद मुनासिब नहीं है।

कुबेरनाथ राय कहते हैं—''भारतीय कम्युनिस्ट आन्दोलन हिन्दू निरपेक्ष होकर ही सन्तुष्ट नहीं हुआ, यह भारतीयता निरपेक्ष, संस्कृति निरपेक्ष, देश निरपेक्ष सब-कुछ बनता गया। इसका फल हुआ कि अपने जन्म काल से ही, इसने अपने देश के साथ प्रामाणिक योग-सूत्र खो दिया और भाषा और संस्कृति की दृष्टि से मूल विच्छिन्न (रूट लेस) हो गया।'' राहुल सांकत्यायन-समग्र अनुशील, पृ. 50।

बड़ा सवाल जो नामवर जी ने खड़ा किया है, वह है ''क्या भारतीय संस्कृति नाम की कोई चीज है या नहीं?'' भारत की अपनी निज की पहचान क्या है? किसी ने कहा 'धोती-कुर्ता'। नामवर सिंह जी का भी यही परिधान है। धोती कुर्ता का कोई पर्याय शब्द अंग्रेजी, फ्रेंच, जर्मन या अन्य

भाषाओं में नहीं है। यह हमारी एक पहचान है। विष्णुकान्त शास्त्री को मास्को के होटल में कोट से अधिक धुलाई धोती की देनी पड़ी—धोबी ने कहा कि और कपड़े तो छोटे थे, यह तो पूरा एक थान कपड़ा है। कुबेर नाथ राय कहते हैं कि भारतीय संस्कृति को यदि एक शब्द में प्रकट करना हो तो वह शब्द है—'राम'। राम से वाल्मीकि, व्यास, कालिदास, तुलसी, कबीर, कम्ब, मैथिलीशरण, निराला, नरेश मेहता एक साथ जुड़े हैं। वे राम घर-घर में बसे हैं। 'राम-राम', 'हे राम', 'जय राम' 'राम जाने', 'राम भरोसे' जैसे प्रयोग लोक में व्याप्त है। मेरी शिष्या श्रीमती सजानोवा को आश्चर्य था कि राम की लीला प्रतिवर्ष इस देशवाले देखते हैं। इस नाटक में क्या नया है जो इस घिसी-पिटी कथा में वे पाते हैं? यही भारतीय संस्कृति है जो राम के रूप में मूर्तिमान् है जो आज के ग्रामीण भारत, किसान भारत और असली भारत में रची-बसी है।

'भारतीय संस्कृति' से अपनी भाषा का क्या नाता है, यह भी विचार करना चाहिए। किसी भाषा में वहाँ की संस्कृति प्रवाहित होती है। हमारे देश में ऋत्, ऋषि, ब्रह्म, धर्म, वाक् आदि ऐसे शब्द हमारी सांस्कृतिक दृष्टि का बोध कराते हैं। 'ऋत्' सत्य से पृथक् है। सत्य का अवधारणा पक्ष 'ऋत्' और 'सत्य' उसका व्यवहार पक्ष है। 'ऋषि' साक्षात्कृत धर्मा है। ब्रह्म वह है जो सब-कुछ समाप्त होने पर शेष रहता है—वह पूर्ण, उस पूर्ण से पूर्ण निकाल लेने पर पूर्ण ही शेष बचता है। उसका प्रत्यक्ष रूप जगत् है। 'धर्म' आचरण है—सत्य ही धर्म है परोपकार ही सत्य है। अतः वही धर्म है। वाक् से वाणी, वाणी ही सरस्वती शब्द से मिथक तक की लम्बी यात्रा तय करके वह साहित्य और कला, ज्ञान और विज्ञान की देवी बनी है वह। किसी पन्थ या मजहब की देवी नहीं। ये किस संस्कृति की अभिव्यक्तियाँ हैं और इन्हें त्यागकर हमारी पहचान क्या बनेगी? अब आप ही तय करें कि, 'भारतीय संस्कृति' कोई चीज है या नहीं?

अल्लामा इकबाल साहब ने कहा था—

दुश्मन रहा है सदियों दौरे जहाँ हमारा।
कुछ बात है कि हस्ती मिटती नहीं हमारी।।

यह कौन-सी 'कुछ बात' है? निश्चय ही वह हमारी संस्कृति है जिसके प्रतीक पुरुष राम हैं। एक समय के शायरे वतन इकबाल ने जिस भाव से कहा था 'हिन्दी हैं हम वतन हैं हिन्दोस्ताँ हमारा' उसी की तसदीक उनकी 'राम' पर लिखी कविता है जिसमें वे कहते हैं–

है राम के वजूद पै हिन्दोस्ता को नाज,
अहले नजर कहते हैं,उसको इमामे हिन्द।

यह अलग बात है कि आज के अलगाववादी जमाने में ऐसे लेखकों-विचारकों की पूछ कम ही होती है और उन्हें खिन्न होकर कहना पड़ता है–

ज़ाहिदे तंगे नजर ने मुझे हिन्दू समझा
हिन्दू कहता है, मुसलमाँ हूँ मैं।

पर जब अल्लामा का भाव बदला तो भाषा भी बदली और वे हिन्दोस्ताँ छोड़ पाकिस्तान के मन्त्रद्रष्टा बने।

अपनी संस्कृति विविधतामयी है–अनेक रूप-छवियाँ हैं इसकी। वेद-उपनिषद्, पुराण, धम्मपद-जातक, वाल्मीकि, व्यास, कालिदास से लेकर वह प्रेमचन्द के उपन्यासों, प्रसाद के नाटकों, अज्ञेय-मुक्तिबोध, धूमिल-दुष्यन्त कुमार की कविताओं, कुबेरनाथ राय के निबन्धों, अजंता-एलोरा-खजुराहों की कलाकृतियों, भरतनाट्यम, कथकली, मणिपुरी की नृत्य-मुद्राओं और साधकों, सन्तों, सिद्धों, योगियों, सूफियों-फकीरों की शिक्षाओं में फैली मिलेगी। इन्हें भारतीय संस्कृति से अलग करना न सम्भव है और न सुविधाजनक है। यही विरासत है। यही हमारी जातीय स्मृति है। जो विचार हमें अपनी विरासत से वंचित करके त्रिशंकु बनावे, वह त्याज्य है–

अंजन कहा, आँख जो फूटै बहुतक कहौं कहाँ लौ?

साहित्य में एक शुद्ध सांस्कृतिक दृष्टि की आवश्यकता है और यह तभी सम्भव है जब हम वाद-मुक्त होकर अपने निजत्व का विचार करें। इस सम्बन्ध में एक बात अवश्य कहना चाहता हूँ कि आज विश्व भौतिकता, मांसलता, धन-लोलुपता और हिंसा से आक्रान्त है। हम भी बाजारवाद, उपभोक्तावाद, पूँजीवाद, नग्नतावाद, अश्लीलतावाद के खिलाफ

बोलते हैं—राष्ट्रवादी विचारक और वामपन्थी दोनों। लेकिन इसकी दवा क्या है? इस नयी उपज के लिए यूरोप और अमेरिका ही केवल दोषी हैं कि कहीं हम भी इसके जिम्मेदार हैं? बीसवीं सदी के सबसे बड़े वैज्ञानिक अल्बर्ट आइंस्टीन ने दो बातें हमारे काम की कही थीं। गाँधी की निर्मम हत्या के समय उसने कहा था—"आज से सौ वर्ष बाद विश्व में कोई यह नहीं मानेगा कि दुनिया में हाड़-मास का कोई आदमी गाँधी जैसा पैदा हुआ था।" गाँधी की यह अनोखी चरित्र-सृष्टि भारतीयता और भारतीय संस्कृति की देन थी। दूसरी बात उसने कही थी कि, "आज विज्ञान ने बड़ी उन्नति की है। पर उसने विश्व को विनाश के कगार पर ला खड़ा किया है। यदि विज्ञान का अध्यात्म के साथ मेल हो तभी विश्व विनाश से बच सकता है और यह कार्य केवल भारत ही कर सकता है।" यही हमारी विशेषता है और इस विशेषता को लेकर हमें आगे आना है और भटकते विश्व को जीवन-सौष्ठव के साथ जीवन-दर्शन प्रदान करना है। दुनिया की इस जरूरत को हमें पूरा करना है तो हमें अपनी जमीन पर खड़ा होना होगा। अपने मूल को पहचानना होगा, तभी मूल्यों का यह देश, किसानों का यह देश विश्व को मंगल का सन्देश दे सकेगा—'आनो भद्राः क्रतवो यन्तु विश्वतः।'

आलोचना में मतभिन्नता अलग बात है और पक्षधरता बिल्कुल अलग। हिन्दी में आलोचना के प्रारम्भ में ही देव बनाम बिहारी की स्पर्द्धात्मक समीक्षा का दौर चला। फिर छायावाद को लेकर शुक्ल जी ने उस पर यूरोप के स्वच्छन्दतावाद और बँगला के प्रभाव का आरोप किया पर उसी समय हरिऔध ने 'नीहार' की भूमिका लिखी और छायावाद की मूल्य दृष्टि की सराहना की। शुक्ल जी को तुलसी अधिक पसन्द थे, पर जायसी के मर्म का उद्घाटन भी सर्वाधिक शुक्ल जी ने किया। उनकी पसन्द-नापसन्द किसी पक्षधरता की परिधि में नहीं थी। शुक्ल जी की आलोचना के पक्ष को 'आलोचना का शुक्ल पक्ष' कहा गया। पर शुक्ल जी का मत अन्तिम मत है, ऐसा एक 'शुक्ल-मण्डल' खड़ा हो गया। चन्द्रबली पाण्डे ने शुक्ल जी की मान्यताओं को खण्डन करनेवाले डॉ. माता प्रसाद गुप्त, आचार्य हजारीप्रसाद द्विवेदी, निराला, केशव प्रसाद मिश्र आदि

की कड़ी आलोचनाएँ कीं, पर दूसरे पक्ष के किसी विद्वान् ने इस विवाद से बचना ही ठीक समझा। अधिकांश में यह शास्त्रार्थ तथ्यात्मक और सैद्धान्तिक था। 1935 के आसपास आलोचना में पक्षधरता उत्पन्न हुई। छायावाद के पास अपने आलोचक नहीं थे। कवि ही अपनी लम्बी भूमिकाओं में अपनी बात कहता था। पर प्रगतिशील आन्दोलन के दौर में पहले आलोचकों का दल सामने आया फिर बाद में रचनाएँ आयीं। 'दीपशिखा' की भूमिका में महादेवी जी ने इस सम्बन्ध में विस्तार से लिखा है कि यह एक योजनाबद्ध और एक विशेष राजनीति के पक्षधर रचनाकारों को तैयार करने का आन्दोलन था।

कुछ दिन के बाद इसके भीतर से ही इसका विरोध शुरू हो गया। अज्ञेय समाजवादी से व्यक्तिवादी बन गये और अन्त में अपने सांस्कृतिक अधिष्ठान पर लौट पड़े। इसी प्रकार ऐंग्लो-अमरीकी निजतावादी लेखन से जुड़े निर्मल वर्मा अपने मूल की तलाश में संस्कृतिवादी बन गये। पर प्रगतिशील आलोचकों की पक्षधरता बनी रही। उनमें भी व्यक्तिगत महत्त्वाकांक्षा ने एक-दूसरे ने एक-दूसरे की आलोचना का सिलसिला शुरू करके कई गुटों को जन्म दे दिया। प्रलेस, जलेस दो खेमें तो बने ही। राहुल बनाम रामविलास शर्मा, रामविलास शर्मा बनाम नामवर सिंह, नामवर सिंह बनाम राजेन्द्र यादव आदि आदि। यहाँ इन पक्षों के विस्तार में जाने की आवश्यकता नहीं है। पर उदाहरण के रूप में कुछ प्रसंगों की चर्चा करूँगा जिससे यह मालूम हो सके कि प्रगतिशील आन्दोलन से जन्मे आलोचक कितने सैद्धान्तिक अधिष्ठान पर स्थित हैं और कितने राग-द्वेष से पीड़ित।

1948 के हिन्दी साहित्य सम्मेलन, बम्बई के अधिवेशन में सभापति के नाते राहुल सांकृत्यायन ने अपने भाषण में कहा—"एक बौद्ध और वामपन्थी विचारवाले व्यक्ति को यह सम्मान देकर आपने सिद्ध कर दिया कि हिन्दी जगत में साम्प्रदायिक संकीर्णता के लिए स्थान नहीं है।" उन्होंने आगे उर्दू के प्रसंग में कहा—"इस्लाम को भारतीय बनना चाहिए। उनका भारतीयता के प्रति यह विद्वेष सदियों से चला आया है सही; किन्तु नवीन भारत में किसी भी धर्म को भारतीयता से एतराज नहीं, इस्लाम ही को क्यों? इस्लाम की आत्म रक्षा के लिए भी आवश्यक है, कि वह उसी तरह

हिन्दुस्तान की सभ्यता, साहित्य, इतिहास, वेशभूषा, मनोभाव के साथ समझौता करे, जैसे उसने तुर्की, ईरान और सोवियत मध्य एशिया के प्रजातन्त्रों में किया। धर्म को समाज के हर क्षेत्र में घुसेड़ना आज के संसार में बर्दाश्त नहीं किया जा सकता। अभी हमारे राष्ट्रीय मुसलमान भाई भी नहीं समझ पाये, कि उनकी सन्तानों को नवभारत में कहाँ तक जाना है। नवीन भारत ऐसे मुसलमान को चाहेगा, जो अपने धर्म के पक्के हों किन्तु साथ ही उनकी भाषा, वेशभूषा और खान पान में वे दूसरों से पीछे न हों किन्तु साथ ही उनकी भूषा, वेशभूषा और खान पान में दूसरे भारतीयों से कोई अन्तर न हो, भारत के गौरव पूर्ण इतिहास के प्रति आदर रखने में वे दूसरों से पीछे न हों।'' इस भाषण के एक-एक शब्द अर्थ-गर्भित हैं। वे सूत्र हैं, जिनका विस्तृत भाष्य देश की राष्ट्रीय एकता का महाशास्त्र रच सकता है।

पर डॉ. रामविलास शर्मा को इस भाषण में संकीर्णता नजर आयी और तत्कालीन सचिव साम्यवादी पार्टी पूरन चन्द जोशी (पी.सी. जोशी) को उन्होंने पत्र लिखा। फल हुआ कि राहुल से पार्टी ने कहा कि भाषण का यह अंश निकाल दें, पर राहुल नहीं तैयार हुए तो उन्हें पार्टी से निकाल दिया गया।

आनन्द भदन्त कौसल्यायन ने लिखा—''मजहब के आधार पर भौगोलिक स्वायत्तता की राहुल जी ने अपने अध्यक्षीय भाषण में प्रखर आलोचना की। कामरेड असन्तुष्ट हो गये। राहुल ने कम्युनिस्ट पार्टी से त्याग-पत्र दे दिया किन्तु सुना है कामरेडों के यहाँ हर किसी को निकाला जाता है, वहाँ त्याग-पत्र देने न देने की बात ही बेकार है।''

इस प्रसंग पर प्रसिद्ध वामपन्थी लेखक विष्णु चन्द्र शर्मा की टिप्पणी है—नयी कविता को गिराने के बहाने इधर डॉ. रामविलास शर्मा 'राहुल के सिर से खून बहने' की क्रान्तिकारिता को याद करते हैं, पर केदारनाथ अग्रवाल की कविताओं का चयन 'श्रम का सूरज' करते हुए राहुल जी को 'इस्लाम का राष्ट्रीयकरण' (बलराज मधोक का शब्द) करनेवाला सिद्ध करते हैं। क्या राहुल जी भारत को 'हिन्दू राष्ट्र' बनाने का छल युद्ध शुरू कर रहे थे? यह छल रामविलास शर्मा का 'डिप्लोमैटिक मार्क्सवाद' है,

जिससे वह खुद के बचाव की अनूठी लड़ाई में जुटे हैं।'—राहुल का भारत, पृ. 35

डॉ. रामविलास शर्मा का पूरा आलेख इस प्रकार है—"देश के विभाजन के बाद हिन्दू साम्प्रदायिकता तेजी से बढ़ी और इसकी गिरफ्त में कुछ मार्क्सवादी भी आये। हिन्दी हिन्दुओं की भाषा, उर्दू मुसलमानों की भाषा, युद्ध काल में सज्जाद जहीर ने इस धारणा का प्रचार किया। उसका तर्कसंगत परिणाम था हिन्दू और मुसलमान राष्ट्रों की कल्पना। पाकिस्तान मुस्लिम राष्ट्र है वहाँ उर्दू फले-फूले भारत हिन्दू राष्ट्र है यहाँ हिन्दी 'फले फूले।' भारत में अब भी लाखों मुसलमान थे, हिन्दू राष्ट्र में इनकी खपत भी तभी हो सकती थी जब इस्लाम का राष्ट्रीयकरण हो। इस प्रचार में साहित्य-सम्मेलनों के मंच से राहुल सांकृत्यायन शामिल हुए।"

राहुल सांकृत्यायन के ये विचार सदा-सर्वदा रहे हैं। 'वोल्गा से गंगा' की एक कहानी 'प्रभा' है जो यवन सार्थवाह दत्तमित्र की कन्या है और अश्वघोष की प्रेयसी। यहाँ भारतीय नाम की परम्परा का एक यवन द्वारा अंगीकार है। लेखक अश्वघोष ब्राह्मण और यवनी प्रभा के विवाह को शास्त्र सम्मत बताता है। अश्वघोष कहता है—"मैंने ब्राह्मणों के पुराने से आज तक के ग्रन्थों में आचार-व्यवहारों को पढ़कर वहाँ साफ परिवर्तन देखा, पर आज वे सारी बातों को सनातन और स्थिर मनवाना चाहते हैं। यह जड़ता है प्रिये।"

डॉ. रामविलास शर्मा ने राहुल की भारतीयता की अवधारणा की जो आलोचना की, वह तात्त्विक नहीं थी। इस दिशा में डॉ. शर्मा ने स्वयं अपनी सम्पूर्ण ऊर्जा को लगाकर भारतीय संस्कृति का बड़ा ही प्रगतिशील और ठोस मूल्यांकन किया है और तथ्यों के आधार पर तमाम जड़ मार्क्सवादियों और जड़ अन्धविश्वासी परम्परावादियों का अचूक खण्डन कर एक तर्कसंगत निष्कर्ष निकाला।

"भारतीयता और हिन्दी जातीयता' के विवेचन में वे कहते हैं कि हिन्दी जाति के निर्माण में ही हिन्दी-उर्दू के विभाजन का समाहार हो सकता है। हिन्दी-उर्दू को एक होना चाहिए यह हमारे ऐतिहासिक विकास की माँग है। लिपि इस एकता में बाधक नहीं होनी चाहिए। मुसलमान उर्दू लिपि की

जगह देवनागरी का व्यवहार करें, इससे धर्म पर आँच नहीं आयेगी। अन्ध हिन्दू राष्ट्रवाद से लड़ने का यह साझा कार्यक्रम हो सकता है।'' इस प्रकार के बहुत से विचार शर्मा जी की थीसिस में उभरते हैं। अब कट्टर मार्क्सवादी उन्हें आर्य समाजी, भाजपाई और हिन्दू राष्ट्रवाद का पोषक कहने लगे।

जो कुछ भी राहुल को कहा गया, वह अब रामविलास शर्मा को कहा गया, पर दोनों का निष्कर्ष तथ्याधारित और राष्ट्रीय हित का साधक है। रामविलास शर्मा ने हिन्दी आलोचना और भारत के सांस्कृतिक इतिहास के निर्माण में जो योगदान किया है, वह अतुलनीय है। ये शुक्लोत्तर आलोचना के शीर्ष पुरुष हैं। उन्होंने आर्यों का मूल स्थान भारत सिद्ध किया और राहुल समेत सारे मार्क्सवादियों की अवधारणाओं को खारिज किया। उन्होंने कबीर, तुलसी, प्रेमचन्द-प्रसाद में विरोध के बजाय सामंजस्य ढूँढ़ा। निराला की महाप्राणता को उद्घाटित किया। दूधनाथ सिंह को निराला पुनरुत्थानवादी और हिन्दू राष्ट्रवादी दिखे तो रामविलास शर्मा ने उनकी ऐतिहासिक और राष्ट्रीय दृष्टि का मूलगामी अध्ययन प्रस्तुत किया। 'दूसरी परम्परा की खोज' में नामवर जी ने जब हजारीप्रसाद का पक्ष लेकर रामचन्द्र शुक्ल को खारिज किया और कबीर का पक्ष लेकर तुलसी को खारिज किया तो शर्मा जी ने 'परम्परा का ऐतिहासिक मूल्यांकन' करके इन रचनाकारों-आलाचकों के योगदान को उचित स्वीकृति दी। वे राहुल, यशपाल, रांगेय राघव, मुक्तिबोध, नामवर सिंह से टकराकर भी उनके उचित योगदान को स्वीकारते रहे। विग्रह-विच्छेद लिखनेवाले वामपन्थी लेखकों के बरक्स डॉ. रामविलास शर्मा सन्धि-समास लिखनेवाले तर्कशील, प्रगतिशील और राष्ट्रीय एकता मूलक भारतीयता के समर्थक महान् चिन्तक और विचारक हैं। आशा है डॉ. रामविलास शर्मा की चिन्तन दृष्टि का लाभ हिन्दी जगत् उठायेगा और अपनी धरती के स्वाभिमान के साथ अपने सांस्कृतिक अधिष्ठान पर खड़ा होगा—

माटी मोल न कुछ मिले, और माटी सब मोल।
दृष्टि जो माटी सो करै माटी होय अमोल।।

खण्ड–2

इतिहास

मार्क्सवादी इतिहास–दृष्टि

मार्क्सवादी इतिहासकार राष्ट्रवाद को एक जुनून मानते हैं और राष्ट्रवादियों को फासीवादी, नस्लवादी, प्रतिक्रियावादी आदि कहकर अन्तरराष्ट्रीय बिरादरी की वकालत करते हैं। एक जमाने में उनके आका ख्रुश्चेव ने संयुक्त राष्ट्र में सुराही से वोल्गा का पानी भरी सभा में पीते हुए कहा था कि मैं अमेरिका में भी अपनी धरती का पानी पीता हूँ। रूस ने अपने वैभव काल में किस प्रकार की तानाशाही का नमूना पेश किया था और यूरोप के कई देशों को अपना हस्तक बना लिया था, यह जगजाहिर है। पर किसी मार्क्सवादी इतिहासकार या चिन्तक ने इसके खिलाफ नहीं लिखा। हाँ 1857 के स्वातन्त्र्य समर को अंग्रेजों ने जब सिपाही विद्रोह कहा तो मार्क्सवादियों ने उसे सामन्तों का विद्रोह कहकर अंग्रेजों का ही साथ दिया। उन्होंने भी यह नकार दिया कि यह एक स्वतन्त्रता-संग्राम था। कौन उनसे पूछे कि मंगल पाण्डे (बैरकपुर) कहाँ का सामन्त था या सूबेदार भोंदू यादव (आजमगढ़) तथा ऐसे ही अनेक छावनियों के सैनिक कहाँ के सामन्त थे, जिन्होंने लड़ाई की शुरुआत की थी। भारत-पाक विभाजन में मार्क्सवादी बँटवारा के पक्षधर थे। उत्तर प्रदेश व बिहार में वे हिन्दी से ज्यादा उर्दू राजभाषा के हिमायती थे और 1963 के चीनी आक्रमण के समय वे कहते थे कि चीन की मुक्ति सेना हमें आजाद कराने आ रही है। ये कारनामे साबित करते हैं कि मार्क्सवादी सोच राष्ट्र विरोधी सोच होती है।

द्वितीय विश्वयुद्ध के समय अमेरिका, फ्रान्स, इंग्लैण्ड और रूस एक खेमे में थे और जर्मनी-जापान दूसरे में। सुभाष चन्द्र बोस ने टोकियो में आजाद हिन्द फौज का गठन किया, उसमें ब्रिटिश सेना के युद्धबन्दी बने भारतीय सैनिकों को लेकर एक सृदृढ़ लड़ाकू सेना बनी थी। स्वयं सुभाष

उसके प्रधान सेनापति थे और सिंहापुर में उन्हें ही भारत का राष्ट्रपति घोषित किया गया था। वह लड़ाई भारत को अंग्रेजी राज से मुक्त करके स्वतन्त्र करने की लड़ाई मानी गयी पर उस समय मार्क्सवादी साम्यवादियों ने उसे जर्मन-जापान की लड़ाई और अंग्रेजों के पक्ष को अपनी लड़ाई कहा था। राहुल सांकृत्यायन जैसे लेखक ने अपने भोजपुरी नाटकों—'जरमनवा के हार निश्चय', 'इ हमार लड़ाई' आदि में यही पक्ष प्रस्तुत किया। इतना ही नहीं राष्ट्रनायक सुभाषचन्द्र बोस के लिए साम्यवादियों ने 'तोजो का कुत्ता' तक कहकर अपने रूसी आकाओं को खुश करने की कोशिश की। स्वतन्त्र भारत में इन्दिरा गाँधी के शासनकाल में जब 'आपातकाल' लगा तो भारतीय कम्युनिष्ट पार्टी (सी.पी.आई) ने उसका समर्थन ही नहीं किया अपितु उस काल से महान् नेता लोकनायक जयप्रकाश को पूँजीपतियों का दलाल और 'अमेरिका का दलाल' आदि कहकर और ऐसे लेखों से दीवालों को रंग कर उन्हें अपमानित किया। मार्क्सवादियों की राष्ट्रविरोधी चिन्तन-दृष्टि के और भी उदाहरण दिये जा सकते हैं पर उनकी नीयत को प्रकट करने के लिए इतना ही पर्याप्त होगा।

मार्क्सवादी इतिहास लेखक जो आज अपने को ''जाने माने इतिहासकार'' होने का दावा करते हैं, उस समय इन्दिरा गाँधी के कालपात्र में आधुनिक भारत का विकृत इतिहास भर कर भावी पीढ़ी को गुमराह करने का षड्यन्त्र कर रहे थे। 1992 में मार्च के 'टाइम्स ऑफ इण्डिया' में एक लेख में प्रो. विपिन चन्द्र ने आरोप लगाया था कि हिन्दू इतिहासकार एक समानान्तर इतिहास लिख रहे हैं जो साम्प्रदायिक है। वे तटस्थ इतिहास लेखन की वकालत करते हैं। उनसे पूछा जा सकता है कि 'आर्य बाहर से आये' यह कथन क्या तटस्थ इतिहास है। रूसी और यूरोपीय उपनिवेशवादी दृष्टि से लिखे गये इतिहास की क्या यह जूठन नहीं है? मार्क्सवादी विचारक डॉ. रामविलास शर्मा भाषा-वैज्ञानिक साक्ष्यों और वेदों के उल्लेख के आधार पर सिद्ध करते हैं कि आर्य कोई जाति नहीं थी और भारतीय जातियाँ कहीं बाहर से मूलतः नहीं आयीं। अब ये तथाकथित जाने माने इतिहासकार क्यों आग्रह करते हैं कि उनकी गलत स्थापना कि, 'आर्य बाहर से आये' इसे हर कोई मान ही ले और क्या बच्चों को यही भटकानेवाला तथ्य पढ़ाया जाये?

प्रो. चन्द्रा के लेख के सन्दर्भ में प्रसिद्ध साहित्यकार और चिन्तक डॉ. शिव प्रसाद सिंह ने लिखा कि, ''प्रो. चन्द्रा को क्या यह मामूली तथ्य ज्ञात नहीं है कि प्राचीन युग के सम्राटों के प्रशस्तिकारों से लेकर नेहरू युग के इतिहासकारों तक कभी भी वस्तुपरक इतिहास न तो लिखा गया और न तो लिखा जा सकता है। एक ही युग के इतिहासकारों में राई से लेकर पर्वत तक बड़ी-बड़ी भिन्नताएँ क्या नहीं दिखायी पड़तीं? क्या कालपात्र सही इतिहास माने जायेंगे? (ज्ञातव्य है कि इन्दिरा गाँधी ने अपने समय के जानेमाने(?) इतिहासकारों से स्वतन्त्रता संग्राम से आपातकाल तक का इतिहास लिखाकर तांबे के पात्र में लालकिले में गड़वा दिया था जिसमें नेहरू परिवार की अतिरंजित भूमिका बतायी गयी थी और अन्य नेताओं का उचित मूल्यांकन नहीं था) क्या मध्यकालीन सामन्तों की तरह अपने वंश को उजागर करने का यह भोंड़ा प्रयत्न नहीं है? फिर भी जो इतिहासकार नये वंशगान में लगे हैं क्या वे प्रतिनिधि इतिहासकार नहीं माने जा रहे हैं? कहने को इतिहासकार अवाम की सही तस्वीरें पेश कर रहे हैं जो सत्ता से राजाश्रय और कीर्ति-यश पाने की लिप्सा से पीड़ित हैं, तटस्थ हो ही नहीं सकते। अगर आपके हिसाब से इतिहास वस्तुपरक है तो रामायण और महाभारत महाकाव्य क्यों माने जायें ये भी इतिहास हैं और ज्यादा सही और सटीक इतिहास हैं क्योंकि इनमें इस देश के 90 प्रतिशत लोग अपनी पहचान पाते हैं।'' (दिल्ली दूर है की भूमिका (जरा रुक कर सोचिये) पृ.13)

उपर्युक्त उद्धरण से नेहरू-इन्दिरा-युग के इन स्थापित इतिहासकारों की नीयत का पता चलता है। जैसे नेहरू जी अपनी समूची देश-भक्ति के साथ प्रोयूरोपीयन थे, उसी प्रकार उनके राज-काल के ये इतिहासकार भी प्रोयूरोपीयन और प्रोरसन थे। औपनिवेशिक परिवेश में पाश्चात्य शिक्षा में ढले मानस के ये इतिहासकार पश्चिम के भाषा-शास्त्र, नृशास्त्र, समाजशास्त्र और इतिहास की शोधों से आगे बढ़ने का साहस ही नहीं कर सकते। रामविलास शर्मा ने प्रश्न उठाया कि मूल इण्डो यूरोपियन भाषा में सघोष महाप्राण ध्वनियाँ—ख, घ, झ आदि यदि थीं तो वे आर्यभाषाओं को छोड़ कर यूरोप की अन्य भाषाओं में क्यों नहीं हैं? इसका सीधा निष्कर्ष है कि इन ध्वनियों का आदि

स्रोत भारत है और यहीं से ईरानी, यूरोपीय भाषाएँ भी गयी होंगी। जर्मनी के प्रारम्भिक भाषाशास्त्री इसी आधार पर संस्कृत को विश्व की समस्त भाषाओं की जननी मानते थे। इसे ऐतिहासिक भाषा वैज्ञानिक तथा आज के 'जाने माने' (?) इतिहासकार नहीं मानते। इसका एक मात्र कारण है कि उपनिवेशवादी संस्कारोंवाला कोई भी बुद्धिजीवी यह स्वीकार ही नहीं कर सकता कि भाषा तत्त्वों का विकास पूरब (भारत) से पश्चिम (यूरोप) की ओर हो सकता है। अंग्रेजों ने हमें यह सिखाया था कि हमने सब-कुछ बाहर से सीखा और उसी की लीक मार्क्सवादी इतिहासकार भी पीटते हैं।

रामविलास शर्मा ने प्रमाणों द्वारा सिद्ध किया कि आर्य जैसी कोई जाति बाहर से नहीं आयी। उनके अनुसार आर्य नाम की कोई नस्ल नहीं थी। ऋग्वेद में जिस मानव-समुदाय का चित्रण है उसमें पुरू, त्रित्सु, भरत, अज, तुर्वश, यदु, शम्बर आदि अनेक जन थे जो इसी धरती के मूल निवासी थे। उन्होंने आर्य-द्रविड़ संघर्ष की कहानी को भी कपोलकल्पना बताया है। रोमिला थापर भी इस मत को मानती हैं—"आर्य वास्तव में एक भाषिक पद है, जिससे भारतीय मूल के एक भाषा समूह का बोध होता है—नृवंशीयपद यह नहीं है। अतः आर्यों के आगमन की बात करना त्रृटिपूर्ण है।" (भारत का इतिहास (95) पृ. 22) आगे चलकर उसी पुस्तक के पृष्ठ 24 पर वही लिखती हैं—भारतीय इतिहास का प्रारम्भ आर्यों के आगमन के साथ ईसापूर्व की दूसरी सहस्त्राब्दी में किसी समय हुआ था। ऐतिहासिक घटनाओं का क्रम कुछ इस प्रकार रहा प्रतीत होता है—सिन्धु घाटी सभ्यता का ह्रास ई.पू. दूसरी सहस्त्राब्दी में हुआ और जब आर्यों ने उत्तर पश्चिम में प्रवेश किया तब (1500 ई.पू.) तक वह पूरी तरह विघटित हो चुकी थी। आर्य या इण्डो-आर्य जो कि इण्डो यूरोपियों के वंशज थे—कुछ समय तक बैक्ट्रिया में और उत्तरी ईरानी पठार पर रहे, परन्तु 1500 ई.पूर्व. के आस-पास वे हिन्दूकश के दर्रो से होकर उत्तरी भारत में प्रविष्ट हुए।" अपनी पुस्तक के इन दो विरोधी बातों का क्या उत्तर इस महान (?) लेखिका के पास है। सारे यूरोपीय और रूसी इतिहासकारों की बात को यथावत मान लेना और आर्यों का आदि देश भारत को माननेवाली खोजों पर मौन रह जाना यह किस तटस्थता या निष्पक्षता का प्रमाण है।

आर्यभाषा या आर्य जाति (जो भी मानिये) का प्रथम प्रमाण ऋग्वेद है। इनके अनुसार ऋग्वेद ई.पू. 1500 के बाद की रचना है जो किसी भाषाविद् को स्वीकार नहीं हो सकता। इसे इस समय छोड़िये। इनकी दूसरी स्थापना का विचार कीजिये। ''रामायण-महाभारत का सम्बन्ध उन घटनाओं से है, जो लगभग 1000 से 700 ई.पू. घटी थीं। परन्तु इन कृतियों के जो रूप आज उपलब्ध हैं वे ईसा की प्रथम सहस्त्राब्दी के पूर्वार्द्ध के हैं। अतः इन्हें भी, जिस काल की घटनाओं का इनमें वर्णन है, प्रमाणित नहीं माना जा सकता। (महाभारत युद्ध का समय 900 ई.पू. ठहरता है) (फुट नोट) किन्तु इन महाकाव्यों की घटनाओं को सम्पुष्ट करने के लिए आवश्यक साक्ष्य मिल जायें तो उन्हें ऐतिहासिक दृष्टि से सत्य स्वीकार किया जा सकता है। (वही पृष्ठ 25) किन्तु लेखिका ऐसे साक्ष्यों के लिए इन्तजार नहीं करती, अपितु अपने अनुमान से यह कह डालती है कि ''ऐसा प्रतीत होता है कि मूल रूप से महाभारत एक स्थानीय संघर्ष का विवरण रहा होगा, किन्तु चारणों की कल्पना ने इसे बढ़ा-चढ़ा कर अन्त में ऐसा रूप प्रदान कर दिया कि हम इस महाद्वीप के समस्त जनों और लोगों को इस युद्ध में भाग लेते हुए पाते हैं।'' (पृष्ठ 26) आगे रामायण के सम्बन्ध में उनका कहना है कि ''रामायण में जिन घटनाओं का वर्णन है वे सम्भवतः कुछ बाद में घटी हैं क्योंकि इन घटनाओं का केन्द्र महाभारत की अपेक्षा और अधिक पूरब की तरफ, पूर्वी उत्तर प्रदेश में हैं।'' ...राम का दक्षिण पारकर लंका पर विजय प्राप्त करने का वर्णन स्पष्ट रूप से दक्षिण में आर्यों के प्रवेश का संकेत करता है। चूँकि दक्षिण की ओर आर्यों के बढ़ने का समय साधारणतया सन् 800 ई.पू. के लगभग माना जाता है, इसलिए मूल रामायण की रचना इससे कम-से-कम पचास या सौ वर्षों बाद हुई होगी। यदि माना जाय कि राम-रावण के बीच हुआ युद्ध वह युद्ध है जो गंगा घाटी के कृषकों और विन्ध्य प्रदेश के आदिम शिकारियों एवं फल एकत्र करनेवाले समुदायों के बीच स्थानीय रूप से होता रहता था, तो मूल रामायण की रचना का समय और भी पहले माना जा सकता है।''

रोमिला थापर के रामायण और महाभारत सम्बन्धी विचारों की समीक्षा की जाय तो पता चलता है—

1. आर्यों का बाहर से आना, फिर पश्चिम से पूरब और पुनः दक्षिण की ओर जाने की धारणा से ही वे इन महाकाव्यों के बारे में टिप्पणी करती हैं। जैसे रामायण की घटना को महाभारत के बाद का मानने का उनका तर्क है कि चूँकि महाभारत पश्चिम भारत में घटा इसलिए वह घटना पुरानी है और रामायण पूर्वी उत्तर प्रदेश में इसलिए यह उसके बाद की है। यह तर्क और ऐसा साक्ष्य गंवार आदमी तक कभी स्वीकार नहीं कर सकता।

2. महाभारत की घटना को 900 ई.पू. और रामायण की 700 ई.पू. का उन्होंने माना है। अब तक की रामायण की घटना महाभारत से पूर्व की मानी जाती रही है। महाभारत की घटना 5000 वर्ष पूर्व पुरानी और रामायण की घटना उससे भी हजारों वर्ष पुरानी मानी जाती है। इन मान्यताओं को गाजर-मूली की तरह उड़ा देने का काम रोमिला थापर जैसे इतिहासकार ही कर सकते हैं।

3. रामायण और महाभारत की घटनाओं के सम्बन्ध में स्थानीय संघर्ष के जिन अनुमानों को प्रस्तुत किया गया है, इतिहास में ऐसे अनुमानों के लिए कोई स्थान नहीं होता। फिर भी दुराग्रहपूर्वक उन्होंने ऐसे काल्पनिक अनुमानों को लिखकर आम भारतीय के मन को ठेस पहुँचाने का योजनाबद्ध काम किया है। क्या यह इतिहास भारत की युवा पीढ़ी को पढ़ना उचित है?

मार्क्सवादी राम की कथा पर बराबर प्रश्नचिह्न लगाने की साजिश रचते रहते हैं। राम जन्मभूमि अयोध्या में 'सहमत' नामक संस्था ने श्री अर्जुन सिंह की मार्फत भारत सरकार के पैसे से प्रदर्शनी लगाकर राम के जीवन-प्रसंगों को बौद्ध, जैन जातकों-चरितकाव्यों की कथाओं के आधार पर विकृत रूप में प्रस्तुत किया जिसका व्यापक विरोध हुआ। फिर राम मन्दिर के प्रश्न पर राम के होने-न-होने का प्रश्न उन्होंने मुस्लिम सम्प्रदायवादियों के साथ मिलकर उठाया। जब कि डॉ. राममनोहर लोहिया कहा करते थे कि राम हुए थे या नहीं, यह महत्त्व की बात नहीं है। महत्त्व इस बात की है कि करोड़ों भारतवासी राम का होना मानते हैं और राम में उनकी श्रद्धा है। डॉ. लोहिया की यह सोच राष्ट्रवादी सोच है।

पर मार्क्सवादी लेखक उसी श्रद्धा पर प्रहार करते हैं। हमारे पारम्परिक इतिहास के लिए वे पुरातात्त्विक साक्ष्य माँगते है पर कुतुबमीनार की मूर्तियाँ

और राम जन्मभूमि के मलवे में मिली मूर्तियाँ-घण्टे आदि उनकी निगाह में नहीं आते हैं। अतः आज राष्ट्रीय इतिहास की तलाश होने की प्रक्रिया पर इनमें बेचैनी स्वाभाविक है क्योंकि मार्क्सवादी इतिहास सृष्टि का मुख्य फोकस ही राष्ट्रीयता एवं राष्ट्रभाषा का विरोध करना होता है। इन मार्क्सवादी लेखकों की मानस भूमि पर स्व. कुबेरनाथ राय ने बड़ा सुन्दर प्रकाश डाला है–

''भारतीय कम्युनिस्ट आन्दोलन की मातृ एवं धातृ इंग्लैण्ड की कम्युनिष्ट पार्टी रही है और अंग्रेज बुद्धिजीवी की मार्फत यह प्रशिक्षित हुई है। अतः इनकी पितृभूमि भले ही रूस हो, स्तनपान करानेवाली धात्री का यह असर है कि यह हिन्दू निरपेक्ष होकर ही सन्तुष्ट नहीं हुआ यह भारतीयता-निरपेक्ष संस्कृति-निरपेक्ष, देश-निरपेक्ष सब-कुछ बनता गया। निरपेक्षता ही इसका जीवन-दर्शन है। इसका फल हुआ कि अपने जन्मकाल से ही, इसने अपने देश के साथ प्रामाणिक योग-सूत्र खो दिया और भाषा और संस्कृति की दृष्टि से मूल विच्छिन्न; (root less) हो गया।'' (राहुल सांकृत्यायन-समग्र अनुशीलन, किताब महल पृ. 50)।

भारतीयों की पश्चिमी विचारों की नकल पर एक प्रतिष्ठित कवि श्री उदय प्रताप सिंह ने एक व्यंग्य लिखा कि, ''सूर्य पूरब में उगता है और पश्चिम में अस्त होता है।'' तो व्यंग्य किया कि ''उसका हश्र और क्या होगा जो पूरब में जन्मा और पश्चिम की राह ली।'' यही कारण है कि है कि आज मार्क्सवाद और इस सोच के इतिहासकार भारत में ही नहीं सारे विश्व में अस्त हो रहे हैं।

पदुमावति और इतिहास

जायसी ने 'पदुमावति' की उत्तरार्द्ध की कथा में इतिहास की एक प्रसिद्ध घटना का सहारा लिया—वह है चित्तौड़ पर दिल्ली के सुल्तान अलाउद्दीन खिलजी का आक्रमण, रत्नसेन की मृत्यु और पद्मिनी या पदुमावति का जौहर। इस एक ऐतिहासिक वृत्त में विसंगतियाँ ढूँढ़ने का बड़ा प्रयास हुआ है। यह सही है कि पद्मिनी-प्रसंग आदि या तो राजस्थान की लोकश्रुतियों में मिलते हैं या उनकी शुरुआत जायसी की इस रचना से होती है। इसके उपरान्त आइने-अकबरी और तारीखे फरिश्ता जैसे परवर्ती इतिहास-ग्रन्थों में इस कथा के सूत्र आते हैं। कहा जाता है कि इन ग्रन्थों का उपजीव्य जायसी की यह रचना ही है। वस्तुतः ऐसा नहीं है क्योंकि इन इतिहास-ग्रन्थों के विवरण और जायसी की इस रचना के वृत्त में बड़ा अन्तर है। यदि इनका स्रोत एक होता तो ऐसा अन्तर कदापि न होता। यही बात परवर्ती इतिहास-ग्रन्थ कर्नल टाड कृत राजस्थान का इतिहास के सम्बन्ध में भी कही जा सकती है जिसमें चित्तौड़ नरेश का नाम रत्नसेन के बदले भीम सिंह लिखा है। जायसी का यह घटना-वृत्त साधारण अन्तर में हेमरतन कृत गोरा बादल चौपाई (सं. 1946) तथा जटमल कृत गोरा बादल री ख्याल (सं. 1984) में मिलता है। किन्तु ये जायसी के बाद की रचनाएँ हैं। अतः यह प्रश्न अनुत्तरित रह जाता है, कि जायसी ने इन घटनाओं के सूत्र को कहाँ से प्राप्त किया और इन्हें इस रूप में नियोजित करने के पीछे इनका क्या उद्देश्य था?

जायसी एक रचनाकार थे। एक सजग कवि थे। वे इतिहासकार नहीं थे और इतिहास लिखना उनका उद्देश्य भी नहीं था। वे एक ऐसे जीवन्त इतिहास रस की सृष्टि करना चाहते थे जिसमें चित्तौड़ की भूमि पर घटित

भीषण नरसंहार के पीछे की मनोवृत्तियों की मानवीय संवेदना की तलाश की जा सके। इस दृष्टि से जब हम 'पदुमावति' के कथानक को पढ़ते हैं तो उसमें इतिहास की तिथियाँ, नाम और घटनाएँ भले ही न मिलें, पर इतिहास का वह बड़ा मीठा रस बराबर मिलता रहता है जो इस्लाम के भारत-प्रवेश के साथ ही शुरू होता है और बहुत दूर तक उसकी यही धारा प्रवाहित होती रहती है। मुझे तो लगता है कि अलाउद्दीन खिलजी के माध्यम से जायसी अपनी बात उन तमाम लोगों के लिए कहते हैं जो उस विशेष टाइप के अन्दर आ जाते हैं। पहले हम सूत्रों की तलाश करेंगे जहाँ से जायसी को कथा-सूत्र मिले और इस ग्रन्थ को लिखने की प्रेरणा मिली।

जायसी के बहुत पहले अमीर खुसरो ने अपने इतिहास-ग्रन्थ 'खजाइनतुलफुतूह' में अलाउद्दीन की चित्तौड़-विजय का विवरण दिया है। इस विवरण से जायसी अवश्य अवगत रहे होंगे। विजयदेव नारायण साही ने इसी को जायसी के कथानक का मूल आधार माना है, पर खुसरो का उद्देश्य दूसरा था और जायसी का बिल्कुल उससे अलग। इस सम्बन्ध में साही जी द्वारा प्रस्तुत खुसरो का विवरण इस प्रकार है—

"कवि, विचारक, इतिहास-लेखक और सूफी के नाते अमीर खुसरो का जबर्दस्त प्रभाव अपने समय में पड़ा। खुसरो का बौद्धिक प्रभाव जायसी के युग में बल्कि उसके बाद भी मुस्लिम-समाज पर बना रहा। बल्कि, अगर दन्तकथाओं पर विश्वास किया जाय तो खुसरो का प्रभाव मुस्लिम-समाज के बाहर भी काफी पड़ा। उन्नीसवीं शताब्दी तक हर मुस्लिम-मदरसे के अध्ययन केन्द्र में खुसरो की कृतियाँ पढ़ी जाती रहीं।

जायसी और खुसरो के बीच कई अर्थों में होड़ है। खुसरो ने जामी की प्रतिद्वन्दिता में जो फारसी प्रेमाख्यान लिखे, वे जायसी के सामने थे। खुसरो ने अपने काल में हिन्दुस्तान की जमीन को जिस तरह अपनाया, उससे भी जायसी परिचित रहे होंगे। लेकिन सबसे बढ़कर खुसरो ने अलाउद्दीन की चित्तौड़-विजय का जो आँखों-देखा हाल अपने खजायनुल-फतूह अथवा तारीखे-अलाई में लिखा था, उसी को जायसी ने पद्मावती के उत्तरार्द्ध की कथा का आधार बनाया। जायसी और खुसरो में कितना अन्तर है, इसे समझने के लिए खुसरो द्वारा लिखित वृत्तान्त को ध्यान में रखना आवश्यक

है। खुसरो का वृत्तान्त अत्यन्त अलंकृत फारसी गद्य में है। उसका सरलीकृत अनुवाद इस प्रकार है–

'इस तारीख को विश्व-विजेता (अलाउद्दीन) ने चित्तौड़ की विजय के लिए डंका बजाने की आज्ञा दी और दिल्ली शहर से अपनी पवित्र ध्वजाओं को गतिमान् किया। आकाश तक उठा हुआ सुल्तान का काला छत्र उस क्षेत्र में प्रविष्ट हुआ और अपने जमाने की आवाज से, जो आकाश के कानों में गूँजती थी, सुलतान के दीन का सुसमाचार दिशाओं में गुंजरित करने लगा।

बादशाह ने अपना दरबार, जो आकाश के बादलों जितना ऊँचा था, उस जगह दोआबे के बीच स्थापित किया और उसके उल्लसित उत्साह से दोनों समुद्रों के किनारे तक भूकम्प आ गया। दाहिने और बायें की सेनाओं को आज्ञा दी कि गढ़ पर दोनों ओर चढ़ाई करें। दो महीने में तलवार की बाढ़ के साथ पहाड़ी की कमर तक ही पहुँच सके और उसके ऊपर न जा सके। विचित्र गढ़ था कि पत्थरों की मार भी उसे तोड़ न सकी।

इस धर्मयुद्ध का कुछ और अलंकृत वर्णन करने के उपरान्त खुसरो बतलाता है कि सोमवार तो 8 जमादि उस्मानी हि.सं. 702 (अर्थात् 28 जनवरी, 1303 ई.) को किला फतेह हुआ।''

''और वह जहन्नुमी राय ईश्वरीय कोप की बिजली से सिर से पैर तक जलकर पत्थर के दरवाजे से इस तरह उछलकर आया, जैसे पत्थर से आग उछली है और उसने अपने को पानी में डाल दिया। वह जहाँपनाह के दरबार की ओर दौड़ा तलवार की बिजली से बच गया। हिन्दू कहते हैं कि जहाँ पीतल होता है, वहाँ बिजली गिरती है। राय का चेहरा पीतल की तरह पीला पड़ गया था। निश्चित था कि अगर वह शाह की सेवा और शरण में न आ गया होता, तो तलवार की बिजली से नहीं बच सकता था।

जिस दिन राय ने आत्म-समर्पण किया, सुलतान का गुस्सा ठण्डा नहीं हुआ था। लेकिन शाकाहारी राय जब पैरों-तलें रौंदी हुई घास की तरह मुरझा कर गिड़गिड़ाने लगा तो यद्यपि वह बागी था, फिर भी बादशाह ने उसकी जान बख्श दी लेकिन बादशाह ने अपने कोप की लू दूसरे बागियों की ओर चलायी और हुक्म दिया कि जहाँ भी जवान हिन्दू देखें, घास-फूस

की तरह जला डालें। एक दिन में, बादशाह की आज्ञा से, लगभग तीस हजार दोजखी लोग काट दिये गये और खिज्राबाद (चित्तौड़) के मैदान में लगता था कि घास नहीं, लाशें उगी हैं। बादशाही क्रोध की हवा ने सभी प्रमुख लोगों को जड़ से उठाकर उस प्रदेश से दोरंगापन खत्म कर दिया। और खेत जोतनेवाली रैयत को, जिनमें काँटे नहीं उगते, मदद पहुँचायी। इस नीले दुर्ग की शाखाओं और जड़ों को महान् साम्राज्य के महान् वृक्ष खिज्र खाँ के हवाले कर दिया गया और दुर्ग का नाम खिज्राबाद रख दिया गया।... बादशाह ने उन सभी हिन्दुओं को, जो इस्लाम के वृत्त के बाहर पड़ते थे, कत्ल कर डालने का कर्त्तव्य काफिरों का वध करनेवाली अपनी दुधारी तलवार को इस तरह सौंपा की अगर आज के दिन राजिफी, अर्थात् भिन्न मत रखनेवाले नाम को इन काफिरों के हक की माँग करें, तो सच्चे सुन्नी लोग ईश्वर के इस खलीफा का समर्थन सौगन्ध खाकर करेंगे।''

इसी तरह गुजरात में पट्टन अथवा अनहिलवाड़ा को अलाउद्दीन के जीते जाने के वृत्तान्त का कुछ अंश अमीर खुसरो के शब्दों में इस प्रकार है–

''इस प्रकार सोमनाथ के मन्दिर को मक्का की ओर झुकाया गया और जिस प्रकार पहले मन्दिर ने अपना सिर नवाया और बाद में समुद्र में जा गिरा, आप कह सकते हैं कि पहले मन्दिर ने अपना सिर नवाया और बाद स्नान किया।...ऐसा दारुलकुफ्र, अर्थात् कुफ्र के इस पुराने देश में अजान की आवाज इतनी ऊँची उठी की बगदाद और मदीना तक सुनायी पड़ने लगी और जमजम के कुण्ड तक गूँजने लगी...इस्लाम की तलवार ने देश को उसी तरह शुद्ध कर दिया जिस तरह सूरज पृथ्वी को शुद्ध कर देता है।''

शुद अज शमशीरे इस्लाम आँ जमीं पाक।

चुनां कज आफताबे आसमाँ खाक।।

अमीर खुसरो ने रणथम्भौर की विजय का भी उल्लेख किया है। इस वर्णन का मुहावरा भी इसी तरह कट्टर साम्प्रदायिक काफिर हिन्दू बनाम पवित्र इस्लाम का है। रणथम्भौर में किला टूटने के समय जौहर हुआ था। चूँकि जौहर का जिक्र जायसी ने पद्मावत के अन्त में चित्तौड़ के सम्बन्ध में किया है, अतः खुसरो के वर्णन का कुछ अंश तुलनीय है। खुसरो के

अनुसार इस्लाम की सेना ने जहन्नुमी हिन्दुओं को रणथम्भौर में घेर लिया। कुछ दिन के बाद जब किले में पानी और अन्न की कमी हो गयी और दुर्ग का पतन निकट आ गया तो राजा ने—

"पहाड़ की चोटी पर लाल फूलों के पर्वत की भाँति ऊँची आग जलायी और अनार की तरह स्तनोंवाली सुन्दरियों को जो उस किले में पली थीं आग में झोंक दिया, यों कि आग से भी फरियाद उठने लगी। जब राजा ने उन बहिश्त की परियों-जैसी स्त्रियों को अपने सामने जहन्नुम में भेज दिया तो एक-दो और काफिरों को साथ लेकर किले में उतरा, ताकि अपने नाम की रक्षा करते हुए जान दे दे। यद्यपि सुबह की हवा चल रही थी, लेकिन पहरेदारों की नरगिसी आँखें नींद में डूबी थीं। जब राजा वहाँ पहुँचा, बुलबुल की तरह आवाज करनेवाला मुतरिब वहाँ आया उसने पुकार दी। सभी सिपाही अपनी तलवारें खींच-कर वहाँ कूदकर आ गये और राजा का सर उड़ा दिया।"

खुसरो ने इस टिप्पणी की है कि यह किस्सा रणथम्भौर की विजय का है जो इस प्रकार ईश्वर की मर्जी से दारुल-क्रुफ से दारुल-इस्लाम बन गया।

"दास्ताने, फतेह रणथम्भौर कन्दर यक गजा।
गस्त अजांसां दारे-कुफ्रे दारे इस्लाम दर कज़ा।।"

खुसरो के विवरण में जायसी ने अपनी युक्ति से कुछ जोड़ा भी है। जायसी का समकालीन एक रत्नसिंह और था जो चित्तौड़ का राजा था। इन्द्रचन्द्र नारंग के अनुसार जायसी ने इस दूसरे रत्नसिंह की कथा को भी आवश्यक परिमार्जन के साथ अपनी कथा में जोड़ लिया। डॉ. गौरीशंकर, हीराचन्द ओझा ने दूसरे रत्नसिंह का विवरण इस प्रकार दिया है—

"हम ऊपर बतला चुके हैं कि महाराणा ने उसको छली से मारने की ठान ली। इस विषय में मुहणोत नेणसी लिखता है—"राणा रत्नसिंह शिकार खेलता हुआ बूँदी के निकट पहुँचा और सूरजमल को भी बुलाया। वह जान गया था कि राजा मुझे मरवाने के लिए ही बुला रहा है। और इस पसोपेश में रहा कि वहाँ जाऊँ या न जाऊँ। एक दिन उसने अपनी माता खेतू से, जो राठौड़ वंश की थी, पूछा की राणा के दूत मुझे बुलाने को आये हैं, राणा मुझसे अप्रसन्न है और वह मुझे मारेगा, इसलिए तुम्हारी आज्ञा हो तो हाथ

दिखाऊँ। इस पर माता ने उत्तर दिया—"बेटा ऐसा क्यों करें? हम तो सदा से दीवाण (राणा) के सेवक रहे हैं, हमने कोई अपराध तो किया नहीं, जो राणा तुम्हारा वध करे। शीघ्र उसके पास जाओ और उसकी अच्छी तरह सेवा करो।" माता की यह आज्ञा सुनकर वह वहाँ से चला और बूँदी तथा चित्तौड़ की सीमा पर के गोकर्ण तीर्थवाले गाँव में उससे आ मिला। राणा के मन में बुराई थी तो भी उसने ऊपरी दिल से आदर किया और 'सूरजभाई' कहकर उसका सम्बोधन किया। एक दिन उसने सूरजमल से कहा कि हमने एक नया हाथी खरीदा है, जिस पर आज सवारी कर तुम्हें दिखावेंगे। राणा हाथी पर सवार हुआ और सूरजमल घोड़े पर सवार हो उसके आगे-आगे चलने लगा। एक तंग स्थान पर राणा ने उस पर हाथी पेला परन्तु घोड़े को एड़ लगाकर वह आगे निकल गया और उस पर क्रुद्ध हुआ। राणा ने मीठी-मीठी बातें बना कर कहा कि इसमें हमारा कोई दोष नहीं है, हाथी अपने आप झपट पड़ा था।

"फिर एक दिन उसने कहा कि आज सूअरों का शिकार खेलेंगे। राजा ने कहा, बहुत अच्छा। राणा की अपनी पवार वंश की राणी गोकर्णतीर्थ पर स्नान करने गयी। थोड़ी देर पहले सूरजमल भी वहाँ स्नानार्थ गया हुआ था। राणी के पहुँचते ही वह वहाँ से निकल गया। राणी की दृष्टि उस पर पड़ी, तो उसने एक दासी से पूछा, यह कौन है? उसने उत्तर दिया कि वह बूँदी का स्वामी हाड़ा सूरजमल है जिस पर दीवाण (राणा) अप्रसन्न है। राणी तुरन्त ताड़ गयी कि जिस सूअर को राणा मारना चाहते हैं वह यही है। रात को उसने फिर सूअर की बात छेड़ी और निवेदन किया कि उस एकल को मैंने भी देखा है, दीवाण उसे न छेड़ें, उसके छेड़ने में कुशल नहीं है।

"दूसरे ही दिन सबेरे सूरजमल को साथ ले राणा शिकार को गया। शिकार के मौके पर केवल राणा, पूरणमल पूरबिया, सूरजमल और उसका एक खवास (नौकर) थे। राणा पूरणमल को सूरजमल पर वार करने का इशारा किया, परन्तु उसकी हिम्मत न पड़ी; तब राणा ने सवार होकर उस पर तलवार का वार किया, जिससे उसकी खोपड़ी का कुछ हिस्सा कट गया। इस पर पूरणमल ने भी एक वार किया, जो सूरजमल की जाँघ पर

लगा; तब तो लपक कर सूरजमल ने पूरणमल पर प्रहार किया जिससे वह चिल्लाने लगा। उसे बचाने के लिए राणा वहाँ आया और सूरजमल पर तलवार चलायी। इस समय सूरजमल घोड़े की लगाम पकड़कर झुके राणा की गर्दन के नीचे ऐसा कटार मारा कि वहाँ से चीरता हुआ नाभि तक चला गया। राणा ने घोड़े पर से गिरते-गिरते पानी माँगा तो पूरणमल ने कहा कि काल ने तुझे खा लिया है, अब तू जल नहीं पा सकता। वहीं राणा और सूरजमल, दोनों के प्राणपक्षी उड़ गये। पाटण में राणा का दाह संस्कार हुआ, राणी पंवार उसके साथ सती हुईं।

"यह घटना वि. सं 1588 (ई.सं. 1531) में हुई।"

इस प्रकार हम देखते हैं कि जायसी ने ज्ञात इतिहास से अलाउद्दीन के चित्तौड़ पर आक्रमण पर अपने समकालीन रत्नसिंह की सूरजमल से शत्रुता, युद्ध और दोनों की मृत्यु के रूप कुँभलनेर के देवपाल का प्रसंग कल्पित किया। सबको मिलाकर उन्होंने एक ऐसे इतिहास की सृष्टि की जो घटना और नामवाली में भले ही सत्य न हो पर युग के वातावरण को जानने की अवधारणा में पूर्णतः सफल है। जायसी में एक रचनाकार की ईमानदारी और कलम का ऐसा जादू है जो हिन्दी साहित्य में तुलसी को छोड़कर किसी में नहीं है। जायसी ने चित्तौड़ का इतिहास रचा वही आज हर भारतीय जानता है जैसे तुलसी ने राम का जो रूप 'मानस' प्रतिष्ठित किया, वही जन-मन के मानस में प्रतिष्ठित है।

जायसी के परवर्ती इतिहासकारों ने इस प्रसंग को अपने-अपने ढंग से लिखा है। आइने-अकबरी में चित्तौड़ पर उसकी विजय हुई। राजा मारा गया और रानियाँ सती हुईं। फरिश्ता के अनुसार अलाउद्दीन रत्नसिंह की सुन्दरी लड़की पर आसक्त था। वह उसको भेजने पर राजी हो गया था। पर लड़की ने बड़ी चतुराई से अपने पिता को कैद से मुक्त कराया। जियाउद्दीन बरनी और एआसी के विवरण भी इसी प्रकार हैं। इसी प्रकार टाड का कुछ अलग ही है। इन विवरणों से यह साफ है कि परवर्ती इतिहासकारों का आधार जायसी की यह रचना नहीं है और सबका कोई एक अधम् भी नहीं है। अलग-अलग (मुख्यतः लोकश्रुति) से इतिहासकारों ने इस कथा का वृत-संकलन किया है। इसकी महत्त्वपूर्ण बात यह है कि

यह लोकमानस में ऐसा प्रतिष्ठित रहा है जिसे कल्पना को अलग दिया जाये तो इतिहास का मूल सत्य कहीं-न-कहीं जायसी की रचना के निकट ही प्रमाणित होता है।

जायसी को इतिहास के समकालीन सन्दर्भ भी ज्ञात है। चन्देरी पर अलाउद्‌दीन का अधिकार हो चुका था। वह रत्नसेन को प्रलोभन देता है—

तासों का बड़ बोलसि बैठि न चितउर खासि।

ऊपर लेहि चँदेरी का पदुमनि एक दासि।। छन्द 490

चन्देरी ग्वालियर राज्य में पड़ता है जो ललितपुर से पश्चिम में है। चित्तौड़ के पहले रणथम्भौर का साका हो चुका था। रणथम्भौर का हम्मीर हार चुका था। यह जायसी को मालूम है। वह लिखते हैं—

जस रणथंभउर जरि बुझा चितउर परी सो आगि।

एहि रे बुझाये ना बुझे जरै दोस की लागि।।

हम्मीर से सम्बन्धित बहुत से आख्यान-काव्यों और साहित्यिक रचनाओं की शृंखला मिलती है। शारगंधर के हम्मीर रासो और जोधराज के हम्मीर रासो के अतिरिक्त अन्य भी कई ग्रन्थ हैं जो अलाउद्‌दीन के रणथम्भौर के आक्रमण की पुष्टि करते हैं और इतिहास भी इससे सहमत है।

इसी प्रकार देवगिरि के राजा रामदेव पर अलाउद्‌दीन के आक्रमण और राजा रामदेव की रूपवती कन्या छिताई के अपहरण की कथा भी साहित्यिक परम्परा में शृंखला के रूप में मिलती है। नारायणदास की छिताई वार्त्ता, जान कवि की छीता कथा आदि रचनाएँ मिलती हैं। सबमें छिताई-हरण का प्रसंग है। जायसी ने इतिहास की इस घटना का भी उल्लेख किया है। अलाउद्‌दीन का दूत इस चित्तौड़ नरेश से कहता है—बोलु न राजा आपु जनाई। लीन्ह उदै गिरि लीन्ह छिताई। (छन्द 412) पर ध्यान देने योग्य बात यह है कि नारायणदास की छिताई वार्त्ता में भी प्रसंग आता है—

यौं बोले ढिल्ली को धनी। मैं चित्तौर सुनी पदुमनि।

बांध्या रतनसेनि मैं जाई। ले गो बादिल ताहि छुड़ाई।

जो अबके न छिताई लेऊँ। तौ निज सीस देवगिरिह देऊँ।

इस प्रकार 'पदुमावति' में छिताई-हरण और 'छिताई वार्त्ता' में पद्मिनी हरण के उल्लेख, इस रूप में विरोधी है कि दोनों उल्लेखों में एक दूसरे को पूर्ववर्ती घटना के रूप में लिखा गया है। अतः इतना तो निश्चित है कि इन काव्यग्रन्थों को इतिहास नहीं माना जा सकता और न अक्षरशः इतिहास का प्रमाण ही। पर इनके अन्दर गहराई से झाँककर अन्य सन्दर्भों के सन्तुलन और सहयोग से ही इतिहास की तलाश अवश्य की जा सकती है।

जायसी ने 'पदुमावति' के कथानक ने जिस इतिहास-रस की सृष्टि की है, वह शाश्वत सांस्कृतिक इतिहास का एक पन्ना है जिसके चलते पिछले 600 वर्षों का भारतीय इतिहास हिन्दू और मुसलमान में बँटकर, कटकर और टकराता चलता चला आ रहा है। भारत-विभाजन के पश्चात् भी आज देश में कई ने अपनी एक सांस्कृतिक और ऐतिहासिक दृष्टि का परिचय देते हुए एक ऐसी सांस्कृतिक पृष्ठभूमि का निर्माण की है जिसमें यहाँ के मूल भारतीय हिन्दू समाज की सम्मान-रक्षा के साथ ही देश की माटी का प्यार समाहित है। इसमें कट्टरपन्थ, आक्रामकता और बेगानेपन की इस्लामी दृष्टि के खोखलेपन को दर्शाते हुए कवि ने इन दो भिन्न दीखती हुई जातियों में आत्मीयता और एकता का एक आधार प्रस्तुत किया है। वह आधार है प्रेम और सहिष्णुता। इस दृष्टि से अमीर खुसरो और जायसी की दृष्टियों का अन्तर रेखांकित किया जा सकता है।

इन दो महाकवियों-खुसरो और जायसी की दृष्टि के सम्बन्ध में विजय देव नारायण शाही ने लिखा है—

खुसरो का प्रसिद्ध शेर है—

मुल्के दिल करदी खराबज तीरे नाज।
ब-दरीं वीराना सुल्तानी हनोज।

(तूने हृदय के देश को अपने नाज की तलवार से उजाड़डाला और अब इस वीराने में तू सुलतान बनकर बैठा है।)

इतिहासकार खुसरो पर सबसे अच्छी टिप्पणी गजल कहनेवाले अमीर खुसरो का शेर ही है। जायसी की कथा का अन्त करनेवाले दोहों में... शायद अमीर खुसरो के इस प्रसिद्ध शेर की अनुगूँज भी है।...खुसरो न सिर्फ सूफी कवि थे, बल्कि चिश्तिया अखाड़े के प्रसिद्ध सूफी बाबा

निजामुद्दीन औलिया के प्रिय शिष्य भी थे। निजामुद्दीन नयी दिल्ली के पास रहते थे और खुसरो को बहुत मानते थे। कहा जाता है कि हर रात औलिया अपनी कोठरी का दरवाजा खोलकर बाबा से सम्पर्क करें। दूसरी तरफ यह भी कमाल दिखलाया कि दिल्ली की गद्दी पर एक के बाद दूसरे सुलतान, पहले सुलतान को कत्ल करके बैठे, लेकिन सरकारों की इस हिंसात्मक उठा-पटक में खुसरो बराबर राजकवि बने रहे और तरक्की भी करते रहे।... हिन्दू-तुर्क सत्ता-संघर्ष में जो संकुचित दृष्टि खुसरो के 'खजायनुल फतूह' में मिलती है, वह बादशाहों उल्लमाओं को खुश करनेवाली तो थी ही, निजामुद्दीन औलिया के मठ के लिए भी और स्वीकार्य थी।

मुहम्मद गोरी के हमले के बाद से दिल्ली की बादशाहत का इतिहास दो अति भिन्न के मिलने, अलग होने फिर मिलने का इतिहास है। ... कबीरदास और जायसी, लेखक हैं जो इन मिलते टकराते समाजों के सन्धि स्थल पर खड़े हैं। कबीर दास की मुद्रा हिन्दू-मुसलमान दोनों समाज के सरगनाओं को चुनौती देने वाली है। पर प्रतिरोधी है। लेकिन जायसी का स्वर प्रतिरोधी नहीं है। एक जबरदस्त करुणा उन्हें आप्लावित कर रही है। इस करुणा की व्यथा जायसी के लिए इतनी भारी है कि उनके पास चुनौती और प्रतिरोध की फुर्सत नहीं है।''(जायसी पृ. 60-62)

जायसी की इतिहास दृष्टि के परिप्रेक्ष्य में साही ने बड़े ही सटीक ढंग से उनकी समग्र काव्य-दृष्टि के सम्बन्ध में एक नपा तुला और सार्थक निष्कर्ष निकाला है जिससे असहमत होना जायसी को ठीक से पढ़नेवाले किसी व्यक्ति के लिए सम्भव ही नहीं है।

''जायसी का प्रस्थान बिन्दु न ईश्वर है और न कोई नया अध्यात्म है। उनकी चिन्ता का मुख्य ध्येय मनुष्य है। मनुष्य जैसा कि वह सामान्य जिन्दगी में उठता-बैठता है, सीखता है, प्रेम करता है गृहस्थी चलाता है, युद्ध में वीरता और कायरता दिखलाता है, सम्प्रदाय स्थापित करता है, बटोर करने के लिए नारे लगाता है और इसके बाद अपनी अपर्याप्तता की गहरी त्रासदी से ग्रस्त हो जाता है।'' (जायसी पृ. 62)

उपर्युक्त उद्धरण से उस बड़े मानवीय धरातल की पहचान होती है जिस पर रखकर जायसी अपने समय के इतिहास को, जो चित्तौड़ से दिल्ली

तक फैला था; पारम्परिक कथारूढ़ियों में व्यंजित उस इतिहास के साथ जोड़ देते हैं जो सिंहल और पद्‌िनी की पूर्वाद्ध कथा में निबद्ध है। पूर्वाद्ध में प्रेम, युद्ध, धन-लोभ आदि विविध प्रसंगों में कालातीत मानवीय सहज वृत्तियों की विवृति है तथा उत्तरार्द्ध में समकालीन इतिहास का संस्कृति बोध है।

भूषण की इतिहास–दृष्टि

भूषण ने शिवाजी के हिन्दू-धर्म-रक्षक के जिस रूप को स्थापित किया है और देश में औरंगजेब से लेकर बीजापुर तक के बादशाहों-नवाबों के हिन्दू-द्रोही दृष्टिकोण का चित्रण किया है, वह इतिहास-सम्मत है। शिवाजी को एक राष्ट्रनायक के रूप में उचित ही स्थापित किया गया है। भूषण को औरंगजेब से कोई दुश्मनी नहीं थी। कहा तो यह भी जाता है कि वे उसके दरबार में भी गये, पर वहाँ वे सन्तुष्ट नहीं रहे और शिवाजी के यहाँ तथा तदन्तर छत्रसाल बुन्देला के राजदरबार आये। इस सम्बन्ध में पं. गणेश प्रसाद द्विवेदी ने लिखा है–"स्वजाति प्रेम, सत्यप्रियता और स्पष्टवादिता आदि गुण तो भूषण में प्रचुर मात्रा में थे ही, जितने दिन भी वे औरंगजेब के यहाँ रहे, वे इस बात को अच्छी तरह समझ गये होंगे कि उनके जैसे स्वतन्त्र विचार के और केवल उच्च भावों की ही कदर करनेवाले कवि के लिए औरंगजेब के दरबार में स्थान नहीं था।" वे दुबारा उनके दिल्ली दरबार जाने की किंवदन्ती का खण्डन करते हुए लिखते हैं–"भूषण जैसा स्वाभिमानी, स्वदेश प्रेमी और राष्ट्रीय कवि एक बार शिवाजी के गुणों से परिचित होकर उनके यहाँ अश्रुतपूर्व सत्कार और सम्मान पाकर फिर औरंगजेब के यहाँ जाने को तैयार होगा, यह बात समझ में नहीं आती।"

उपर्युक्त उद्धरण से यह स्पष्ट है कि भूषण ने गुण-दोष परख कर औरंगजेब की भर्त्सना और शिवाजी की प्रशंसा के छन्द लिखे। उनमें किसी प्रकार की साम्प्रदायिकता नहीं अपितु प्रखर राष्ट्रीयता की भावना थी। औरंगजेब जैसे आततायी और भारत के मूलनिवासियों के धार्मिक मामलों पर कहर ढानेवाले शासक की निन्दा नहीं तो क्या प्रशंसा की जानी चाहिए थी? रही एक मजहब विशेष के प्रतिनिधि के रूप में औरंगजेब की निन्दा

की बात, तो यह उसी के आचरण के कारण थी। उसकी सेना और उसके पक्ष को म्लेच्छ कहने के साथ ही उसमें वे सारे हिन्दू भी आ जाते थे जो उसकी ओर से लड़ रहे थे। तुर्क, मुगल, सैयद, शेख, पठान आदि के उल्लेख उन जातियों-उपजातियों के हैं जो उसकी सेना में लड़ रहे थे। यह इतिहास का कटु सत्य है कि उस समय के मुसलमान सुल्तान और बादशाह स्वयं अपनी लड़ाई को 'जिहाद' (धर्म युद्ध) कहते थे। साथ ही वे अपने शत्रुओं को जो मुख्यतः हिन्दू थे उन्हें काफिर कहते थे। उनकी वीरगति को दोजख़ में जाना और अपनों की मृत्यु को जन्नत में जाना, उनके दरबारी इतिहासकार लिखते थे। इस परिप्रेक्ष्य में ही भूषण की राष्ट्र-भावना का मूल्यांकन करना चाहिए। शिवाजी की राष्ट्रीयता के सम्बन्ध में कुछ लोग आज की तथाकथित सेक्यूलर राष्ट्रीयता के मानदण्ड अपनाते हैं। इस ढंग से तो राणा प्रताप, गुरु गोविन्द सिंह जैसे हमारे इतिहास के सभी राष्ट्र-पुरुष साम्प्रदायिक और औरंगजेब जैसे कट्टर धर्मान्ध शासक राष्ट्रीय मान लिये जायेंगे। अल्लामा शिबली नोमानी और पण्डित सुन्दर लाल ने औरंगजेब को अच्छा सिद्ध करने का प्रयास किया था, पर यदुनाथ सरकार, सरदेशाई, कर्नल टाड जैसे भारत इतिहास के लेखक शिवा के शौर्य और न्यायपूर्ण प्रतिकार की सनद देते हैं।

भूषण ने जहाँ औरंगजेब की भर्त्सना की है, वहीं उसने बाबर, अकबर, हुमायूँ और जहाँगीर-शाहजहाँ तक की हिन्दू सम्बन्धी नीति की प्रशंसा की है। वह औरंगजेब को यही तो उलाहना देते हैं कि तुमने अपने बाप-दादों के रास्ते को छोड़ दिया। यह रास्ता था, हिन्दुओं से मेलजोल करके राज चलाने का रास्ता। भूषण ने कहा भी—

भूषण भनत लरि लरि सरजा के संग
निपट अभंग गढ़ कोट सब हारे तैं।

****

मेरे कहे मेर करु, शिवाजी सों बैर करि
गैर करि गैर निज नाहक उजारे तैं।

आचार्य चन्द्रबली पांडे ने लिखा है—"क्या आप को यह बताना होगा कि अकबर ने किसे अपना घर बनाकर अपना राज्य दृढ़ किया और फिर

किसके सहारे मुगल-साम्राज्य का सितारा दिन दूना रात चौगुना चमकता रहा? नहीं भूषण इसे आप ही खोलकर कह देता है। ध्यान से सुनिये और 'बब्बर अकबर के बिरद' को भी कृपया हाथ से अलग न जाने दीजिये। वीर कवि भूषण का कथन है—

आदि की न जानो, देवी-देवता न मानो, सच कहूँ,
जो पिछानौ बात कहत हों अब की।
बब्बर अकबर हुमायूँ हद्द बाँधि गये,
हिन्दू और तुरुक की कुरान बेद ढब की।
इन पातसाहन में हिन्दुन की चाह-हुती,
जहांगीर साहजहाँ साख पूरें तब की।
कासी हू की कला गयी मथुरा मसीत भई,
शिवाजी न होते तो सुनत होती सबकी।

भूषण ने 'जो पिछानो' का उल्लेख यों ही नहीं किया। इसी 'पिछानो' में राष्ट्रीयता का मर्म छिपा है। देवी-देवता को न मानना एक बात और किसी जाति के चिह्न को मिटा देना उससे सर्वथा दूसरी बात। आज इसी पहचान का गहरा संकट हिन्दुओं में हैं। मुसलमान पहचान के नाम पर मजहब नहीं देश की राष्ट्रीयता को चुनौती दे रहा है। यह सनद जुटाने का काम मुसलमान लेखक मुख्यतः कर रहे हैं और कुछ वामपन्थी व सेक्यूलर लेखक भी इसमें योगदान करते हैं। यह सारा काम साम्प्रदायिक उन्माद को बढ़ावा देना है। भूषण की कविता शुद्ध राष्ट्रीय कविता है जो आततायी औरंगजेब और उसके इस्लामी जुनून का जवाब थी। भूषण की मार्मिक वेदना तो यह है—

कुंभकर्न औरंग को औनि अवतार लेके,
    मथुरा जराइ के दुहाई फेरी रब की,
खोदि हारे देवी-देव-देवल अनेक
    सांइ पंखि निज पापिन तें टूटी भाल सबकी।
भूषण भनत भाजे कासीपति बिस्वनाथ
    और का गनाऊं नाम गिनती में अबकी,
दिल में डरन लागे चारो बर्न ताही समय,

शिवाजी न हो तो सुनत होती सबकी

(प्रकीर्ण छ. 448)

भूषण ने इन कविताओं में जो बात कही उसे झुठलाने की पूर्ण चेष्टा की जा रही है और चारों ओर घूम-घूम कर कहा जा रहा है कि आलमगीर ने कभी ऐसा नहीं किया।

औरगंजेब के विषय में मौलाना उबेद अल्लाह सरहिन्दी ने लिखा है–''अकबर की सल्तनत हिन्दुस्तानी इस्लामी सल्तनत थी और औरंगजेब चाहता था कि इस हिन्दुस्तानी सल्तनत के दायरा असर (प्रभाव क्षेत्र) को इतनी बसअत (व्याप्ति) दे कि उसके अन्दर खैबरपार के मुल्क भी आ जांय और हेजाज पर भी उसका इख्तियार (महत्त्व) हो और यह उस वक्त तक मुमकिन नहीं था तब तक वह अपनी हुकूमत को इस्लामी रंग में रंग न देता, अकबरी सियासत के बारे में इस्लामी दुनिया में जो गलत-फहमियाँ हो गयी थीं उसको रफा न करता। अकबर का सय्यासी मालक (राजनीतिक पद्धति) राजपूतों को हमवार (अनुकूल) करने के लिए था। औरंगजेब के पेशनजर (दृष्टि में) हिन्दोस्तान के अलावा इस्लामी दुनिया की कयानत (अगुआई) थी। इसलिए एक को हिन्दुस्तानियत पर ज्यादा जोर देना पड़ा और दूसरे को इसलामियत को माकद्दम (अग्रणी) मानना पड़ा।

मुसलमान विचारकों में मशहूर मुजद्दिद अलफसानी अकबर की नीतियों को इस्लाम-विरोधी मानता था और उसकी नजर में अकबर की राजनीति से इस्लाम को धक्का लगा। तात्पर्य यह है कि औरंगजेब के कारनामों पर पर्दा डालने का काम साम्प्रदायिक दृष्टि से किया जाता है। औरंगजेब कितना क्रूर था, यह उसके परिवार व पारिवारिक कारनामों से जाहिर है। भूषण लिखते हैं कि दारा शिकोह और मुरादशाह के साथ व्यवहार और विश्वनाथ मन्दिर विध्वंस, देवी के मन्दिर और मथुरा के कृष्ण-मन्दिर ध्वंस एक जैसे राष्ट्र-विरोधी कार्य हैं और इसलिए दिल्ली की बादशाही सत्ता डूबने लगी थी–

दारा की न दौर, यह खजुए की रारि नाहीं
बांधिबो न होय यह मुरारशाह बलि को।
मठ विश्वनाथ को न बास ग्राम गोकुल को,

देवी न देहरा न मन्दिर गोपाल को।।
गाढ़े गढ़ लीन्हें केते बैरी कतलान कीन्हें
जानत न भयौ यहि साह-कुल-साल को।
बूड़ति है दिल्ली संभारि क्यों न दिल्लीपति
धक्का आनि लाग्यौ सिवाराज महाकाल को।

बहुत स्पष्ट है कि भूषण छत्रपति शिवाजी महाराज के ही समान किसी व्यक्ति, जाति, मजहब के दुश्मन नहीं थे पर भारत के बहुसंख्यक हिन्दू समाज के धर्म-कर्म-मर्म पर हो रहे आक्रमण के विरोधी थे। विरोध का स्वर जरा कड़वा होता ही है।

मुस्लिम इतिहासकारों ने शिवाजी के बारे में लिखा, वैसा ही शिवाजी के प्रशंसक कवि भूषण ने मुस्लिम पक्षवालों के लिए लिखा। 'चकत्ता' चंगेज खाँ के चकताई वंशवालों की अभिधा है पर चंगेज जैसा ही लुटेरे के धर्म का आचरण करनेवाले औरंगजेब को भी भूषण ने बार-बार 'चकत्ता' कहा है। 'म्लेच्छ' आदि विशेषण भी उसने उसके दल के लोगों के लिए किया। वैसे आम मुसलमान के लिए मध्यकाल में हिन्दू 'म्लेच्छ' शब्द का प्रयोग करते थे। तुलसी का प्रयोग 'अधम निसाचर लीन्हे जाई। जिमि म्लेच्छ बस कपिला गाई' में भी 'म्लेच्छ' मुसलमान के लिए आया है। भूषण ने भी म्लेच्छ-वंश का प्रयोग करके स्पष्ट कर दिया कि वे मुसलमान के लिए 'म्लेच्छ' शब्द का प्रयोग करते हैं—

'त्यों म्लेच्छ-वंश पर सेर सिवराज हैं।'

यह सही है कि 'म्लेच्छ' का प्रयोग घृणासूचक है। गन्दे आचरणवाले के लिए होता है और आक्रान्ता या आततायी मुसलमानों के लिए हिन्दुओं ने इस शब्द का प्रयोग भी उनके अनुचित आचरण के कारण ही किया। भोजपुरी में 'मलिच्छ' शब्द गन्दे के लिए आज भी प्रयुक्त होता है। बाबर, हुमायूँ, अकबर आदि के प्रसंग में यह शब्द कहीं नहीं आया है और औरंगजेब की सेना में सम्मिलित सभी राजपूतों आदि के लिए भी उनका सम्मिलित विश्लेषण 'म्लेच्छ' ही का है। लेकिन वह इसी अर्थ में है कि जो म्लेच्छ के साथ है, वह भी 'म्लेच्छ' है। इस सम्बन्ध में लीपापोती अनावश्यक है क्योंकि आज के 'सेक्यूलर' आलोचक जितना सजग हैं, उतनी सजगता

से भूषण नहीं लिख रहे थे। वे तो एक पक्ष थे। वह पक्ष शिवाजी का हिन्दू पक्ष था और उनके विरुद्ध कट्टर मजहबी औरंगजेब का मुस्लिम पक्ष था। अतः शत्रु पक्ष पर प्रहार राष्ट्रभक्त सेना का कर्त्तव्य भी था और उनके उत्साहवर्द्धक कवि भूषण का भी पक्ष वही था।

राजपूतों के बहुत से वंश अपनी-अपनी राजधानी में सो रहे थे पर किसी ने रंचमात्र की सजगता नहीं बरती। मन्दिर तोड़े जा रहे थे, मूर्तियाँ लेकर विप्र भाग रहे थे—

कूरम कबंध हाड़ा तूंबर बघेला
बीर प्रबल बूंदेला हेतु जैसे दलमनी-सी।
देवल गिरन लागे मूरति ले विप्र भागे
नेकहु न जागे सोइ रह रजधनी में।।
सबने पुकार करी सुरन मनाइबे को
सुर ने पुकार भारी कीन्हीं विस्वधनी सो।
धरम रसातल को डूबत उबार्‌यो सिवा,
मारी तुरकान घोर वल्लभ की अनी सों।

कुछ लोग 'तुरकान' का अर्थ 'झगड़ालू' करते हैं। है भी वह एक अर्थ इस शब्द का। पर यहाँ भूषण का 'तुर्क' वही इस्लामी तुर्क है जो जायसी के 'हिन्दुन तुरकन भई लड़ाई' में है। भूषण तुर्क, तातार, मंगोल वंशवालों में भेद नहीं करते, न सैयद, पठान, शेख में। उनके लिए ये सभी शत्रु पक्ष हैं। मुगल, शिवाजी की विजय पर हाथ मल रहे हैं—

'ताके सब देस लूटि साहिजी के सिवराज
कूटी फौज अजों मुगलन हाथ मलहीं।

लेकिन यह सब क्यों किया शिवा ने? इसलिए कि पास-पड़ोस के सारे औरंगजेब के आक्रमणों से टूट गये थे। ऐसे प्रतापी बादशाह से निस्साधन शिवा का लड़ना राष्ट्रभाव प्रेरित नहीं था तो क्या था? प्राण हथेली पर लेकर की गयी यह लड़ाई क्षुद्र भौतिक स्वार्थ से नहीं हो सकती थी—

बंधा कीन्हें बलख सों बैर कीन्हों खुरासान
कीन्हीं हबसान पर पातशाही पल ही।

बेदर कल्यान घमासान के छिनाय लीन्हें
जाहिर जहान उपखान यह चलही।।
जंग करि जोर सों निजामसाही जैर कीन्हीं
रन में नमाए हैं बुंदेल छल-बल ही।

बलख, खुरासान, हबसान, बीदर, कल्याण, निजामशाही ये सभी मुसलमानी राज्य थे। सब पर आक्रमण करके औरंगजेब ने इन पर कब्जा किया। तब उसे सबक सिखाने को शिवा ने उसके देशों को लूटना प्रारम्भ किया। यह लूट वैसी ही थी जैसी 1857 में अंग्रेजों के राज में स्वतन्त्रताकामियों की लूट थी। ऐसे शिवाजी का जयगान करनेवाले भूषण को 'स्वतन्त्रता का महाकवि' की उपाधि से मण्डित करना ही उनके कर्म के अनुरूप होगा।

भूषण अपने समय के किसी राजा या बादशाह या नवाब के दरबार में जाकर विरुदावली गा सकते थे पर वे निहाल तो शिवा की ही कीर्त्ति-गायन से हुए थे। भूषण कितने राष्ट्रभक्त थे, इसे समझना हो तो उन्हीं के आत्मकथन का मनन करना चाहिए

मोरंग जाहु कि कुमाहु कि श्रीनगरेहु कवित्त बनाए।
बांधव जाहु कि जाहू अमेर कि जोधपुर कि चित्तौड़ धाए।।
जाहु कुतुब्ब कि एदिल पै कि दिलीसहु पे किन जाहु बुलाए।
भूषण है हो निहाल मही गढ़पाल सिवाहि की कीरति गाए।।
सब पर शिवा ने विजय पायी।

भूषण अपने देश की सांस्कृतिक परम्परा के कवि हैं। राम ने रावण का, कृष्ण ने कंस का संहार किया था। राम-कृष्ण को हमारी सांस्कृतिक परम्परा में ईश का अवतार कहा गया है। भूषण ने शिवाजी को राम-कृष्ण का अवतार कहा है। स्पष्ट है कि उनकी दृष्टि में जो कार्य अपने समय में राम और कृष्ण ने किया वही शिवाजी ने अपने समय में किया। उन्होंने दुष्टों, पापियों, अधर्मियों का दमन करके धरती पर धर्म का प्रचार किया था। यही कार्य शिवाजी ने किया फिर उनकी गौरवगाथा गानेवाले कवि को वाल्मीकि-व्यास की परम्परा में क्यों स्थान नहीं मिलना चाहिए। अन्तःदृष्टि से देखने पर यह भलीभाँति प्रकट हो जायगा कि भूषण विधर्मी के विरुद्ध नहीं अपितु अधर्मी के विरुद्ध थे। यह हिन्दू धर्म और भारतीय संस्कृति की

विशेषता रही है। और भूषण ने उस विशेषता को आत्मसात् किया था। अपने दृष्टिकोण को व्यक्त करते हुए कहते हैं—

कलजुग जलधि अपार उद्ध अधरम अंबुमय।
लच्छनि लच्छ मलैच्छ कच्छ अरु मच्छ मगर चय।।
नृपति नदी नद वृन्द होत जाकौ मिलि नीरस।
भनि भूषण सब भूमि घेरि किन्हिय सुअप्पु बस।।
हिन्दुआन पुन्य-गाहक बनिक तासु निबाहक साहिसुअ।
कर बादवान करवान गहि जस-जिहाज सिवराज हुअ।।

शिवभूषण छन्द 148 में तो स्पष्ट कहते हैं—

सरजा सिवाजी राम ही को औतारु हैं।

भूषण ने शिवाजी और छत्रसाल को देश की सांस्कृतिक-राष्ट्रीय परम्परा की उस कड़ी में प्रतिष्ठित किया है जिसका प्रारम्भ रामायण और महाभारत काल से होता है। उस समय देश में हिन्दू और मुसलमान का सवाल नहीं था किन्तु अत्याचार से लड़ने वाले और अत्याचारी ये दो पक्ष थे जिसे कभी देवता और दानव का पक्ष कहा गया और कभी मानव और राक्षस का पक्ष कहा गया। गीता में इस वर्ग को दैवी सम्पदा प्राप्त और आसुरी सम्पदा प्राप्त नाम से सम्बोधित किया गया है। शिवाजी के समय में औरंगजेब जैसे मुसलमान शासकों और उसी के हमराही गोलकुण्डा आदि के शासक मुसलमानों का जो पक्ष था वह निर्मम अत्याचार का पक्ष था और देश के अन्दर निवास करनेवाले देश के 90 प्रतिशत निवासी हिन्दू के लिए जीवन और मरण का प्रश्न बना हुआ था। ऐसे समय में शिवाजी और छत्रसाल ने इन मुसलमान शासकों से जो युद्ध किया वह राष्ट्र की अस्मिता को बचानेवाला, राष्ट्रीय संस्कृति की रक्षा करनेवाला और दुष्टों का दमन करनेवाला था। भूषण ने ऐसे शिवाजी की प्रशंसा हिन्दू रक्षक के रूप में करके युगधर्म का पालन किया और राष्ट्रीय महत्त्व का काव्य लिखा। भूषण की दृष्टि में शिवाजी राम और अर्जुन जैसे इस देश के पौराणिक नायकों की तरह धर्मोद्धारक और राष्ट्रोद्धारक वीर-पुरुष थे। उन्होंने शिवभूषण में अलंकार के माध्यम से यह बात लिखी—

बिनु चतुरंग संग बानरन लेके,
बांधि बारिधि को लंक रघुनन्दन जराई है।
पारथ अकेल द्रोन भीषन से लाख भट जीति
लीन्हीं नगरी विराट में बड़ाई है।।

भूषण भारत की सनातन सांस्कृतिक परम्परा के कवि हैं। भारतीय इतिहास के उत्तर मध्य काल के यशस्वी राष्ट्रनायक शिवाजी और उनके सहयोगी वीर छत्रसाल के यशगान में वे एक चारण कवि या प्रशस्तिकार के रूप में नहीं दीखते हैं, अपितु एक सम्यक् इतिहास-दृष्टि सम्पन्न राष्ट्रकवि के धर्म का पालन करते हुए सम्मान के पात्र हैं।

राष्ट्रीय चेतना के विकास में सन्तों की ऐतिहासिक भूमिका

जिस पर किसी का नियन्त्रण न हो 'मन वाणी कर्म में वह स्वयं विवेक से कर्म करने को स्वतन्त्र हो, वह स्वाधीन कहा जाता है, अर्थात् जो पराधीन नहीं है, वही स्वाधीन होता है। आन्तरिक स्वाधीनता और बाह्य स्वाधीनता की दृष्टि से आन्तरिक स्वाधीनता अपनी सोच समझ और इन्द्रिय संयम आदि द्वारा कछुए की तरह अपने को समेटने की सिद्धि या स्थितिप्रज्ञता में तथा बाह्य स्वाधीनता कार्य व्यवहार की स्वतन्त्रता में होती है। इस दृष्टि से बुद्ध, शंकराचार्य, गोरखनाथ से लेकर स्वामी रामानन्द तक ने अन्तर्बाह्य स्वाधीनता का मार्ग प्रशस्त किया। स्वामी रामानन्द ने स्वाधीनता के आयाम को व्यापक बनाया। छूत-अछूत के बन्धन को तोड़कर सगुण निर्गुण के भेद को पाटकर उन्होंने एक भक्ति-प्रवाह चलाया। स्वाधीन आन्दोलन जो 12वीं शताब्दी से लगभग 400 वर्ष तक सन्तो और कवियों की वाणी में गूँजता रहा वह उत्तर से दक्षिण पूरब से पश्चिम सम्पूर्ण देश में व्याप्त वैचारिक आन्दोलन था, जिसके मूल में धार्मिक अध्यात्मिक स्वाधीनता, सामाजिक स्वाधीनता तथा राजनैतिक स्वाधीनता के स्वर गुम्फित थे। यह वह समय था जब देश पर इस्लाम धर्मावलम्बी विभिन्न वंशवालों का शासन चलता रहा था। इस रक्तहीन वैचारिक क्रान्ति ने इस देश की संस्कृति और धार्मिक अध्यात्मिक विशेषता को बचा लिया।

अरब में यहूदी-धर्म-संस्कृति को मिटाकर इस्लाम छा गया और इराक, ईरान, अफगानिस्तान सब में यहूदी-पारसी धर्म-संस्कृतियों को मिटाकर इस्लाम का परचम लहराया पर लगभग 500 वर्ष के शासन के बाद भी

भारत में इस्लाम फैला तो काफी, पर हिन्दू धर्म-संस्कृति को मिटाने में न उनकी तलवार कारगर हुई, न उनकी राजनीति और न ही उनका सुलह-कुल या सूफीमत कामयाब हुआ। इसका मूल श्रेय मध्यकालीन सन्तों-भक्तों और उनके सहजिया वैचारिक आन्दोलन को ही है।

इस आन्दोलन की पृष्ठभूमि में सहजिया सिद्धों, जैनों और नाथ योगियों के धार्मिक आन्दोलन थे। उन विविध सुधारवादी आन्दोलनों से बहुत कुछ लेकर और उसमें से बहुत कुछ छोड़कर भक्ति आन्दोलन का प्रवाह चला। इतना बड़ा यह आन्दोलन भारत में दूसरा कोई नहीं हुआ। इसके मूल में साधना और भक्ति तो थी ही पर साथ ही इसमें तत्कालीन राजसत्ता के मानसिक प्रतिरोध का स्वर भी मुखर था। सन्त कबीर जब अपने को बादशाह कहते हैं तो वह यह भी साधो, भाई, अवधू, काजी, पण्डित को सम्बोधित करके कहना चाहते हैं कि सन्त स्वयं अपने तन का और मन का बादशाह है। कोई और उसके लिए बादशाह नहीं। तुलसी बादशाहत और साहिबी केवल अपने आराध्य राम की स्वीकारते हैं। 'राम के गुलाम' तुलसी किसी और के गुलाम नहीं हैं। वे साफ कहते हैं—

हम चाकर रघुबीर के पट्यो लिख्यों दरबार।
तुलसी अब का होहिंगे नर के मनसबदार।

जब बड़े-बड़े कवि दरबार की चाकरी कर रहे थे और पुरस्कार तथा मनसब प्राप्त कर रहे थे तुलसी जैसे मुक्तसन्त अपनी स्वाधीन चेतना की अलख जगाते हुए कहते थे कि सबसे बड़ा दरबार राम का है और उसको छोड़कर किसी और की गुलामी का क्या अर्थ है? पूरी 'रामचरितमानस' उसी स्वाधीन चेतना की जागृति का सन्देश देता है। वनवासी राम को देखकर तुलसी के समकालीन इतिहास की झलक मिलने लगती है। राम लंका के महाप्रतापी रावण से लड़ने जा रहे हैं। जंगल में कुटी बनाकर रहते हैं। कन्दमूल-फल खाते हैं। बन्दर भालुओं की सेना जोड़ते हैं—दिग्विजयी रावण से लड़ने के लिए। उधर राणा प्रताप जंगल में घूमते फिरते हैं। घास की रोटी खाते हैं। कोल भीलों की फौज सजाते हैं और दिल्लीश्वर अकबर से लड़ने के लिए। राम साधनहीन थे उनके पास शौर्य और धैर्य के पहिये का रथ है और प्रताप के पास भी यही सहारा है। लेकिन तुलसी अपने

आख्यान में युग के राम को यह सन्देश देना चाहते हैं कि हे नवयुग के राम! यदि हमने कंचन और कामिनी की लालच की तो तुम्हारी भी वही दशा होगी जो कंचन मृग के पीछे दौड़नेवाले स्त्री की आकांक्षा में वशीभूत राम की हुई थी। मानव को कौन कहे पशुपक्षी भी मानो उन पर व्यंग्य कर रहे हैं "तुम आनन्द करहु मृग जाए। कंचन मृग खोजन ये आये।" इतना ही नहीं कि तुलसी पुराण की कथा द्वारा समकालीन इतिहास-बोध को जगा रहे थे अपितु अपने समाज की पराधीन मनोवृत्ति को कोसते भी थे। वे बहराइज में सैयद सालर मसूद गाजी की मज़ार पर लगनेवाले मेले में जानेवाले अन्ध विश्वासी समाज को सचेत करते है–

लही आँख कब अँधेरे बाँझ पूत किन जाय।
कब कुष्टी काया लही जग बहराइज जाय।

कबीर स्वाधीन थे-स्वतन्त्र थे। पन्थ से, स्वभाव से, जाति से, जड़ता से, पाखण्ड से, पण्डित से, मुल्ला से और राजा या बादशाह से। कहते हैं कि सिकन्दर लोदी ने उन्हें हाथी के पैरों कुचलवा देने का आदेश दिया। पागल हाथी आया, कबीर ने हँस दिया मतवाला हाथी कबीर के सामने से मुड़कर भाग चला।

इस सम्बन्ध में रामेश्वर शुक्ल 'अंचल' ने 'ज्योति पुरुष' में लिखा है–

भागा मतवाला हाथी पीछे की ओर दहलता।
शाही खेमें को घेरे रक्षकदल को रौंद कुचलता।
लोई कमाल में देखा, अब थमने लगी लड़ाई।
घन गर्जन सी जयध्वनि कबीर की पड़ने लगी सुनायी।।
थी जय मानवता की ही यह हत्यारी पशुता पर।
थी जय पवित्रता की मद से अंधी पामरता पर।।
थी जय जनता की यह अधर्म पर, अत्याचार अनय पर।।
थी जय कबीर की नहीं, जीत थी अडिग अभय की भय पर।।

इतने अडिग, अभय कबीर स्वाधीनता के भावी आन्दोलन के प्रथम पुरुष थे, जिन्हें लोदी ने बोरे में बाँधकर गंगा में बहा दिया था–धर्मदास उस बहते हुए बोरे के साथ-साथ गंगा के किनारे-किनारे चलते गये और किसी घाट पर बोरे से उन्हें निकाल लाये। ये ही कारण थे कि कबीर को

काशी छोड़कर मगहर जाना पड़ा। कबीर ने सिद्धान्तों को नहीं छोड़ा। सन्तों की यही कहानी विश्वभर में व्याप्त है। वह मंसूर हो या ईसा मसीह। आजादी के लिए फाँसी चूमने का भाग्य सन्तों के ही हैं। इसीलिए मुहावरा बन गया—यह मुँह और मंसूर की दार। (दार का अर्थ है रस्सी फाँसी की)

कबीर हों, मंसूर हो, ईसा हो या कोई सन्त भक्त हो, वह क्यों किसी से डरें—वह तो अमर है, मरजिया है। उसे सिर की चिन्ता नहीं, वह तो पहले ही सिर उतार चुका है। धरमदास कहते हैं—

सूँघत के बौरा गये पीयत के मरि जोई।
नाम रस जो जन पिए धड़ पर सीस न होई।

ऐसे सन्त अपने में ही रहते थे—वे सर्व तन्त्र स्वतन्त्र और सभी बन्धनों से परे स्वाधीन चेता होते हैं।

पूरे मध्यकाल के भक्ति आन्दोलन में चाहे निर्गुनिये सन्त हों या रामकृष्ण के भक्तकवि हों या सूफी सन्त और महाकवि हों, सभी स्वाधीन चेतना के प्रहरी थे और अपने-अपने ढंग से सबने अपनी आजादी का सन्देश दिया। सूरदास का कृष्ण चरित्र उनकी भक्ति के साथ कंस के तानाशाही शासन के विरुद्ध जन विद्रोह का प्रतीक भी था। जिसके नेता थे वासुदेव श्रीकृष्ण। मलिक मुहम्मद जायसी का पूरा महाकाव्य ही रत्नसेन पद्मिनी की निजी स्वतन्त्रता, मातृभूमि चित्तौड़ की स्वतन्त्रता और सामाजिक स्वतन्त्रता का आख्यान है। अपने दीन का पाबन्द मुसलमान होते हुए जायसी एक प्रतापी मुसलमान (अलाउद्दीन खिलजी) के काले कारनामें की भर्त्सना करते हैं—यह युगधर्म उस समय के सभी सन्त भक्त कवियों का हो गया था।

कृष्ण भक्त कवियों में कुम्भनदास, स्वामी हरिदास सभी को अकबर अपने दरबार में आमन्त्रित करके महिमान्वित होना चाहता था। कुम्भनदास तो शाही फरमान पर फतेहपुर सीकरी तक चले गये पर जब वहाँ जाने पर उनकी प्रतिक्रिया पूछी गयी तो उन्होंने साफ उत्तर दिया—

सन्तन सो कहाँ सीकरी सो काम।
आवत-जात पनहियाँ टूटी बिसरि गयो हरिनाम।

लेकिन इससे भी निर्भीक और स्वाधीन चेतना के स्वर में उन्होंने आगे कहा—

जाके सुख देखत दुःख उपजत, ताकों करिबे परी सलाम।।

जिसका मुख देखने में दुःख होता है उसे सलाम करनी पड़ी। मुख देख कर दुःख होने में बड़ी दूरगामी व्यंजना है, वह यह कि शाहंशाह बादशाह उपाधिकारी उस शासक को देखकर अपनी स्वाधीनता के ऊपर लगे ग्रहण का स्मरण करके दुःख हुआ।

स्वामी हरिदास का संगीत सुनने के लिए तो अकबर को तानसेन के साथ उसका भृत्य बनकर वृन्दावन जाना पड़ा था। इतने स्वाभिमानी और स्वाधीन हमारे सन्त थे।

महाराष्ट्र के प्रसिद्ध सन्त स्वामी रामदास जी छत्रपति शिवाजी के गुरु ही नहीं नार्गदर्शक और स्वराज्य-स्थापना के मन्त्रद्रष्टा थे। कहते हैं कि स्वामी जी भ्रमण करते हुए शिवाजी के स्वातन्त्र्य अभियान में सूचना देकर उनकी सहायता भी करते थे। जीते हुए किलों और सैनिकों की कुशलता का सन्देश वे पत्थर के कुछ टुकड़ों और घोड़ों की लीद, बाँधकर प्रसाद रूप में भेजकर देते थे। संकेत था कि तुम्हारे किले और घुड़सवार सुरक्षित हैं। इसी प्रकार बुन्देलखण्ड में स्वराज स्थापना करनेवाले बुन्देला वीर छत्रसाल के गुरु प्राणनाथ थे। स्वामी प्राणनाथ उस युग के प्रसिद्ध सन्त थे। उन्होंने जंगलों में अपने शिष्यों से छत्रसाल की सहायता ही नहीं करायी बल्कि उनका स्वतन्त्र राजा के रूप में अभिषेक भी स्वयं उन्होंने ही किया था।

प्रतिरोध की धारा और स्वधर्म, स्वराष्ट्र, स्वातन्त्र्य और स्वाधीनत्व का जो अन्तर्प्रवाह सन्त-भक्तों ने प्रवाहित किया था उसी के परिणामस्वरूप आगे चलकर जब राजशेखर और पण्डित जगन्नाथ जैसे लोग दिल्लीश्वरों वा जगदीश्वरोवा की विरुदावली गा रहे थे, गंग जैसे कवि अपनी स्वतन्त्र आवाज के लिए हाथी के पैरो तलों कुचलने के आदेश को सिर माथे लेते थे। श्रीधर कवि ने लिखा है कि सच्चे साधु राजदरबार में नहीं जाते थे जो जाते थे वह–

राजदुलारे साधुजन तीन वस्तु को जायँ।
कै मीठा, कै मान को कै माया को चाह।

अकबरी दरबार में समस्या पूर्तियाँ होती थीं, उनमें पूर्ति का विषय ऐसा रखा जाता था कि राजा या इस्लाम की प्रशस्ति समस्यापूर्ति में की जाय। श्रीधर कवि कभी चाटुकारिता की समस्यापूर्ति नहीं करते थे। सारी समस्याओं की पूर्ति में वे अपने भगवान् की महत्ता का बखान करते थे।

उनकी परीक्षा लेने के लिए समस्या रखी गयी—'करो मिलि आस अकब्बर की', श्रीधर ने छन्द बनाया—

अब के सुलतान भए फुरियान, से बाँधन पाग अटब्बर की,
नर की नरकी कबिता जु करै, तेहि काटिए जीभ अतब्बर की,
इक श्रीधर आस है हरि की, नहि आस अरै कोई बब्बर की
जिनको नहीं आस कछू जग में, सो करो मिलि आस अकब्बर की।

इसी प्रकार एक बार एक स्वाभिमानी कवि को झुकाने के लिए समस्यापूर्ति का विषय रखा गया—'हैं वहीं काफिर कि जो कायल नहीं इस्लाम के।''

कवि ने पूर्ति का छन्द प्रस्तुत किया—

लाम के मानिन्द हैं गेसू मेरे घनश्याम के।
हैं वही काफिर कि जो कायल नहीं इस 'लाम' के।

शहंशाहों, जहाँपनाहों, सुल्तानों के दरबार में हिम्मत से अपनी अस्मिता के लिए सिर कलम कराने से न डरनेवाले सन्तों-कवियों बुद्धिजीवियों ने जो प्रतिरोध की परम्परा विकसित की उसी का परिणाम था। 1857 का प्रथम स्वतन्त्रता संग्राम और उसी के साथ राजनीति, समाज और साहित्य में नवजागरण के युग का प्रारम्भ। साहित्य में जिसे नवजागरण या पुनर्जागरण कहते हैं, समाज में जिसे सुधार-आन्दोलन कहते हैं और राजनीति में जिसे स्वतन्त्रता-संघर्ष कहते हैं उनका भी सन्देश सन्तों और संन्यासियों ने दिया—स्वामी दयानन्द, रामकृष्ण, विवेकानन्द, अरविन्द, रामतीर्थ आदि की एक लम्बी सन्त-शृंखला ही थी जिसने इस सुषुप्त भारत की अस्मिता को जाग्रत किया और उसी की फलश्रुति में स्वामी श्रद्धानन्द, महात्मा गाँधी और सन्त विनोबा तथा न जाने कितने स्थानीय सन्त हुए जिन्होंने स्वाधीन चेतना के इस स्वर को परवान चढ़ाया। स्वाधीनता के क्रमिक विकास की सीढ़ियों का अध्ययन करनेवाला भलीभाँति देख सकता कि सन्त कबीर और गोस्वामी तुलसीदास के समय से चल रही स्वाधीन चेतना की अन्तर्धारा का ही पुनर्जागरण और स्वतन्त्रता आन्दोलन में विस्फोट हुआ। दोनों की दिशा एक है, उनकी अन्तःप्रक्रिया एक है और उनका लक्ष्य एक है।

पृथ्वीराज रासो में इतिहास

भारत के इतिहास का क्रमबद्ध व्यवस्थित लेखन मुस्लिम इतिहासकारों के द्वारा हुआ। सद्रुद्दीन हसन निज़ामी, मिनहाज अल सिराज, अमीर खुसरो, एसामी, जियाउद्दीन बरनी, अब्दुल कादिर बदायूनी, अबुल फज़ल आदि के फारसी ग्रन्थ ही सल्तनतकालीन और मुगलकालीन इतिहास के मुख्य स्त्रोत हैं। पर इस काल के इतिहास से सम्बन्धित प्राचीन ग्रन्थ, शिलालेख, मुद्राएँ तथा लोक गाथाएँ भी वैज्ञानिक अनुशीलन के साथ उस समय के इतिहास का आधार बन सकती हैं। कल्हण का राजतरंगिणी काव्य ग्रन्थ है, पर वह कश्मीर के प्राचीन राजाओं के इतिहास का एक प्रामाणिक दस्तावेज माना जाता है और पुराकालीन रघुवंशी राजाओं के लिए यही स्थिति कालिदास के 'रघुवंश' की है। पुराकालीन इतिहास के लिए वाल्मीकि के 'रामायण' और कृष्ण द्वैपायन वेद व्यास के 'महाभारत' में भी तथ्यानुसन्धान द्वारा सही इतिहास की तलाश की जा सकती है। प्राचीन काव्य ग्रन्थों में इतिहास की तलाश के लिए सर्वप्रथम उनके प्रामाणिक मूल पाठ का अनुसन्धान आवश्यक है। इन सभी ग्रन्थों में प्रक्षेप इतने अधिक हैं कि वह ही इनकी इतिहास की निकटता को सन्दिग्ध और विवादग्रस्त बना देते हैं। 'महाभारत' पर सीताराम विष्णु सुकथांकर ने भण्डारकर रिसर्च इन्स्टीट्यूट पुणे से उसके मूलपाठ पर कार्य किया था पर वे 'आदि पर्व' का ही पाठानुसन्धान और सम्पादन अपने जीवनकाल में कर सके थे। इनके पाठ में प्रचलित पाठ का बहुत ही न्यूनांश मूल माना गया है। इसी प्रकार पृथ्वीराज चौहान और सहाबुद्दीन गोरी के युद्ध का दस्तावेज 'पृथ्वीराज रासो' के वृहद संस्करण में प्रक्षेपों का अम्बार है जिनमें समकालीन मुस्लिम इतिहासकारों के तथ्यों के विरुद्ध तिथि और नाम तक आ गये हैं। उसका

प्रामाणिक पाठ डॉ. माताप्रसाद गुप्त ने प्रस्तुत किया है जो वृहद् पाठ का लगभग दशांश भी नहीं है और इतिहास के पर्याप्त निकट है। अतः प्राचीन साहित्यिक ग्रन्थों और लोक गाथाओं का भी विवेक सम्मत उपयोग भारत के प्रामाणिक इतिहास निर्माण में आवश्यक है। 'मनुस्मृति' में बहुत कुछ ऐसा है जो मनु जैसे विवेकशील पण्डित का होने में सन्दिग्ध है पर आज जो पाठ उसका है, वह अत्यन्त प्रक्षिप्त है। अतः सही पाठ निकालने पर मनु की दृष्टि ज्ञात हो पाती है।

मुस्लिम इतिहासकारों ने सुल्तानों और बादशाहों के साथ दरबार में, युद्ध में, राजमहल परिसर में रहकर प्रत्यक्षदर्शी के रूप में इतिहास लिखा है। अतः आधारभूत सामग्री के रूप में उनके इतिहास को सामने रखना आवश्यक है पर जैसा का तैसा उन्हें स्वीकार करना भारत के इतिहास-लेखन में अत्यन्त खतरनाक है। उसका कारण उनकी पक्षपातपूर्ण दृष्टि है। तथ्यों का बढ़ाना, छिपाना और रंगीन वर्णन करना उनका शगल था। डॉ. हरिशंकर श्रीवास्तव ने 'मध्यकालीन इतिहास लेखन' नामक ग्रन्थ की भूमिका में इनके बारे में लिखा है—सल्तनत काल के फारसी के सभी इतिहासकार इस्लाम धर्मानुयायी एवं समकालीन इस्लामी परम्पराओं में पूर्ण विश्वास करते थे। इनमें अधिकतर उल्मा थे। (यही बात मुगलकालीन इतिहासकारों के बारे में भी सत्य है) यह सल्तनत को धर्मतन्त्र का आधार मानते थे। यह लेखक गैर मुसलमानों के साथ युद्ध को जिहाद (धर्मयुद्ध) कहते हैं। युद्ध में मरने वालों को यह शहीद (जन्नत में जानेवाले) और गैर मुसलमानों को दोजख (नरक) में जानेवाले कहते हैं। उनका यह पूर्वाग्रह, कट्टरपन उनके लेखन में स्पष्ट है। इनके कई ग्रन्थ राज्याज्ञा से लिखे गये हैं या सुल्तान को समर्पित हैं। इन ग्रन्थों में सुल्तान की गौरवगाथा है। इन इतिहासकारों के वर्णन सन्तुलित नहीं है। किसी सामान्य घटना का वृहद वर्णन है तो अतिमहत्त्वपूर्ण घटना का उल्लेख मात्र है। कई में महत्त्वपूर्ण घटनाओं का उल्लेख भी नहीं किया है।''

इस दृष्टि से रावल समरसिंह का उदाहरण लिया जा सकता है। पृथ्वीराज रासो में एक रावल समर सिंह का उल्लेख है पर डॉ. गौरीशंकर हीराचन्द ओझा ने 'राजपूताने का इतिहास' पृ. 475-482 में लिखा है—''आबू के

शिलालेख में लिखा है कि समरसिंह ने तुरुष्क (मुसलमान) रूपी समुद्र में गहरे डूबे हुए गुजरात देश का उद्धार किया'' शिलालेख इस प्रकार है—

आद्यः क्रोडवपु, कृपाण विलसदंद्रष्टांकुरोक्षण
न्मग्नामुद्धरति स्म गुर्जर मही मुच्चैस्तरुष्कार्णवात्
तेज सिंह सुतः स एष समरः क्षोणीस्वेश्वर ग्रामणी
राधन्ते वलिकर्णयोर्धुरमिलागोलबदान्योधुना।

(आबू शिलालेख, ई.ए. जिल्द 17, पृ. 3150)

शिलालेख वि.सं. 1342 (1285 ई.) का है। अतः यह प्रसंग अवश्य ही इसके पूर्व का होना चाहिए। डॉ. गौरी शंकर हीराचन्द ओझा ने अनेक पुरातात्त्विक प्रमाणों से इस प्रसंग को सत्य सिद्ध किया है पर यह प्रश्न अनुत्तरित रह जाता है कि रावल समर सिंह ने किस तुर्क आक्रान्ता के आक्रमण ज्वार से गुजरात को मुक्त कराया। ओझा जी का अनुमान है कि बलबन या उसके किसी सेनापति ने चित्तौड़ पर आक्रमण किया था। ''आदि तुर्ककालीन भारत' में सैयद अतहर अब्बास रिजवी ने इतिहास-लेखक अब्दुल मलिक एसामी के फुतुहस्सलातीन'' के हवाले से लिखा है कि शासन के दूसरे ही वर्ष बल्बन ने चित्तौड़ पर आक्रमण किया। पर ये समरसिंह चित्तौड़ नरेश समरसिंह नहीं है अपितु बूँदी (हाड़ौती) के समरसिंह हैं जो 1243 ईं. में गद्दी पर बैठे। बलबन 1266 ई. में गद्दी पर बैठा। अतः ये इसके समकालीन थे। इनके सम्बन्ध में इतिहास-ग्रन्थों में उल्लेख मिलता है कि समरसिंह के पिता सरदार देवसिंह मेवाड़ के राणाओं के सामन्त थे। उन्होंने 1241 ई. में मीणाओं से राजस्थान दक्षिण-पूर्वी भाग की बूँदी घाटी छीनकर हाड़ौती राज्य की स्थापना की। समरसिंह हाड़ा भी एक वीर पराक्रमी और महत्त्वाकांक्षी शासक था। माना जाता है कि उसने तुर्क सुल्तान बलबन के साथ सफल संघर्ष किया। किन्तु अलाउद्दीन खिलजी के साथ वह संघर्ष में मारा गया।

अब विचारणीय है कि इस रावल समर सिंह के बारे में समकालीन मुस्लिम इतिहासकार मौन हैं तो क्या इसे कपोल कल्पना मानकर हम छोड़ दें या समकालीन पुरातात्त्विक साक्ष्यों, साहित्य-ग्रन्थों, ख्यातों-विवरणों आदि के आधार पर समरसिंह के वीरत्वपूर्ण स्वाभिमानी इतिहास का

पुनर्लेखन करें? निश्चय ही यह रावल समरसिंह मेवाड़ के राणाओं के वंशज थे पर मेवाड़ नरेश नहीं थे। हाड़ौती बूँदी के राजा थे। कर्नल टाड ने एक अन्य रावल समरसिंह के सम्बन्ध में लिखा है जो पूर्वोक्त समर से 100 वर्ष पूर्व हुए थे वे गोरी के साथ उसके युद्ध में पृथ्वीराज के एक प्रबल सहायक के रूप में थे। इसका प्रमुख आधार चन्दबरदाई का पृथ्वीराज रासो है। 'पृथ्वीराज रासौ' इतिहास-समर्थित ग्रन्थ नहीं है। पर उसमें वर्णित प्रमुख बातें ऐतिहासिक हैं भले ही वे अतिरंजित हों। इस दृष्टि से पृथ्वीराज के समकालीन समरसिंह का सन्धान भी इतिहासविदों का काम है। शहाबुद्दीन गोरी के साथ युद्ध में समरसिंह और उनका पुत्र कल्याण वीरगति को प्राप्त हुए। इस प्रसंग को कविराज श्यामल दास ने अनैतिहासिक बताया है और कहा है कि समरसिंह पृथ्वीराज से 100 वर्ष बाद में हुए। स्पष्ट ही 100 वर्ष बाद के बलबनकालीन हाड़ौती नरेश रावल समरसिंह उनके ध्यान में रहे होंगे। मोहनलाल विष्णुलाल पाण्ड्या ने इस प्रसंग को ऐतिहासिक माना है और राजसमन्द पर एक बड़े शिलालेख पर माघ सुदी पूर्णिमा सं. 1722 वि. के एक शिलालेख का हवाला दिया जिस पर लिखा है—

त तः समरसिंहाख्यः पृथ्वीराजस्य भूपते।
पृथाख्यायाभगिन्यास्तु पतिरित्यतिहार्दतः ।।24।।
गोरी शहाबुदीनेन गज्जनी शेन संगरम्।
कुर्वतो अखर्वगर्वस्य महासामन्त शोभिनः ।।25।।
दिल्लीश्वरस्य चौहाननाथस्यास्य सहायकृतः।
स द्वादशसहस्त्रैः स्वैरवीराणां सहितो रणे।।26।।

(समरसिंह ने भूपति पृथ्वीराज की बहन पृथा का पति होने के नाते बड़े प्रेम से 12,000 वीरों के साथ चौहाननाथ पृथ्वीराज को गजनी के बादशाह शहाबुद्दीन गोरी के साथ युद्ध में प्रवृत्त होने पर सहायता की।)

उन्होंने 'भीखा रायसा' के उल्लेख से बताया कि समरसिंह पृथ्वीराज के समय में हुए। उनसे अन्तिम चौहान राजेश्वर पृथ्वीराज की बहन विवाही थी और शहाबुद्दीन गोरी के साथ युद्ध में अपने साले को सहायता दी थी।

बद्धागोरिपतिं दैवात् स्वर्यातः सूर्यबिम्बमित्।। 27।।
भीखारासा पुस्तकेस्य युद्धस्योक्तेस्तु विस्तरः।

उपर्युक्त श्लोक अन्यत्र मिला था जिसे पाण्ड्या जी ने अपने मेवाड़ के इतिहास के पृष्ठ 17-18 पर यह उल्लेख किया है।

चन्दबरदाई ने अपने पृथ्वीराज रासो में अनंगपाल (दिल्ली नरेश) के समकालीन नरेशों के वर्णन में लिखा है—''लोहे शरीर चालुक्यराज, भोला भीम पाटन नगर में स्थित है। आबू पर्वत पर प्रमारवंशीय जित, रणक्षेत्र में धुव्र नक्षत्र के समान अटल अचल हैं। मेवाड़ में समर सिंह हैं जो अत्यन्त पराक्रमी से भी कर ग्रहण करते हैं और दिल्लीश्वर के शत्रु कठोर यवनों के मार्ग को रोकनेवाले लोहे की शलाका के समान विराजमान हैं। मरुभूमि के प्रतापस्वरूप अपने बल से बलवान, निडर, तेजवान, मुकुन्दराज नाहर इन सबके मध्य में विराजमान है।

टाड के अनुसार समरसिंह के पूर्व तेजसिंह चित्तौड़ का राजा था और समरसिंह का पुत्र कर्णसिंह कुछ ही काल राजसिंहासन पर रहा और उसका निधन हो गया। उससे उपरान्त कुछ काल तक चित्तौड़ राज में सत्ता-संघर्ष की अराजकता रही। सिन्धु देश के राजा भरत के पुत्र राहुल ने सरदारों को हराकर राज सत्ता प्राप्त की और उसकी दसवीं पीढ़ी में राजा लक्ष्मण सिंह (लक्खमसी) सत्तारूढ़ हुए जो कम उम्र के थे। अतः राजपाट भीम सी चलाते थे जिनकी पत्नी परम सुन्दरी पद्मिनी कही जाती है। इसी के समय में अलाउद्दीन का चित्तौड़ पर आक्रमण हुआ। 'पद्मावत' में कवि मलिक मुहम्मद जायसी ने भीम सी के स्थान पर पद्मिनी के पति राजा रत्नसेन का नाम लिया है, जो भी हो अलाउद्दीन के चित्तौड़ पर आक्रमण से पर्याप्त पूर्व समरसिंह का होना कर्नल टाड और समकालीन साहित्य में मिलता है।

इस प्रकार पृथ्वीराज रासो में उल्लिखित रावल समरसिंह का तेजोदीप्त चरित्र यह अपेक्षा करता है कि इस इतिहास की तलाश की जाय। जब तक मेवाड़ के राजवंश का पूर्ण विवरण बप्पा रावल से लेकर उदयसिंह और राणाप्रताप तक का न प्राप्त हो जाय तब तक साहित्यिक ग्रन्थों में प्राप्त विवरणों के भी सन्दिग्ध रूप में ही सही चलते रहने देना चाहिए। साहित्य में प्राप्त इतिहास यदि सत्य इतिहास नहीं होता तो सत्य का कुछ अंश अवश्य उसमें विद्यमान रहता है। भारतीय इतिहास की अनेक अमूल्य सामग्रियाँ साहित्यिक ग्रन्थों में भरी पड़ी हैं। इस दृष्टि से 'रासो' के

अतिरिक्त जायसी के 'पदुमावति और केशवदास' के 'वीरसिंह देव चरित' और 'जहाँगीर जस चन्द्रिका' जैसी साहित्यिक रचनाओं के अध्ययन से इतिहास के कुछ अदृश्य पृष्ठों का पता चलता है जो भावी इतिहास लेखकों के शोध की दिशा प्रशस्त कर सकते हैं।

सन्दर्भ

1. भारतीय इतिहास की मूल धाराएँ : कालूलाल शर्मा और राजेश्वर व्यास (96) पृ. 292.
2. राजस्थान का इतिहास : कर्नल जेम्स टाड (अनु. बलदेव प्रसाद मिश्र) सं. 1964 प्रथम भाग, पृ. 144-145.
3. वही, पृ. 130.

विक्रमादित्य : इतिहास और साहित्य में

संस्कृति जातीय स्मृति का वह नवनीत है, जो विषम काल के दुर्दम वात्याचक्र में भी बची रहकर वर्तमान को स्निग्ध करती है तथा भविष्य का पथ आलोकित करती है। मनीषियों ने इसीलिए संस्कृति को परिभाषित करते हुए कहा है कि, ''जो जातीय स्मृति में शेष रह जाती है, वही संस्कृति है। जो विकृत है, विरस है, विपरीत है, वह भूल जाता है और जो श्रेष्ठ है, उदात्त है, उज्ज्वल है, उल्लेख्य है और साथ ही उदार है, ऊर्ध्वचेता और मानवीय है वही स्मरण रह जाता है—शेष रह जाता है।'' भारत के प्राचीन इतिहास में जो स्वर्णिम पृष्ठ हैं, वे गहन अंधकार में डूबे हैं। उन्हें भुलाने के लिए विदेशी शासकों ने कोई कसर नहीं छोड़ी, पर वह सुनहला पृष्ठ लोक-हृदय पर अंकित रह गया, लोकश्रुतियों, लोकगीतों, पुराणों, गाथाओं काव्यों में उसकी आभा झलक मारती रही है। यह दंश भारतीय इतिहास के गौरवपुरुष विक्रमादित्य की गाथा को झेलना पड़ा।

विक्रमादित्य और उज्जयिनी (अवन्तिका) का नाभि-नाल सूत्र जुड़ता है। विक्रमादित्य के पौरुष की गाथाएँ, उनके न्याय की कहानियाँ, महाकाल और शिप्रा से उनका काल भले ही क्रमबद्ध इतिहास के पृष्ठों पर अंकित न मिले पर शिप्रा और उसके तट पर बसी अवन्तिकापुरी उज्जयिनी के कण-कण साक्षी हैं, कि इसी नगरी में कोई महाप्रतापी सम्राट् विक्रमादित्य हुआ था जिसने ईसवी सन् से सत्तावन वर्ष पूर्व शकों का उच्छेदन करके उन्हें भगाया था, उसकी स्मृति में संवत् चलाया था जो विक्रमीय संवत् के नाम से प्रसिद्ध है। इन्हीं के जीवन के कुछ सूत्रों को एकत्र करके तत्कालीन धर्म संस्कृति के द्वन्द्वों और राजतन्त्र की गतिविधियों की रंग-रेखाओं से सज्जित करके 'शिप्रा साक्षी है' ऐतिहासिक उपन्यास की पटकथा को बुना गया है।

''ऐतिहासिक आधार है कि ई.पू. छठवीं से ही ईरानी और यूनानी जातियों का आक्रमण भारत पर प्रारम्भ हो गया था। ई. पू. चौथी शती में सिकन्दर का प्रसिद्ध आक्रमण हुआ था। तब से विक्रमादित्य के समय तक (ई. पू. पहली शती तक) लगातार बाहरी आक्रमण इस देश पर होते रहे।'' प्रतिरोध भी हुए। आक्रान्ता खदेड़े गये। पर उनका हौसला पस्त नहीं हुआ। वह समय था जब भारत गणराज्यों में बँटा था पर उनमें एका नहीं था–परस्पर एक-दूसरे से बड़ा बनने और दूसरे को नीचा देखने की प्रवृत्तियाँ थीं। अतः कभी सामूहिक प्रतिरोध नहीं हुआ। इस्लाम का आगमन हो रहा था और बौद्ध-जैन-शैव-शाक्त-वैष्णव में कटुता के भाव थे। धर्म संस्थाएँ जड़ता-मूढ़ता की शिकार तो हो ही गयी थीं, वे व्यभिचार, विलास और षड्यन्त्र का केन्द्र भी बन गयी थीं। राजाश्रय और राजवृत्ति की लालच से इनमें से कुछ आक्रमणकारियों को आमन्त्रित करते, उनके लिए गुप्तचरी करते और उनके विरुद्ध लड़ने वालों के विरुद्ध षड्यन्त्र रचते थे। सारा परिदृश्य विक्रमादित्य के समय का था।

इसी सांस्कृतिक वातावरण की सृष्टि अपनी सिद्ध लेखनी से शत्रुघ्न प्रसाद ने की है पर साथ ही प्रामाणिक ऐतिहासिक सूत्रों का भी विनियोग उन्होंने भरपूर किया है। उनके इस उपन्यास में मुझे कुछ भी ऐसा नहीं मिला जो इतिहास-विरुद्ध है या अनैतिहासिक है। डॉ. राजबली पाण्डेय की पुस्तक 'विक्रमादित्य ऑफ उज्जयिनी' इस समय का एक शोधपूर्ण प्रामाणिक इतिहास प्रस्तुत करती है। मुझे लगता है कि उपन्यासकार ने उस ढंग के ग्रन्थों के तथ्यों को पढ़ा है, गुना है, पचाया है और सामग्री को अपनी कल्पना की तूलिका से साहित्यिक सांस्कृतिक रंग-रेखाओं के प्रभावी ढंग से सफलता प्राप्त की है।

विक्रमादित्य के सम्बन्ध में डॉ. राजबली पाण्डेय लिखते हैं–''71 ई.पू. शकों का आगमन प्रथम आक्रमण के रूप हुआ। ...कण्व कालीन जातियों ने सफलतापूर्वक शकों का विरोध किया। मालवगण के केन्द्र उज्जयिनी के प्रमुख विक्रमादित्य ने सभी गणतन्त्रों का विशाल संघ बनाया। शकों को कुछ प्रारम्भिक सफलता भी मिली थी और अवन्ति पर उन्होंने अधिकार भी कर लिया। विक्रमादित्य के नेतृत्व में गणसंघ ने 57 ई. पू. शकों को मालवा में

पराजित किया और देश के बाहर खदेड़ कर निकाल दिया। इस विजय के उपलक्ष्य में मालवगण ने एक संवत् का प्रवर्तन किया जो प्रारम्भ में कृत, फिर मालव और अन्त में विक्रम-संवत कहलाया।'' (राजबली पाण्डेय : प्राचीन भारत पृ. 196) यही सूत्र उपन्यास का मूल उपजीव्य है।

कथानक के स्रोत : विक्रमादित्य के सम्बन्ध में जानकारी का मुख्य स्रोत जैन ग्रन्थ 'कालकाचार्य कथानक' भी इसमें सहायक है। राजबली पाण्डेय के अनुसार अन्य क्षेत्रों से शकों के सम्बन्ध में जो इतिहास मालूम है, इससे कालकाचार्य कथानक की पुष्टि होती है। 'कथानक' में ''उज्जयिनी नरेश गर्दभिल्ल (उपन्यास में गंधर्वसेन) के अत्याचार से तंग आकर जैन आचार्य कालकाचार्य पारस (पार्थिया) के सग (शक) वंशवालों से मिले और शकों को उज्जयिनी पर आक्रमण करने को प्रेरित किया। कालक के कहने पर 96 साहियों ने भारत पर आक्रमण किया। पहले उन्होंने सिन्धु के गणराज्यों और यवनसत्ता के अवशेष को समाप्त किया। इसके बाद सुराष्ट्र के गणराज्यों को समाप्त किया। वहाँ से लाट के राजाओं को समाप्त कर शकवंश की स्थापना की। वहाँ से लाट के राजाओं को अधीन करते और अपने साथ लेते हुए अवन्ति पर आक्रमण किया। युद्ध में उज्जयिनी का राजा गर्दभिल्ल पराजित और निर्वासित हुआ। शकों ने अवन्ति पर अपना राज्य स्थापित किया। इसके 14 वर्ष बीत जाने पर (57 ई. पू.) गर्दभिल्ल के पुत्र विक्रमादित्य ने अपनी शक्ति का संगठन कर शकों को उज्जयिनी से खदेड़ा और विक्रम संवत् का प्रवर्तन किया।'

जैन ग्रन्थ 'कालकाचार्य कथानक' में ही कालकाचार्य की बहन सरस्वती के अपहरण की कथा भी है। इतिहास इस बात का भी साक्षी है कि उज्जैन में जैनियों और शैवों में कलह रहता था। अतः उज्जैन-नरेश जो शैव था उसने जैनाचार्य के विरोध की बात स्वाभाविक की थी। जैसे पूर्व समय में यूनानी आक्रान्ताओं को पंजाब और सीमाप्रान्तों के बौद्ध संघराजों ने सहायता की थी, उसी प्रकार अवन्ति, सुराष्ट्र और लाट के जैन आचार्यों एवं कुलों ने शकों का सहयोग किया और अवन्ति के पतन में सहायक हुए।

मथुरा में शक महाक्षत्रप राज कर रहे थे। यहाँ का प्रारम्भिक शासक 'हमामस' था। उसके बाद 'खरओस्त' और उसका दामाद 'रज्जुबुल'

शासक हुए। उपन्यास में यही 'रज्जुबुल' राजबुल है और इसी का पुत्र 'शोडास' था जो पिता के बाद महाक्षत्रप हुआ। इसी शोडास के नेतृत्व में शाहियों ने उज्जियनी पर आक्रमण किया था। उपन्यास में शोडास से ही विक्रमादित्य का युद्ध हुआ।

इस उपन्यास का आन्ध्र के सातवाहन वंश के शासक शातकर्णी की विशालवाहिनी के सहयोग से विक्रमादित्य की शक-विजय का प्रसंग भी इतिहास समर्थित है। शकों के दूसरे आक्रमण ई.स. 57 के पूर्व में प्रथम शातकर्णी ही था। मगध के कण्व ने सम्राट सुशर्मा को मारकर शिमुक शासक बना और शिमुक के बाद उसके भाई कृष्ण ने फिर उसके पुत्र शातकर्णी ने शासन किया। इसका शासन महाराष्ट्र तक फैला था। यही शातकर्णी विक्रमादित्य का समकालीन प्रतीत होता है। अन्य दो शातकर्मी-गौतमीपुत्र शातकर्णी और यज्ञश्री शातकर्णी तो परवर्ती काल के हैं।

इस प्रकार शत्रुघ्न प्रसाद ने 'शिप्रा साक्षी है' के कथानक के लिए इतिहास के गह्वर में से कथा के सूत्रों की तलाश की। नामों (कम-से-कम प्रमुख पात्रों के नामों) में ऐतिहासिकता है। विजय की इतिहास-समर्थित सामग्री है।

रचना का उद्देश्य—उपन्यास अतीत स्मरण का अथवा 'इतिहास के गड़े मुर्दे उखाड़ने' का प्रयास नहीं है। 'इतिहास अपनी पुनरावृत्ति करता है'। नाम, प्रसंग और काल तो बदलते हैं, पर मानव-वृत्तियाँ पुनरावृत्त होती हैं। महाभारत बीते युग हो गया, पर तद्‌युग छल-कपट, सत्ता के लिए सभी मर्यादाओं का उल्लंघन, अभिमान, वंशमोह, स्वार्थ-लिप्सा की संकीर्णता और दिनकर के शब्दों में 'शील से सुलझा न सकना आपसी व्यवहार, जूझना रह-रह उठा उन्माद की तलवार' जैसी प्रवृत्तियाँ विक्रमादित्य के काल में भी थीं और शिवाजी, राणा प्रताप के समय में भी थीं और आज भी हैं। तब भी श्रीकृष्ण, छत्रपति, राणा ने संकीर्णताओं से ऊपर उठकर समाज के विभिन्न वर्गों को संगठित करके देश का नेतृत्व किया था और वर्तमान युग में भी प्रकाशपुंज आते हैं और पूरा समाज उनके पीछे खड़ा हो जाता है। इसी दृष्टि से उपन्यासकार की सजग लेखनी ने विक्रमकालीन

इतिहास को अपने कथानक में ऐसा बल दिया है कि उस अतीत के आइने में आज का वर्तमान झाँकता हुआ स्पष्ट दिख जाता है। इतना ही नहीं इस गर्हित वर्तमान की अँधेरी रात में यह उपन्यास यह प्रच्छन्न संकेत भी करता चलता है कि इस अंधकार को विदीर्ण करके प्रकाश विकीर्ण करनेवाला अंशुमाली भी आने ही वाला है—ऐसी भी कोई रात है जिसका सहर न हो! गरज यह कि यह उपन्यास अतीत और वर्तमान को समेटे हुए उज्ज्वल भूत के साथ मलिन वर्तमान के संकेत द्वारा किसी हताशा, निराशा और पलायन का सन्देश नहीं देता है, अपितु राष्ट्रीय स्वाभिमान, सांस्कृतिक समरसता, पन्थीय स्वातन्त्र्य के साथ राष्ट्रभाव की जागृति द्वारा पुनः राष्ट्र को गौरवशाली विजगीषु शक्ति बनाने का उद्वेलन करता है।

कथा के सूत्रों में रचनाकार ने समाज-निर्माण की संकल्पना को कैसा गूँथ दिया है, उसे उपन्यास के प्रारम्भ में बालक विषमशील (विक्रमादित्य) के मन में उठे प्रश्न द्वारा समझा जा सकता है। महाकाल के दर्शनार्थ माँ के साथ जाते हुए भिखारियों की पंक्ति देखकर यह प्रश्न उठता है—'उज्जयिनी में इतने भिखारी हैं, माँ?' माँ। माँ के समाधान से भी बालमन सन्तुष्ट नहीं होता और वह कहता है—''पर यह ठीक नहीं है, माँ'। यह दृश्य बदलना चाहिए। उज्जयिनी की पाठशाला का आचार्य उन्हें पढ़ाता है, कि 'आसेतु हिमाचल एक देश है' तो विषमशील का मन फिर प्रश्नाकुल हो उठता है—उज्जयिनी, लाट, आंध्र-सभी एक ही देश के अंग हैं। परन्तु सभी तो लड़ते हैं। प्रबल, दुर्बल को दबाना चाहता है। अवन्ती का अहंकारपूर्ण व्यवहार...लाट का संघर्ष...फिर एकता की भावना कैसे आ सकती है। यह आपस का द्वेष-द्वन्द्व ही सच है।' कि यह प्रसंग पढ़ते हुए, तेलंगाना के लिए परस्पर कट-मरने का द्वन्द्व, अलग विदर्भ, अलग पूर्वांचल के साथ ही भाषा, पन्थ, बोली के लिए कटुता और आन्दोलन का प्रसंग हमें स्मरण नहीं आ जाता है?

पूरे उपन्यास का मुख्य वैचारिक बिन्दु राष्ट्रवाद बनाम क्षेत्रवाद, पन्थवाद आदि के वाद-प्रतिवाद से गुजरता हुआ अन्त में उस वाद और प्रतिवाद के संश्लेशण में उभर कर आता है। आचार्य ने बताया कि ''हाँ शील! पर वंशाभिमान उचित नहीं। अभिमान व्यक्ति के लिए नहीं देश के

लिए हो। मन में केवल देश के लिए अभिमान हो। अपनी संस्कृति का गौरव-भाव हो, और कोई दम्भ नहीं। देशाभिमान को छोड़कर अन्य अभिमान अशुभ होगा।" आचार्य का यह कथन तो आदर्श है, यथार्थ क्या है, इसे विषमशील जानता है। वह तुरन्त बोल उठता है—"परन्तु इस देश के शासक देशाभिमान से शून्य हैं। कदाचित् इसीलिए विदेशी आक्रमण. ..'। उस समय विषमशील का पिता ही 'देश का शासक' है, जो दम्भी है, कामी है, विलासी है और राष्ट्रभाव से शून्य अपने राज और स्व का ही स्वार्थ चाहता है। देश का भावी नेतृत्व करनेवाला बालक अपने पिता के इस विपरीत आचरण के प्रति भी जुगुप्सा से भरा है। आज के भारतीय गणराज्य के शासक देशाभिमान से शून्य नहीं हैं। पर इसी मनोवृत्ति के कारण देश की सीमाओं पर शत्रु की दस्तकें और आतंकवाद की नकाब डाले विदेशी शक्तियों के आक्रमण नहीं हो रहे हैं। पूरे उपन्यास के अलग-अलग प्रसंगों में वाद-प्रतिवाद चलता है। अन्त में जब अवन्ति शकों का उच्छेदन करके विजयिनी होती है और महाराजा विक्रमादित्य के जय घोष से धरती-आकाश गूँज उठते हैं तब भी विक्रम को 'राष्ट्र देवो भव' का सूत्र स्मरण है और वह जयध्वनि करनेवालों को संबोधित करके कहता है—-

"नहीं व्यक्ति की नहीं...मालव गण की जय...आचार्य कालकदेव की जय...'अपने इस भारतवर्ष की जय...स्मरण रखें।"

इस देश-भाव में पन्थीय अहं और द्वन्द्व में बाधा डालता है। उस समय शैव-शाक्त-बौद्ध-जैन की कटुता ने स्वाधीनता और शान्ति का क्षय किया था और आज की साम्प्रदायिक-पांथिक अहं वही कार्य करता है। गन्धर्वसेन के शासन में शकों से पदाक्रान्त पराधीन अवन्ति के पुनः स्वाधीन करने के लक्ष्य की ओर अग्रसर कुमार सोचता है—

"पिता की एक भयानक दुर्बलता...परिणाम भयावह। आचार्य ने क्रोध में शकों को बुला लिया। सम्पूर्ण उज्जयिनी एक बर्बर वासना के कारागृह में बन्द कर दी गयी।...शैव, जैन, बौद्धों के परस्पर ईर्ष्या-द्वेष से लाभ उठाकर वे (शक) आ गये और वे सबों को मुट्ठी में करके अट्टहास करेंगे।"

इसी प्रसंग में रचनाकार ने दिखाया है कि राजतन्त्र, धनतन्त्र और धर्मतन्त्र के भ्रष्ट होने पर राष्ट्र के पतन का रास्ता खुल जाता है। राजा गन्धर्वसेन रूपलोभी, कामुक और चाटुकार पसन्द है। राजनर्तकी विद्युतलेखा के लिए उसने भव्य भवन बनवाया है और उसके नृत्य और रसभंगिमा पर ही मुग्ध नहीं है अपितु उसके आलिंगन और भोग का भ्रमर भी है। साध्वी सरस्वती का अपहरण करके कालकाचार्य को दुःखी करता है और उस सा‍ि त्वक साध्वी के लिए भी विशाल भवन या विलास भवन बनवा रहा है। यह सब कार्य तब हो रहा है जब सीमा पर शक दस्तक दे रहे थे। लाट पर आक्रमण का प्रतिरोध करना तो दूर शकों की लाट-विजय पर भी अपनी मोह निद्रा त्याग न सका। सेना के पास अस्त्र नहीं, सैनिकों के वेतन के लिए पैसे नहीं पर विलास पर व्यय में कोई कमी नहीं। ऐसे भ्रष्ट राजतन्त्र को, आचार्य धवल का समर्थन है। धवल भी नर्तकी विद्युतलेखा पर फिदा हैं। पहले महाकाल मन्दिर में उसे देवदासी बनाना चाहता था पर राजा ने उसे राजनर्तकी के रूप में माँग लिया। उधर नगरश्रेष्ठि ने राजा के इन आचरणों का विरोध किया तो वे बन्दीगृह भेज दिये गये और चाटुकार, वेश्यागामी और अशुद्ध व्यापार द्वारा धन कमानेवाला धनदत्त नगरश्रेष्ठि बनता है। वह स्वार्थी और लम्पट है। इन तीनों तन्त्रों-राजतन्त्र, धर्नतन्त्र और धनतन्त्र-की भ्रष्टता और इनकी दुरभिसन्धि अवन्ति की दुर्दशा का कारण बनती है।

विक्रमादित्य ने आन्ध्र, लाट, सुराष्ट्र सबके साथ मिलाकर शकशाहि शोडास की सेना का प्रतिरोध करके विजय प्राप्त की। उसने धर्म की मर्यादा को रखा, सामाजिक समरसता को बढ़ाया और धर्मतन्त्र, धनतन्त्र और राजतन्त्र सभी को श्रेष्ठ बनाकर वैभवशाली, शक्तिशाली, सुखी समाज के साथ सुदृढ़ राजसत्ता की स्थापना की।

खण्ड–3

विमर्श

गोरखनाथ का भारतीय अध्यात्म पर प्रभाव

गुरु गोरखनाथ का अवतरण उस काल में हुआ जब भारतीय संस्कृति, समाज और धर्म एक संकट के दौर से गुजर रहा था। नौवीं सदी में सामान्यतः विद्वानों ने गोरखनाथ का होना स्वीकार किया है। इसके पूर्व भारत में बौद्धमत अपने सर्वसमावेशी आचरण तथा राजाश्रय के प्रभाव से सम्पूर्ण उत्तर भारत से लेकर दक्षिण-पश्चिम एशिया के ईरान, अफगानिस्तान; दक्षिण में श्रीलंका और पूर्वी देशों ब्रह्मा, तिब्बत, चीन, मंगोलिया, पूर्वीद्वीप समूह तक प्रसार पा चुका था। पर आगे चलकर बौद्धों के हीनयान और महायान में विभाजन और महायान के मन्त्रयान, वज्रयान, सहजयान में परिणत होकर बिखराव की स्थितियाँ भी आयीं। उस समय इस्लाम का प्रवेश भी भारत में हो चुका था। इसके साथ टकराव में प्राचीन ब्राह्मण धर्म अपनी शक्ति खो चुका था। शंकराचार्य ने वेदान्त का प्रचार कर हिन्दू एकता को सैद्धान्तिक स्तर पर बचाने का प्रयास किया तो व्यावहारिक रूप से चार आश्रमों और चौंसठ पीठों की स्थापना करके उन्हें एकता के सूत्र में जोड़ने का बड़ा काम किया। पर वैदिक कर्मकाण्ड, पशुबलि, छूआछूत, पाखण्ड आदि के जिस विरोध में बौद्धधर्म ने जड़ जमायी थी, उसी बौद्ध के नागार्जुन आदि शून्यवादियों के अनुसार शंकर ने भी अपना तर्कशास्त्र निर्मित किया था। अतः उन पर प्रच्छन्न बौद्ध होने का आरोप भी कर्मकाण्डी पण्डितों ने लगाया। पद्मपुराण के कुछ श्लोक सांख्य प्रवचन भाष्य में उद्धृत हैं। जिसमें शिव जी पार्वती से कहते हैं—

मायावादसच्छास्त्रं प्रक्षन्नं बौद्धमेच।
मयैव कथितं देवि कलौ ब्राह्मण रूपिणा।

आगे चलकर शंकराचार्य के मत का खण्डन रामानुज, मध्व, वल्लभ, रामानन्द, चैतन्य आदि आचार्यों ने किया। उनके वेदान्त पर व्यंग्य करते हुए रामानुज के 'वेदान्त भाष्य' की श्रुति प्रकाशिका टीका में परांकुरा दास लिखते हैं—

वेदोऽनृत बुद्धकृतागमोऽनृतः।
प्रमाण में तस्य च तस्य चानृतम्।
बौद्धाऽनृतो बुद्धिफले तथाऽनृते,
यूयं च बौद्धाश्च समान संसद्।।

शंकरानुयायियों! तुम्हारे लिये वेद असत्य है, बौद्ध आगम भी असत् है। वेद और बौद्धागमों का प्रमाण भी असत् है। तुम दोनों (शंकर और बौद्ध) के लिए बौद्धा (यानी ज्ञाता=जीव) असत् है। बुद्धि और उसका फल भी असत् है। अतः तुम और बौद्ध दोनों भाई-भाई हो। इसी परस्पर विवाद के युग में बौद्धमतान्तर्गत वज्रयानी-सहज सिद्धों ने सर्वसमाज में समता पाखण्ड-विरोध, सहज का प्रचार और साधना प्रचार किया जिनका आधार किसी-न-किसी रूप में पतंजलि का योग-सूत्र था।

सातवीं शताब्दी के सरहपा, लुईपा, भसुकपा आदि सिद्धों की रचनाओं में जो तत्त्वावधान, सामाजिक ऐक्य और श्रेष्ठ आचरण के साथ ही शरीर प्राण, मन की एकाग्र साधना का श्रेष्ठ रूप मिलता है, वही आगे चलकर शैव और शाक्त साधकों के विभिन्न सम्प्रदाय में भोग-विलास का विकृत रूप धारण कर लेते हैं। जैन धर्मी सन्तों में भी ये प्रवृत्तियाँ देखी जाती हैं।

गोरखनाथ के काल के कुछ आगे-पीछे की साहित्यिक कृतियों में तान्त्रिकों-कापालिकों के जो उल्लेख मिलते हैं वे इस बात को सिद्ध करते हैं कि साधना-पन्थों में कई वामाचार-यौनाचार से ग्रस्त होकर विलासिता के केन्द्र हो गये थे। डॉ. हजारीप्रसाद द्विवेदी ने बताया है कि दसवीं शताब्दी के आस-पास की दो रचनाएँ—प्रबोध चन्द्रोदय नाटक और पुष्पदन्त के महापुराण में ऐसे ही उल्लेख हैं। प्रबोध चन्द्रोदय में सोमसिद्धान्त नामक कापालिक मद्यपान करते हैं और स्त्रियों के साथ उन्मुक्त बिहार करते हैं और सहज ही मोक्ष प्राप्त कर लेते हैं। राजशेखर कृत कर्पूरमंजरी नाटक में एक कथन है—

मन्तो न तन्तो राअ किं पिजाणं,
मद्य पिवाभों महिलं रमाओं
मोक्खं च जामों कुलग्गलग्गा।

'महापुराण' में भी कापालिकों-कौलाचार्यों के मद्यपान के उल्लेख हैं। आगे चलकर पन्द्रहवीं सदी के हिन्दी के कवि गोस्वामी तुलसीदास ने योगी और सिद्धों के वेष और खाद्याखाद्य पर प्रहार करते हुए लिखा–

असुभ वेस भूषन धरे भच्छ जे खांहि।
तेइ जोगी तेइ सिद्ध नर पूज ते कलिजुग माहि।

इन वाममार्गी साधकों का तो दावा ही था–

मद्यां मांस मीनं च मुद्राश्च मैथुनैवच।
एते पंच मकाराहि मोक्षादाहि युगे युगे।

एक और उल्लेख जैन दार्शनिकों की भोगपरक परिणति का 'पुरातन प्रबन्ध संग्रह' नामक जैन संग्रह ग्रन्थ में है। स्त्री-पुरुष के जोड़े एक नील वस्त्र में शरीर से लिपटे रहते थे। ऐसे ही एक जोड़े से राजा भोज की एक कन्या ने प्रश्न किया जिस पर 'दर्शनी' ने वामलोचना से कहा–

पिब खाद च वाम लोचने यदतीतं वरगाति तन्नते।
नहि भीरूगंत निवर्तते समुदय मात्रामिदं कलेवरम?

यह नीलाम्बर सम्प्रदाय कहा गया है। राजा भोज को यह जानकारी हुई तो इस सम्प्रदाय का उच्छेद किया गया। इसी प्रकार के एक बिरिजय (वज्रयानी) नील वस्त्र वाले सम्प्रदाय का उल्लेख महापण्डित राहुल सांकृत्यायन ने सिंहल (लंका) के निकाय-संग्रह से ढूँढ़ निकाला। 'गंगा' पुरातत्त्व अंक में उन्होंने बताया कि राजामृत बल (846-866 ई.) लंका का राजा था। उस समय समयबज्र पर्वत निकाय का एक भिक्षु सिंहल में आया और बीसंकुर बिहार में रहने लगा। उसके प्रभाव में आकर राजा ने बिरिजय (वज्रयानी) मत स्वीकार कर लिया। अतः बचे रहे राजा कुमारदास के समय में (वह श्रीहर्ष के समय में थे) सम्मितीय निकाय का एक भिक्खु नीला वस्त्र पहनकर एक वेश्या के घर गया। आने पर अन्य भिक्षुओं के पूछने पर उसने नील वस्त्र की बड़ी महिमा बतायी। तभी से उसके शिष्य नीला वस्त्र पहनने लगे। 'नीलपट दर्शन' में कहा गया है कि वास्तव में तीन ही रत्न हैं, वेश्या,

सुरा और सम्भोग। बाकी सब काँच के टुकड़े हैं। साधना-मार्ग की तो यह दशा थी। चार्वाकों, लोकायतनों आदि के खाओ, पीओ, मौज करो की कथा बड़ी लम्बी है। गोरखनाथ के पूर्व इनका भी काफी प्रचलन हो चुका था।

विद्वानों ने प्रमाण से सिद्ध किया है कि मत्स्येन्द्रनाथ स्वयं पहले कौल मत के थे। गोरखनाथ के सम्पर्क से वे नाथ सम्प्रदाय में आये। जालंधर पाद, कान्हपाद या कृष्णपाद भी बज्रयान से सम्बन्धित थे। पर गुरु गोरखनाथ ने इन सभी को अपने नाथपन्थ या सिद्धमत में सम्मिलित कर लिया। वज्रयानियों की साधना में कुछ प्रतीकों और उलटबाँसियों को ठीक से न समझने के कारण सामान्य साधकों ने उसका सीधा अर्थग्रहण किया और साधना में विकृतियाँ आ गईं। अनंगवज्र के एक दोहे में आया है कि साधना मार्ग में प्रवृत्त होने में ऐसा करना चाहिए क्योंकि मन क्षुब्ध होने की सम्भावना भी बनी रहती है। अतः समस्त कामनाओं का उपयोग किया जाय तभी मन क्षुब्ध नहीं होगा और सिद्धि प्राप्त होगी। ऐसे ही तर्कों से कमोय योग का साधना क्षेत्र में प्रवेश हुआ। जालंधरपाद, कृष्णपाद आदि कामनाओं को मारने और अवधूती (सुषुम्ना) की साधना से सिद्धि के पक्षधर लगते हैं पर उनके प्रतीकों की व्यवस्था भोगवादियों ने अपने ढंग से की। अवधूती नाड़ी को डोम्बी या डोमिन भी कहते हैं और चंचल चित्त ब्राह्मण है। चित्त अवधूती जागरण से वैसे ही भागता है जैसे ब्राह्मण अछूत डोमिन से भागता है। इसी प्रतीक से कृष्णपाद डोमिन के साथ संग करने जैसी बातें कहते हैं। इसी कालखण्ड में शाक्त तान्त्रिकों और कुछ शैव तन्त्रादि में त्रिपुर सुन्दरी की उपासना का विधान प्रचलित हो गया था। इसमें 'महासुख' के प्रतीक 'युगनद्ध भाव' अर्थात् नारी-पुरुष से आबद्ध युग्म को सीधे भोग के अर्थ में लेकर भैरवी-सिद्धि की साधना प्रचलित हुई। भैरवी के संयोग के साथ मदिरा पान भी प्रचलित हो गया था। यह सारी उथल-पुथल साधना के क्षेत्र में आ गयी थी। ज्ञान का क्षेत्र विवाद का अखाड़ा बना था और कर्मकाण्ड पाखण्ड ढोंग, अस्पृश्यता, बलि और जन शोषण का हथियार बन गया था।

यह एक ऐसा समय था जो इतिहास का शून्य प्रहर कहा जा सकता है। राजनीति में छोटे-छोटे राजे, युद्ध और भोग-विलास में व्यस्त थे।

सीमापार से तुर्कों के आक्रमण हो रहे थे। विलास प्रिय राजाओं की तन्द्रा ऐसी थी कि मुहम्मद गोरी के आक्रमण के समय जब पृथ्वीराज चौहान संयोगिता के राजनिवास में केलि-क्रीड़ा में व्यस्त था तो चन्दबरदाई कवि को पत्र पर लिख भेजना पड़ा—

'तुव गोरी अनुरक्त है, तुझ गोरी अनुरत्त'

अर्थात् तुम गोरी के प्रेम में अनुरक्त हो और तुम पर या तुम्हारे राज्य पर मुहम्मद गोरी अनुरक्त है। धर्मध्वजियों का खण्डन-मण्डन प्रधान निरर्थक वैचारिक युद्ध, शोषण-ठगी, कामुकता, धन-लोलुपता ने एक ऐसा तथ्य उपस्थित किया था कि तुलसी के शब्दों में पाखण्ड विवाद से सद्ग्रन्थ लुप्त हो रहे थे और इतने मत-मतान्तर थे कि उन्हें कहना पड़ा था—

बहु मत बहु मुनि पन्थ पुरानन जहाँ तहाँ झगरों सो।

यह स्थिति नवीं-दसवीं शताब्दी से ही प्रारम्भ हो गयी थीं। बुद्ध का श्रेष्ठ विचार बज्रयानी गुह्य साधना में परिणत हुआ। पतंजलि का योग सूत्र कौल कापालिकों के पंच मकार साधन में बदला। धर्म, दर्शन अध्यात्म के क्षेत्र में वैदिक मत रूढ़ि और असमानता के पोषक बने थे और अवैदिक मत काया-पोषण और प्रयोग में लीन हो गये तो दिव्य काया से मण्डित, प्रभापूर्ण चैतन्ययुक्त महायोगी गोरखनाथ का अवतरण हुआ।

गोरखनाथ कौन थे, कब, कहाँ से किस जाति में जन्मे थे? इसे विचार करने से लाभ नहीं है। वे एक ऐसे महान युगद्रष्टा, युगप्रवर्तक महापुरुष थे जिनकी सिद्धियों की चर्चा असेतु हिमांचल सर्वप्रदेशों में किस्से कहानियों के रूप में इतनी प्रचलित हैं और इतनी आश्चर्यजनक हैं कि लगता है गोरखनाथ कोई हाड़ मांस के व्यक्ति नहीं अलौकिक शक्ति या पौराणिक पुरुष थे। कहा जाता है कि शंकराचार्य के पश्चात् उनके समान दूसरा लोकप्रसिद्ध महापुरुष कोई नहीं हुआ। मुझे तो लगता है बुद्ध के बाद गोरखनाथ ही लोकनायक की प्रतिष्ठा प्राप्त कर सके। शंकराचार्य अभिजात वर्ग के नेता थे। वे शिक्षित और संस्कृत समाज के पथ प्रदर्शक और पतनशील बौद्ध परम्पराओं पर अपने स्तर से लोहा लेकर अपने अद्वैत के अस्त्र से मूल सांस्कृतिक प्रवाह को सुरक्षित करनेवाले महापुरुष अवश्य थे। पर वे भूमिजात और दलित, शासक और शासित, सम्पन्न और विपन्न

सबके नेता नहीं थे। गोरखनाथ सर्वसमाज के नेता और पथ प्रदर्शक थे। नेपाल, राजस्थान, गुजरात के राजवंशों से लेकर अछूत और आन्त्यज कहे जानेवाले वर्ग की झोंपड़ियों तक गोरख का डंका बजा था। शंकराचार्य, रामानुजाचार्य, मध्वाचार्य, रामानन्दाचार्य आदि आचार्यों की भक्ति धारा गोरखनाथ के योग के प्रभाव के आगे धूमिल पड़ गयी थी। यदि ऐसा न होता तो तुलसीदास को यह स्वीकारोक्ति न करनी पड़ती—

बरन धरम गयो आश्रम निवास तज्यों,
त्रासन चकित सो परावनों परो सो है।
करम उपासना, कुबसना बिनास्यों ज्ञान,
बचन विराग वेष जगत हरो सो है।
गोरख जगायो जोग, भगति भगायो लोग?
निगम-नियोग ते सो कलि ही छरो सो है।
काय मन बचन सुभाय तुलसी है जाहि,
रामनाम को भरोसो, ताहि को भरोसो है।

सूरदास को भी सबसे बड़ा भक्ति को खतरा योग से लग रहा था। सूरदास ही क्यों, सारे कृष्ण भक्त कवियों को यह संकट सता रहा था। नन्ददास आदि सभी ने 'भ्रमरगीत' लिखा जिसका अर्थ ही था कि उद्धव और गोपियों में बहस करायी जाय कि योग अच्छा है कि भक्ति। और योग को हराकर भक्ति की जीत दिखाने का प्रयास हुआ। यह 14वीं-15वीं शताब्दी की बात है जबकि गोरखनाथ का काल 9वीं-10वीं सदी से निश्चित पूर्व का है। 500 वर्ष पश्चात तक गोरख का डंका बज रहा था और आज भी वह किसी-न-किसी रूप में बज रहा है।

नाथ योग का दर्शन

नाथ योग वस्तुतः योग दर्शन का ही एक नया रूप है। षड्दर्शन में सांख्य और योग का युग्म है। सांख्य पुरुष और प्रकृति दो प्रधान तत्त्वों से सृष्टि का विकास मानता है और योग में भी शिव और शक्ति दो प्रधान तत्त्व हैं। वज्रयानियों में ये प्रज्ञा और उपाय कहे गये हैं। सांख्य दर्शन ईश्वर की चर्चा नहीं करता और योग ईश्वर को स्वीकारता है। अतः इसे सेश्वर सांख्य कहा गया है। तात्त्विक दृष्टि से इन दोनों में अन्य कोई अन्तर नहीं

है। योग वस्तुतः क्रियात्मक दर्शन है। यह साधना का विषय है, अनुभव का विषय है। पतंजलि के योगभाष्य के आधार पर ही बौद्ध परम्परा के वज्रयानी-सहजयानी सम्प्रदाय में साधना का प्रचलन हुआ और वही आधार नाथपन्थ का भी था।

वैचारिक या दार्शनिक दृष्टि से इस पन्थ में पिण्ड और ब्रह्माण्ड को एक समान कहा गया—जो पिण्डे सो ब्रह्माण्डे अर्थात् जो पिण्ड में है, वही ब्रह्माण्ड में है। इसलिए स्व-पिण्ड को जानना और उसी की साधना तथा सिद्धि से सम्पूर्ण ब्रह्माण्ड को जाना जा सकता है और सारे ब्रह्माण्ड की सिद्धि प्रात की जा सकती है। दूसरी बात इस पन्थ की है कि जगत का मूल चेतन तत्त्व शिव है, शक्ति उसकी भेदात्मक अथवा क्रियात्मक शक्ति है। शिव तत्त्व आत्मतत्त्व है। और शक्ति उससे अभिन्न है। संसार शक्ति की ही क्रियात्मक अभिव्यक्ति है। 'वामकेश्वर तन्त्र' में शिव कहते हैं, 'हे परमेश्वरि' इस शक्ति से रहित होने पर शिव कुछ भी करने में असमर्थ है, इससे युक्त होकर ही वह कुछ करने में समर्थ होते हैं। (4-6) इसीलिए शक्ति के बिना 'शिव' को शव कहा गया है।

'शिव' निष्क्रिय, निर्विकार रहता है। सृष्टि की इच्छा होने पर वे सगुण शिव कहे जाते हैं। यह इच्छा ही 'शक्ति' है। एक ही प्रधानतत्त्व के दो रूप हुए—शिव और शक्ति। इन्हीं के योग से सृष्टि होती है। शक्ति ही पाँच अवस्थाओं से होते हुए 'कुण्डली' या 'कुण्डलिनी' के रूप में प्रादुर्भूत हुई। यही कुण्डलिनी समस्त विश्व में व्याप्त शक्ति है और यही पिण्ड में भी समस्त शक्ति है। यह 'शक्ति' शिव की ही क्रियाशक्ति है जैसे वेदान्त में 'ब्रह्म' की रचना शक्ति माया है। ब्रह्मवादी माया को जड़ और सृष्टि जगत् को मिथ्या मानते हैं। योगमार्ग शिव और शक्ति दोनों को चेतन मानता है। चेतन का धर्म भी चेतन ही होगा। धर्मी और धर्म में अभेद होता है तो चेतन का धर्म जड़ कैसे हुआ? इस तत्त्ववाद के द्वारा पिण्ड को ब्रह्माण्ड का संक्षिप्त संस्करण बताकर और शिव-शक्ति दोनों को एक ही चेतन का द्विधा रूप बताकर इस मार्ग में शंकर के मायावाद द्वारा प्रतिपादित जगत् के मिथ्यात्व का प्रतिवाद किया गया। यह आवश्यक भी था। बुद्ध के दुःखवाद और विरक्ति मार्ग से जो सामाजिक संकट और संघारामों-विहारों

में यौनाचार की वृद्धि हुई थी, उसी प्रकार की विरक्ति और समाज से पलायन मायावाद के कारण भी हुआ। संसार को झूठ मानकर उसे उत्कृष्ट बनाने की बात विरोधाभासी थी। गोरख ने इसका प्रतिवाद किया। उनके योग मार्ग ने जगत् को विश्वसनीय बनाया। जीव या पिण्ड के महत्त्व को प्रतिपादित किया और पिण्ड की साधना व सिद्धि से ब्रह्माण्ड पर समग्र की सिद्धि का नैतिक और व्यावहारिक सिद्धान्त प्रतिपादित किया। तात्पर्य यह कि पलायनवादी मायावाद के बदले लोकोन्मुख यथार्थ जीवनबोध का अनुभव सिद्ध मार्ग गोरख ने सुझाया।

साधना और सिद्धि

नाथ मार्ग या सिद्ध मार्ग की साधना का चरम लक्ष्य है शिव और शक्ति का सामरस्य और सहज समाधि। इसके लिए षड्ंगयोग (आसन, प्राणायाम, प्रत्याहार, धारणा, ध्यान, समाधि) का विधान है। पतंजलि योग के अष्टांग में प्रारम्भिक दो यम, नियम को ये योग के अन्तर्गत नहीं मानते। यम-नियम योगाभ्यास पूर्व की आधार भूमि है। इन लोगों ने पतंजलि के 5 यम के स्थान पर 10 यम और 5 नियम के स्थान पर 10 नियम बताया है।

विविध आसनों और प्राणायाम के अभ्यास से नाड़ियों पर नियन्त्रण होता है। और वृत्तियों को अन्तर्मुख करके धारणा-ध्यान से गुजरते हुए समाधिदशा को प्राप्त किया जाता है। योग की यह क्रिया हठयोग है। इसमें चन्द्र और सूर्य का मिलन होता है। सूर्य इड़ा और चन्द्र पिंगला पर प्राणायाम द्वारा नियन्त्रण करके सुषुम्ना का मार्ग उन्मुक्त होता है और उसी से कुण्डलिनी शक्ति ऊर्ध्वमुख अग्रसर होती है। वह छह चक्रों का भेदन करके ऊर्ष्णीष कमल या सहस्त्रार कमल में पहुँचकर पूर्ण ज्योतिर्मय शिव से मिलकर एक रूप और समरस हो जाती है। यही समरसता है। यह सहज समाधि या असम्प्रज्ञात समाधि की दशा है। इस साधना की सफलता से योगी सिद्ध हो जाता है और उसे कुछ भी अकरणीय नहीं रह जाता। वह सिद्ध कहा जाता है।

अन्य साधन

गोरखनाथ प्रवर्तित सिद्ध मार्ग में गुरु का अन्यतम स्थान है। गुरु के बिना साधना के पथ पर बढ़ना निष्कण्टक नहीं होता। इसीलिए योग्य गुरु

के आश्रम में योग का अभ्यास करना चाहिए। गुरु की इसी प्रतिष्ठा के कारण गोरखनाथ के नाम के आगे गुरु शब्द लगा—गुरु गोरखनाथ। आगे चलकर सन्तों, भक्तों आदि सभी ने गुरु के महत्त्व को स्वीकार किया। कबीर ने गुरु को गोविन्द से बड़ा कहा और तुलसीदास ने उन्हें आँखों में ज्योति देनेवाला बताया। गोरखबानी में कहा गया है—

प्रथमें प्रनउं गुरु के पाया। जिन मोहि आतम ब्रह्म लखाया।
सद्गुरु शब्द कहाँ है तैं बूझा। तिहूं लोक दीपक मणि सूझा।।

किन्तु यह गुरु अपूर्ण या अन्धा नहीं चाहिए। अर्पूण गुरु से तो सर्वनाश हो जाता है।

काल न मिटा जंजाल न छूटा, तप करि हुआ न सूरा।
कुल का नास करै मत कोई, जै गुरु मिलै न पूरा।।

आज भी गुरु परम्परा विभिन्न गुरुओं के रूप में—जय गुरुदेव, सद्गुरु निरंकारी, स्वामी दयाल आदि सैकड़ों पन्थों में दीख पड़ती है।

उपासना और भक्ति

गोरख ने अपने समय में प्रचलित सभी मतों का समन्वय किया। उन्होंने वेद को स्वीकारा पर सूक्ष्म वेद को स्वीकार किया जो शिव-शक्ति साधना का रूप था। कर्मकाण्ड आदि को स्थूल वेद कहकर त्यागा। वेद के नासदीय सूक्त में 'एक' अपनी शक्ति से सृष्टि का विधान करता है। श्वेताश्वतरोपनिषद् का वह 'शिव' तथा माण्डूक्य का अद्वितीय शिव है। इस प्रकार वे वेद से जुड़ते हैं, पर वैदिकों के पाखण्ड का विरोध करते हैं। शिव ही विष्णु हैं और शक्ति ही काली हैं। इस प्रकार वैष्णव और शाक्त मतों को भी वे समन्वित करते हैं। इसलिए गोरखनाथ द्वारा प्रवर्तित नाथपन्थ ने गोरक्षशतक, हठयोग प्रदीपिका आदि के सिद्धान्तों को उत्तरोत्तर विकसित करके योग साधना के साथ उपासना और भक्ति को भी अपने पन्थ में समाविष्ट कर लिया। वैसे तो इस सम्प्रदाय में मुख्य पूज्य शिव और शक्ति हैं। शिव के वक्षस्थल पर नृत्य करती काली शक्ति शिव की क्रियाशीलता की प्रतीक है। अतः शिव और काली इनके मन्दिरों के मुख्याराध्य हैं। पर समस्त देवी-देवता को ये शिव के ही अनेक रूप मान कर पूजते हैं। विष्णु तथा उनके सभी अवतार नाथ-योगियों द्वारा पूजे जाते

हैं। पूजा में और व्यवहार दोनों में वर्णगत, जातिगत भेद न मानने के कारण यह पन्थ सर्व समाज में स्वीकृत है। यह चरित्र की पवित्रता, इन्द्रिय संयम, हृदय की सच्चाई और भक्ति को प्रधानता देता है। यह समावेशी समस्त समाज-दृष्टि उनके सिद्धान्त-ग्रन्थ गोरक्ष-सिद्धान्त-संग्रह में नाथ के स्वरूप के वर्णन नें इस रूप में व्यक्त हुई है—

निगुर्ण वाम भागे च मध्यभागे अद्भुजानिजा
मध्यभागे स्वयं पूर्णस्तस्मै नाथय ते नमः।
वाम भागे स्थितः शम्भू सत्ये विष्णुस्तथैवच
मध्ये नाथः पर ज्योतिस्तद् ज्योति मत्तमोहरम्।।

मैं उस नाथ को नमन करता हूँ जिसके वाम भाग में निर्गुण ब्रह्म स्थित है, जिसके दक्षिण भाग में शिव की आत्म-शक्ति (विश्व प्रपंच का गत्यात्मक आधार) है और मध्य में स्वयं पूर्ण स्थिति ज्योर्तिमय आत्म चेतना की स्थिति में परमात्मा के दोनों रूपों का आलिंगन किये हुए है। शम्भु या शिव उसके बायें भाग में हैं। और विष्णु उसके दक्षिण भाग में हैं और उनके बीच परम ज्योति के रूप में विद्यमान हैं। (अर्थात् अपने में दोनों के व्यक्तित्व को एक किये हुए स्थित हैं) यह परम् ज्योति हमारे अज्ञान के अन्धकार को दूर करे। इस स्तवन में स्पष्टतः शिव के साथ काली (यानी शैव व शाक्त तथा) शिव शम्भू के साथ विष्णु और दोनों के मध्य स्वयं आदिनाथ परमशिव हैं। यह बताकर शैव, शाक्त वैष्णव सभी सन्तों का समाहार कर लिया गया है और योग-साधना के साथ उपासना और भक्ति को भी स्वीकार किया गया है।

साधना के क्षेत्र में भी गोरखनाथ ने उनके वामाचार का निषेध करके ब्रह्मचर्य और बिन्दु रक्षा की प्रतिष्ठा थी। वाममार्गियों के प्रचलित प्रतीकों की साधु और समाजोपयोगी व्याख्या करके उनको भी अपने मार्ग के अन्तर्गत कर लिया। इस दिशा में भैरवी चक्र उपासना तथा युगनद्ध भाव के लिए सम्भोगरत होकर उद्वेगरहित मन की स्थिति बनाने की घृणित पद्धति का तो पूर्ण निषेध उन्होंने किया। गोमांस भक्षण और वारुणी सेवन का अति प्रचार देखकर उन्होंने इसकी व्याख्या इस प्रकार की—

गोमांस भक्षयेनित्यं पिवेद्भ्रवारूणी।
कुलीनं तमहं मन्ये तरे कुलघातकाः।
'गो' क्षब्दे नोदिता तत्प्रदेशो हि तालुनि।
गोमांस भक्षणं तत्तु महापातक नाशनम्।।

गोमांस का भक्षण जो नित्य करता है और अमर वारुणी का पान करता है, वही कुलीन है। अन्य योगी कुल घातक हैं क्योंकि 'गो' का अर्थ जिह्वा है और उसे उलट कर तालुदेश में ले जाने को गोमांस भक्षण कहते हैं। सहस्त्रार पद्म से झरनेवाले अमृत को उसी उलट जिह्वा से पान करना अमरवारुणी का पान करना है। यही मांस भक्षण और वारुणी पीने का अर्थ है। ऐसी उक्तियों और व्याख्याओं से निकृष्टमार्गी शक्ति-साधकों, कापालिकों आदि को समझाने और उन्हें सुमार्ग पर लाने का प्रयास गुरु गोरखनाथ ने किया।

जीवन का सन्देश

गोरखनाथ ने सभी प्रपंचों का निषेध कर इन्द्रिय संयम, मांस-मदिरा से विरक्ति, सदाचार, संयम और सहज-सरल जीवन जो मध्यमार्गी हो, का उपदेश अपनी भाषा के दोहों आदि में दिया। गोरखबानी ऐसे वचनों से भरी है। इन्द्रिय-निग्रह पर जोर देकर वे कहते हैं।

जिभ्या इन्द्री एकैनाल।
जो राखे सो बंचै काल।।
जिभ्या इन्द्री दीजै बंध।

इसके लिए आहार शुद्ध और स्वल्प लेना चाहिए, तभी इन्द्रियों तथा मैथुन और निद्रा आदि तामस वृत्तियों पर नियन्त्रण होता है—

अति अहार, यंन्द्री बल हरै। नासै ज्ञान मैथुन चित्त धरै।
व्यापैन्यन्द्रा, झपै काल। ताके हिरदै सदा जंजाल।।

मांस-भक्षण का निषेध ही नहीं किया गया है, उसकी भर्त्सना भी की गयी है—

जीव सीव संगे बासा। बधि न खइबा रूध्र मांसा।
हंस घात न करिबा गोतं। कथंत गोरख निहारि पोतं।।

जीव और शिव जब अभेद हैं तो जीव-वध करके उनके रुधिर व मांस

को नहीं खाना चाहिए। अर्थात् सभी जीवों में एक ही शिव तत्त्व है अतः वह सगोत्री है। अपने गोत्र का ही घात या आत्मघातन करो। इस संसार की गति देख गोरख ने उपर्युक्त बात कह दी है–

नशा, मदिरा-भांग-अफीम आदि का सेवन मत करो
घोतरा (धतूरा) न पीओ, भांग न खावौ रे भाई।
गोरख कहै सूनो रे अवधू काया होयगी पराई।।
आफू (अफीम) खाय भांग भसकावै
ता मैं अकलि कहाँ ते आवै।।

यह सब योग साधना के पूर्व काया-मन शुद्धि के उपाय हैं जो यम के अन्तर्गत आते हैं। अतः योगी या साधक को पहले यही करना होता है–

पहले आरम्भ छाड़ौ काम क्रोध हंकार। मन-माया विषय विकार।
हंसा पकरि घात जिनि करौ। तिस्ना तजौ लोभ परिहरौ।

गोरखनाथ प्रवर्तित नाथ योग साधना सिद्ध मार्ग तो है ही, साथ ही वह संसार के सामान्य गृहस्थ-जीवन का भी सहज, स्वाभाविक, समरस विधान है। उपयुक्त आचरण और सात्त्विक जीवन जीते हुए गृहस्थ को मध्यम मार्ग से रहना चाहिए। मध्यम वर्ग या मध्यमा प्रतिपदा का उपदेश बुद्ध ने भी दिया था। गोरख जी उसी मध्यम मार्ग के पक्षधर हैं। कामनाओं की तृप्ति अपने गृहस्थ जीवन में उपलब्ध साधनों से आवश्यकतानुसार करने की, किन्तु अनियन्त्रित भोग से बचने की सलाह देते हुए कहते हैं–

दाबि न मारिबा, खाली न राखिबा, जानिबा अगिनि का भेवं।

कामनाओं को न दबाकर रखो, न खुला छोड़ो। कामाग्नि और जठराग्नि के भेद को समझो।

न अधिक सोना, न अधिक चलना, न अधिक बैठे रहना, न अधिक खड़ा रहना चाहिए। यही सहज मार्ग है। यही मध्यम मार्ग है और समरस मार्ग है–

निन्द्रा सुपनैं बिंद को हरै। पन्थ चलंता आतमा मरै।
बैठा खटपट ऊभां उपाधि। गोरख कहैं पूता सहज समाधि।।

आहार बिहार सम्बन्धी यह सात्त्विक विधि-विधान तत्कालीन भारतीय समाज की आवश्यकता थी। गोरख के नाथ योग ने गृहस्थी और गाँव छोड़

एकान्त तपश्चर्या का मार्ग न बताकर गृहस्थ को सहज-सात्त्विक जीवन और मध्यमार्गीय कथनों द्वारा सहज जीवन जीने की राह दिखायी। गृहस्थ की सहज-समाधि यही है।

योग साधना द्वारा सिद्धि प्राप्त नाथ और इन्द्रियों को जीतकर सहज जीवन जीनेवाला गृहस्थ दोनों ही 'आत्मवत् सर्वभूतेषु' का भाव धारण कर लेते हैं और तब समाज में न उनका कोई शत्रु रहता है और न कोई विरोधी—

कासौं जूझौं अवधू राइ। बिपख न दीसे कोई।
जासौं अब जूझौं रे, आत्माराम है सोई।
आपण ही मछ कछ आपण ही जाल।
आप ही धीवर आपण ही काल।।

यह गोरखनाथ का लक्ष्य था कि समाज निर्वैर, समरस और सुखी बने। आत्मतत्त्व का बोध सबमें हो। नाथपन्थी योगी साधना द्वारा सात्त्विक, अध्यात्मिक जीवन का आदर्श बने और सर्वसमाज सज्जन, सन्तोषी, संयमी, स्नेहशील, अपरिग्रही और समभाव युक्त बने। इस उदात्त लक्ष्य की प्राप्ति श्री गुरु गोरक्षनाथ और नाथयोगियों को हुई थी। भारतीय अध्यात्मचिन्तन को यही गोरखनाथ जी की वास्तविक देन है।

प्रभाव और योगदान

'जादू वह है जो सिर पर चढ़कर बोले।' गोरखनाथ का प्रभाव ऐसा पड़ा कि सारे भारत में किसी-न-किसी रूप में योग और शिव-शक्ति का महत्त्व स्वीकार किया गया है। हिन्दी में कबीर, नानक, दादू, मलूक, दरिया साहब, असमी के माधव कन्दली, उड़िया के बलरामदास, बंगाली के कृतिवास की रचनाओं में योग की साधना योगी पात्र और योगीवेश की उपस्थिति अपने समय से 500 वर्ष बाद तक गोरखपन्थ के प्रभाव की सूचक है।

सन्तकाल तो पूरा-पूरा उसी परम्परा में है। वही साधना, वही शब्दावली, वही सात्त्विक-नैतिक जीवनादर्श सब-कुछ वही है। कबीर और उनकी परम्परा से पृथक् राजस्थान की मीरा तक इस पन्थ से प्रभावित हैं।

महाराष्ट्र का बारकरी सम्प्रदाय अपना मूल आदिनाथ से मानता है। मुकुन्दराज और ज्ञानेश्वर अपना सम्बन्ध आदिनाथ से मानते हैं। ज्ञानेश्वर की गुरु परम्परा में आदिनाथ-मत्स्येन्द्रनाथ, गोरखनाथ, गहिनीनाथ, निवृत्तिनाथ और ज्ञानेश्वर आते हैं। गुजरात में नाथपन्थी साधुओं और मठों की विभिन्न अंचलों में उपस्थित इस बात को प्रमाणित करती है कि नाथ योगियों का प्रभाव पूरे देश में फैला था। गुजरात में कबीर पन्थ के ही समर्थदास अवधूत हैं। अखा नाम के सन्तकवि तो अलख से प्रीति लगाने और नूर से निकाह की रहस्यमयी वाणी बोलते थे। उनके शिष्य लालदास योग साधना के पद गाते थे। गुजरात में यह परम्परा 19वीं शताब्दी तक मिलती है।

सन्त और भक्त तो भारतीय अध्यात्म परम्परा में थे। भारत के बाहर से आये सूफी आन्दोलन पर भी गोरखनाथ का प्रभाव व्यापक पड़ा। सूफी कवियों ने योग को अपनी साधना को अंग के रूप में स्वीकार किया, यद्यपि उनका अन्तिम लक्ष्य प्रेम-साधना है। जायसी की पद्मावत से लेकर मधुमालती, मृगावती, चित्रावली, इन्द्रावती सभी के नायक योगी बनकर निकलते हैं—वेश भी नाथयोगी का ही धारण करते हैं। और साधना भी वही है। लगता है कि जब सूफी सन्त यहाँ आये तो लोक में अपने मत का प्रचार करने के मार्ग में सबसे बड़ी बाधा योगियों से उन्हें हुई। उनका विरोध उनके वश का नहीं था। अतः उन्हीं के तथ्यों और तत्त्वों को अपने साथ जोड़कर अपने पन्थ के प्रचार में वे जुटे थे।

इस प्रकार हम देखते हैं कि पूरे उत्तर भारत में कामरूप से पंचनद तक और कश्मीर से विन्ध्य श्रृंखला तक गोरखनाथ और योग साधना ने 13वीं सदी से लेकर आजतक के समूचे भक्ति आन्दोलन के अध्यात्मिक चिन्तन को प्रभावित किया है। आधुनिक भारत में महेशयोगी, श्री रविशंकर, बाबा रामदेव आदि योग मार्ग के गुरुओं पर पातंजल योग और नाथ योग की व्यापक पृष्ठभूमि विद्यमान है। नाथयोग धर्म, अध्यात्म और नैतिक जीवन की साधना के साथ ही सद्गृहस्थ के जीवन, राष्ट्रीय जीवन और समतामूलक समाज जीवन का भी प्रेरक मार्ग है।

लोकभाषा के संवर्द्धन में नाथपन्थ का योगदान

प्राकृत और अपभ्रंश के पश्चात् जब आमजन की तत्कालीन प्रचलित बोली-बानी में रचनाएँ लिखी गयीं तो उन्हें 'भाषा' की रचना कहा गया। 'भाषा' शब्द लोकभाषा के लिए ही प्रयुक्त हुआ था। साहित्य के इतिहासकारों द्वारा इन्हें भाषा-काव्य कहा गया। तुलसीदास ने 'रामचरितमानस' की अवधी के लिए कहा 'भाषा निबद्ध मति मंजुल मातनोति'। ब्रजभाषा के केशवदास ने कहा—"भाषा बोल न जानयी जा के कुल के दास। सो भाषा रचनाकरी जड़मति केशवदास।" भाषा काव्य से ही हिन्दी साहित्य का प्रारम्भ होता है। अपभ्रंश 'पुरानी हिन्दी' भले कही गयी पर वह अपभ्रंश ही है।

भाषा काव्य के प्रथम कवि गोरखनाथ हैं। उन्होंने संस्कृत में 'सिद्ध-सिद्धान्त-पद्धति' आदि कई ग्रन्थ लिखे, पर भाषा में गोरखनाथ की बानी' और 'दत्त-गोरख-संवाद आदि कई लघु रचनाएँ भी लिखीं। ऐसा क्यों किया? इस प्रश्न का उत्तर है कि सिद्धान्त-निरूपक ग्रन्थ साधकों के लिए और बानियाँ, पद आदि लोक से संवाद के लिए लिखे गये। लोक-संवाद की भाषा लोकभाषा ही हो सकती है। संस्कृत के विद्वान् होते हुए तुलसी ने अवधी में 'मानस' और ब्रजभाषा में अन्य रचनाएँ लिखीं। गोरख, कबीर, तुलसी आदि कवि ही नहीं, अपितु समाज का मार्गदर्शन करनेवाले मनीषि थे। इसीलिए इनकी भाषा लोकभाषा थी।

रामचन्द्र शुक्ल ने गोरखबानी की रचना वि.सं. 1400 की मानी है। गोरखनाथ की उपस्थिति दसवीं-ग्यारहवीं शताब्दी है तो उनकी रचना 1400 की कैसे होगी! शुक्ल जी ने यह उसकी भाषा के आधार पर तय किया है, पर साथ ही उन्होंने यह भी कहा है कि ये रचनाएँ उनके शिष्यों

द्वारा लिखी गयीं पर साखी और बानी में शायद कुछ रचना गोरख की हों। एक पद का नमूना देखिये—

स्वामी तुम्हई गुरु गोसाईं। अम्हे जो सिव सबद एक बूझिबा।
निरारंबे चेलाकूँण विधि रहै। सदगुरु होइस पुछ्या कहै।

'गोरखनाथ की बानी' की रचनाओं का संग्रह शिष्यों के द्वारा हुआ होगा, तो उसके मूल भाषा रूप का सरलीकरण होता गया और वर्तमान संग्रह की कुछ साखियाँ और पद प्राचीन हैं, पर अन्य की भाषा 1400 वि. के आसपास की है। पाठ-सम्पादन का यह सिद्धान्त है कि पाण्डुलिपि में प्राप्त भाषा यदि कवि की मूलभाषा नहीं है तो भी उसका कुछ अवशेष तो उसमें है ही (If not original at least is remains of its original)। अतः जो मूल प्रश्न विचारणीय है—लोकभाषा के संवर्द्धन में इनकी भूमिका' उसमें तो गोरखनाथ सहित नाथपन्थ के कवियों की पहल और योगदान निर्विवाद रूप में सिद्ध है। 'गोरखबानी' के साथ हजारीप्रसाद द्वारा सम्पादित 'जोगेसुरी बानी' (ना.प्र.स.) के भुसुकवा, लुइया आदि की रचनाएँ इस बात का साक्ष्य प्रस्तुत करती हैं।

गोरखनाथ की रचनाओं में प्रयुक्त तद्भव शब्दावली का प्रयोग 16वीं शताब्दी तक के लोकभाषा कवियों द्वारा होती है।

उनकी एक साखी है—

हिन्दू ध्यावै देहुरा मुसलमान मसीत।
जोगी ध्यावै परमपद, जहँ देहुरा न मसीत।

'मसीत' मस्जिद का तद्भव रूप है। तुलसी ने लिखा—

माँगि के खाइबो मसीत में सोइबो/ लेवै के एक न देवै के दोऊ।

तुलसी से 200 वर्षों के पश्चात् भूषण ने 'मसीत' का प्रयोग किया—

कासी हूँ भी कला गयी मथुरा मसीत भई।
सिवाजी न होते तो सुनत होती सबकी

16वीं शती के नूर मोहम्मद ने अनुराम बाँसुरी में 'देवहरा' शब्द का प्रयोग किया—

बहुत देवहरा ढाहि गिरैवै।
शंखनाद की रीति मिटावे।

गोरखनाथ की तीन साखियों की तुलना मैं कबीर की रचनाओं से कर रहा हूँ जिससे यह भान हो जायेगा कि गोरखनाथ की रचनाओं की भाषा का कैसा व्यापक प्रभाव सन्तों पर पड़ा है और उनकी भाषा से लोकभाषा की शब्दावली के संवर्द्धन में कैसे योगदान हुआ है–

(1) **गोरखनाथ :** *हिन्दू आखै राम को मुसलमान खुदाई।*
जोगी आखै अलख को जहाँ राम अछै न खुदाई।
कबीर हिन्दू मूए राम कहि मुसलमान खुदाइ।
कहैं कबीर सो जीवता, दुई में कदे न जाइ।।

(2) **गोरख :** *निर्झर झरे अमी रस पीवणाँ षट्दल बेधूया जाई।*
चन्द बिहूँणा चाँदिणों तहाँ देखा श्री गोरख राइ।।
कबीरः *मन लागा उनमन सो गगन पहुँचा जाई।*
देखा चँद विहूँणा चाँदिणा, तहे अलख निरंजन राई।

(3) **गोरख :** *गुरु कीजे गहिला निगुनै रहिला।*
गुरु बिन ग्यान न पायला रे भइला।
कबीर : गगन मण्डल से निर्झर झरै आस पासा।
सगुरा होइेत झर झर पीबै निगुरा जाइ पियासा।

गोरख और कबीर की शब्दावली की एकरूपता सन्त परम्परा में दूर-दूर तक जाती है। सन्त कवि सुन्दरदास, मूलकदास, हरिदास निरंजनी, दुखरनदास आदि ने स्पष्ट रूप से गोरखनाथ के प्रति श्रद्धा व्यक्त की है और इनकी रचनाओं की लोकभाषा के विकास में गोरख आदि नाथपन्थी जोगियों का पर्याप्त प्रभाव है। कबीर की ही भाँति दादू की बहुत-सी उक्तियाँ गोरखनाथ से मिलती हैं। दादूपन्थी सन्तों की बानियों के संग्रह में गोरखनाथ, भरथरी, चर्पटीनाथ और गोपीचन्द की बानियाँ संगृहीत हैं। इसी प्रकार 'साध पन्थी' साधुओं की रचनाओं के साथ गोरखनाथ और गोपीचन्द की गीत संगृहीत हैं। इतना ही नहीं वैष्णव कवियों में भी गोरखनाथ की भाषा का प्रभाव है, नामदेव, ज्ञानदेव, रामदास आदि पर इसका व्यापक प्रभाव तो है ही तुलसीदास ने भी अलख आदि शब्दों का प्रयोग किया है–

हम लख, हमहि हमार लख हम हमार के बीच।

तुलसी अलखहि का लखै रामनाम लखु नीच''

या 'अलख लखा नहिं जाइ' आदि प्रयोग मिलते हैं।

रचना की भाषिक शब्दावली के प्रयोग में एक और बात का ध्यान रखना होगा कि गोरखनाथ के समय में मुसलमानों का प्रवेश देश में हो चुका था और उत्तरी भारत में लोकभाषा में फारसी के बहुत से शब्द आ गये थे। अतः गोरखनाथ ने भी इन शब्दों का प्रयोग बड़े सार्थक ढंग से किया है–

जन्मणा हिन्दू, जरणा जोगी अकल पीर मुसलमानी।
ते राह चीन्हो हो काजी मुलाँ, बरम्हा विसुन महादेव मानी।''

अक्ल और पीर शब्दों का सहज प्रयोग है। यहाँ गोरख का कथन है कि मैं जन्म से हिन्दू, योग साधना में जलकर जोगी और मुसलमानी पीरों की बुद्धि अर्थात् उनका एकेश्वरवाद मेरे साथ है।

कबीर भी काजी-मुल्ला से उसी प्रकार संवाद करते हुए उन्हें ठीक राह पहचानने का सन्देश देते हैं–

काजी कवन कितेब बखानी।
पढ़त पढ़त केतिक जुग बीते अजहूँ राह न जानी।

× × ×

कबीरा पकड़ी राह राम की काजी रहे झख मारी।

'कलमा' की चर्चा करते हुए गोरख कहते हैं–

नाथ कहंता सब जग नाथ्या, गोरख कहता गोई।
कलमा का गुर महमंद होता, पहले मूवा सोई।।

गुप्त बात जो गोरख कहते हैं वह यह कि कलमा का जन्मदाता मुहम्मद पहले स्वयं मर कर तब यह ज्ञान प्राप्त किया। कलमा है–'ला इलाह इल्लिल्लाह मुहम्मद रसूलिल्लाह।' अर्थात् इलाही या खुदा एक है, मुहम्मद उसके प्रतिनिधि है। कहते हैं कि मुहम्मद साहब ने तूर पर्वत की हेरा नामक गुफाओं में तपस्या की और अपने इन्द्रियों को मारकर जीवनमुक्त हुआ तब उस पर यह कलमा खुदाई आवाज के रूप में सुनायी दिया।

गोरखनाथ की भाषा पर पंजाबी, बँगाली, भोजपुरी आदि का पर्याप्त प्रभाव है। यह उनके व्यापक भ्रमण का परिणाम है। भोजपुरी का प्रभाव उनके कहिबा, सुनिबा जैसे शब्दों पर है।

हबकि न बो लिबा, ढबकि न चलिबा, धीरे धरिबा पावं।
गरब न करिबा सहजै रहिबा, भणत गोरख रावं।

भोजपुरी में 'खइबा कि ना' 'चलबा न' आदि सामान्य प्रयोग है। बंगाली भाषा पर काम करनेवाले ब्रजनन्दन सिंह ने लिखा है–

'लुकाइबा, लुटिबा जैसोर जिले का खास प्रयोग है।' उन्होंने अपनी पुस्तक 'बँगला भाषा की भूमिका' में गोरख की कई साखियों को उद्धृत करके उन पर बँगला प्रभाव बताया है।

पंजाबी का तो प्रभाव सहज ही है क्योंकि पंजाब उनका कार्य क्षेत्र भी रहा है। 'आइया' 'गइया' जैसे रूप पंजाबी प्रभाव से आये हैं। राजस्थानी बोली से 'ण' का प्रयोग 'न' के स्थान पर तथा पिण्ड का व्यण्ड ; बिन्दु का व्यन्द आदि रूप आये हैं। कारक चिह्नों में भी खड़ीबोली के ने, को, से आदि, ब्रज के कूँ, सूँ, राजस्थानी के 'थें' आदि रूप भी मिलते हैं।

इस प्रकार गोरखनाथ और नाथ सम्प्रदाय के अन्य कवि योगियों ने खड़ी बोली का एक ऐसा धरातल तैयार किया था जो सन्त कवियों की लम्बी परम्परा में 14वीं शताब्दी से लेकर 19वीं शताब्दी तक चलता रहा। यह पंचमेल खिचड़ी या सधुक्कड़ी भाषा नहीं अपितु एक ऐसी लोकभाषा थी जो सम्पूर्ण उत्तर भारत की प्रतिनिधि भाषा जैसी बन गयी।

लोकभाषा का जो रूप नाथ योगियों की बानी में आया है, वह लोकभाषा के संवर्द्धन में अनायास ही महत् भूमिका का निर्माण करता है। गोरखनाथ और नाथपन्थ पर जिन अधिकारी विद्वानों ने विचार किया है, उनका मत भी कुछ इसी प्रकार है। डॉ. हजारीप्रसाद द्विवेदी ने अपनी पुस्तक 'मध्यकालीन धर्मसाधना, पृ. 68 में लिखा है कि, ''योगियों के लोकभाषा में लिखने की परिपाटी दीर्घकाल से चली आती हुई परम्परा का अन्तिम रूप है। यह परम्परा लोकभाषा में थी और लोकहित उसका प्रधान लक्ष्य था। उन्होंने 'नाथ सम्प्रदाय पृ. 182 में डॉ. पीताम्बरदास बड़थ्वाल के हवाले से लिखा है कि गोरखनाथ की बानियाँ साहित्यिक सांस्कृतिक विकास की लड़ी में एक महत्त्वपूर्ण कड़ी के रूप में हैं। डॉ. रांगेय राघव ने उनकी भाषा के सम्बन्ध में लिखा है–''अपभ्रंशकाल और हिन्दी युग के मध्यकाल की कविता को सन्धियुगीन नाथ सम्प्रदाय की कविता ने स्वीकार

किया है। गोरखनाथ इस युग के सच्चे प्रतीक हैं। गोरक्षनाथ के समय में अपभ्रंश का रूप अलग-अलग स्थानों पर भिन्न-भिन्न नहीं था। उस समय तद्भव के स्थान पर तत्सम प्रयोग गोरखनाथ का पहला प्रयत्न था। जिससे परवर्ती युग में लोगों को तिनके का सहारा मिल गया और भाषा अपने आप दूसरा रूप पकड़ने लगी थी। वर्तमान नाथपन्थी ग्रंथ इस बात की ओर इंगित करते हैं कि उनका वास्तविक स्वरूप कुछ और था, वह अपभ्रंश और हिन्दी के बीच की भाषा थी और वह संध्याभाषा का परिवर्तित रूप था।'' (गोरखनाथ और उनका युग, पृष्ठ 203-204)

'गोरखबानी' के भाषिक विश्लेषण और विद्वानों के विचार से यह प्रकट होता है कि लोकभाषा के संवर्द्धन में गोरखनाथ और नाथपन्थी योगियों को बानियाँ हिन्दी की लोकभाषा के संवर्द्धन की महत्त्वपूर्ण कड़ी हैं। साथ ही गोरखनाथ की संवाद शैली जो प्रश्नोत्तर के रूप में 'मच्छीन्द्र गोरखबोध', 'ज्ञानदीप', गोरखदत्त गुष्ठि आदि में प्रकट हुई हैं इस शैली के प्रवर्तक माने जाते हैं। इसी प्रकार उलटवासियों और प्रतीक शैली का प्रवर्तन भी उन्हीं के द्वारा हुआ जो आगे के सन्त कवियों की परम्परा में दूर-दूर तक चलता रहा। अतः भाषा ही नहीं कथन की भंगिमा और शैलियों का जो प्रयोग गोरखबानी में हुआ, उसका प्रभाव कबीर आदि सन्तों के साथ कृष्णभक्त कवियों के 'भ्रमर गीत' में भी हुआ। ध्यातव्य यह है कि भ्रमरगीत के संवाद में योग और भक्ति की ही तुलना है।

गोरखयोग और हिन्दी भक्ति–काव्य

योग का सम्बन्ध वेदों से है। छह दर्शनों में योग दर्शन एक प्रमुख दर्शन है। पतंजलि ने अपने योग-सूत्र के भाष्य में योग का जो निरूपण किया है, उसी को आधार बनाकर आगे चलकर योग के सिद्धान्त बने और उसकी पद्धति का निरूपण हुआ। श्रीमद्‌भगवतगीता के छठें अध्याय में योग शास्त्र का निरूपण है। यहाँ योग के क्रियात्मक पक्ष की चर्चा नहीं है, पर साधना से योगी कैसे बनता है, उसका विस्तार है। योगी को अपनी इन्द्रियों पर संयम करना और अभ्यास द्वारा उस परम स्थिति को प्राप्त करना होता है जहाँ अपने-पराये का अन्तर समाप्त हो जाता है, सुख-दुःख में समभाव हो जाता है। इन सारे लक्षणों के निरूपण के पश्चात् योग की महत्ता प्रतिपादित करते हुए श्री कृष्ण अर्जुन से कहते हैं कि हे अर्जुन! योगी बनो–

तपस्विभ्योऽधिको योगी ज्ञानिभ्योऽपि मतोऽधिकः।
कर्मिभ्यश्चाधिको योगी तस्माद्योगी भवार्जुन।। (गीता 6/46)

योगी के जो विधि-निषेध गीता में बताये गये हैं, वही गोरखनाथ ने अपने अनुयायियों के लिए बताया है। गीता में कहा गया है–"यह योग न तो बहुत खानेवालों का है और न बिलकुल न खानेवालों का है। इसके लिए यथायोग्य आहार-विहार, शयन-जागरण, यथायोग कर्म ही विहित है।" (गीता 6/16-161)

गोरखनाथ का कथन है–

अति अहार एन्द्री बल हरै। नासै ज्ञान मैथुन चित धरै। (गो.बा., सबदी 36)

हिन्दी के भक्तिकाल के कवियों के पाथेय भी उपनिषद्-गीता और पुराणों से प्राप्त होते हैं। निर्गुण भक्ति के सन्त कवियों में प्रथम स्थान कबीर का है। कबीर पर गोरख और उनके योग का विपुल प्रभाव है। इसे

सभी आलोचकों ने स्वीकार किया है। कबीर की साधना षट् (अथवा अष्ट) चक्रभेदन और उन्मनी की अवस्था में स्थिर होने की है। साखियों और पदों में बार-बार इसके रूपक वे बाँधते हैं। कहीं 'झीनी चदरिया बीनने' के रूपक से 'अष्ट कमलदल चरखा' और 'सुखमन' तार से बीनने की बातें कहते हैं और कई पदों में इसकी व्यापक क्रियाओं का संकेत करते हैं। एक ही पद उदाहरण में प्रस्तुत है–

अवधू! नादेव्यंन्द गगन गाजै, सबद अनाहद बोले।
अन्तरगति नहिं देखै नेड़ा, ढूँढ़त बन बन डोलै।।
सालिगराम तजौ सिव पूजौ सिर बरम्हा का काटूँ।
सायर फोड़ि नीर मुकलाऊँ, कुवां सिला दै पाटूँ।
चन्द-सूर दुइ तूंबा करिहूं चित चेतन की डांडी।
सुखमन तन्त्री बाजन लगी एहि विधि त्रिष्णा खांडी।
जपूं न जाप हनू नहि गूगल, पुस्तक लेइ न पढाऊँ।
कहै कबीर परम पद पाया नहीं आऊँ नहि जाऊँ।।

पद 42 रागरामकली

इसी साधना से जब आत्म सिद्धि प्राप्त होती है तब कबीर की साधना दूसरी श्रेणी प्रारम्भ होती है—सहज समाधि की। वे कहते हैं—

आंख न मूंदूं कान न रूधूं काया कष्ट न धारूं।
खुले नयन से हंसि-हंसि देखूं सुन्दर रूप निहारूं।।

कबीर के अनुसार जब जीव को जीवनमृतकता प्राप्त हो जाती है, अर्थात् सम्पूर्ण कामनाओं से परे वह जीते जी मृतक बन हो जाता है तभी सहज साधना सम्भव होती है और जीवन्मृतकता योग की वैध साधना द्वारा प्राप्त होती है।

गुरु गोरखनाथ भी जीवनमृतकता के द्वारा ही सच्ची दृष्टि प्राप्त होने की बात कहते हैं। (गोरखबानी सबदी 26) साथ ही वह सहजरहनी का उपदेश भी इसी क्रम में देते हैं। (वही सबदी 27) गोरख योग साधना के पारिभाषिक शब्दों से कबीर की रचनाएँ भी भरी पड़ी हैं। उन्मनी दशा (अब मन उलटि सनातन हुआ), तीनों नदियों के मिलन को त्रिवेणी (बंकनाल के अन्तर पश्चिम दिसा के बाट/नीझर झरै रस पीजिए भँवर

गुफा के घाट/ त्रिवेणी मनाह न्हवाइए, सुरति मिलै जे हाथि। वहाँ न फिर मध जोइए सनकादिक मिलिहैं साथ।) इत्यादि पदों से कबीर वाणी भरी पड़ी है। पर कुछ पद ऐसे हैं जो गोरखबानी से बहुत मिलते-जुलते हैं और उनमें कबीर ने गोरखनाथ भी महत्ता को स्वीकारा है–

रामं गुन बेलड़ी रे, अवधू गोरखनाथि जांनी।
भा तिस रूपन छाया जाके, विरिध करै बिनु पांणी।।
बेलड़ियाँ दै अड़ी पहूँची, गगन पहूँची सेली।
सजग बेलि तब फूलन लागी, डाली कपूल मेल्ही।

पद 11 रामकली।

गोरख बानी में यह पद इस प्रकार है–

काटते बेली कूपण मेल्ही, सीचतड़ा कुम्हिलाणी।
तत बेली लो, ततबेली लो, अवधू गोरख जांनी।
डालन मूल पुहुप नहिं छाया बिरिधा करै बिन पांणी।
काटत बेली कूपण मेल्ही सीचतंड़ा कुम्हिलाए।
मछीन्द पसादै गोरख बोल्या नित्त नेबलडी थाए।।

(गो.बा.पद 17)

उपर्युक्त पद कबीर का प्रामाणिक पद है जो कबीर-वाणी की सभी शाखाओं और संग्रहों में उपलब्ध है।

कबीर की ही भाँति दादूदयाल, दरिया (बिहारवाले), बावरीपन्थ के कवि, गुलालपन्थ के कवि और उनके शाखाओं के सन्तों में योग का यही प्रभाव हमें दीख पड़ता था। आधुनिक काल तक यह क्रम चलता है–सन्त सदफल देव जिनका शिवलोक गमन 1954 ई. में हुआ विहंगमयोग के सिद्ध सन्त थे जिनका विहंगम योग आश्रम झूंसी प्रयाग में है। योगी आदित्यनाथ ने अपने ग्रन्थ 'राज योग' में इस बात का विवेचन किया है कि पिपीलिका सिद्धि के पश्चात् ही विहंगम योग की स्थिति आती है। खास बात यह है कि रामभक्ति, कृष्णभक्ति, सूफी भक्ति की धाराएँ तो रीतिकाल के पूर्व तक चली (स्फुट काव्यों को छोड़कर) पर योग की यह निर्गुण भक्ति का प्रवाह आधुनिक काल तक चलता रहा और आज योग विश्व की एक विश्वसनीय साधना और क्रिया बन गया है।

कृष्ण भक्त कवियों में शिरोमणि सूरदास ने 'अलख' की मान्यता को अस्वीकार नहीं किया, हाँ उसकी विकटता की चर्चा करके अपने लिये सगुण भक्ति को सुगम माना है—

मेरो मन अनत कहाँ सचु पावै।
मान-बानी को अगम अगोचर सो जानै जो पावै।
सब विधि अगम विचारै ताते सूर सगुन लीला पद गावै।।

कृष्ण भक्तों ने प्रायः 'भ्रमरगीत' लिखा है जिसमें उद्धव-गोपी संवाद है। इस संवाद का केन्द्र है—योग और प्रेम यानी प्रेमाभक्ति। यहाँ गोपियाँ उद्धव के योग-सन्देश का प्रतिवाद करती हैं पर वे यह नहीं कहतीं कि योग बुरी चीज है। उनका कहना है वे योग के लिए पात्र नहीं हैं—"हम अहीर अबला सठ मधुकर, हमहिं योग कहँ भावै।" यही ध्वनि प्रायः सभी भ्रमरगीतों की है। तात्पर्य यह कि गोरखनाथ प्रवर्तित-प्रचारित योग की ऐसी धाक उस समय पर थी कि किसी अन्य उपासना पद्धति के पूर्व योग भी कठिनाई बताना अनिवार्य-सा हो गया था।

गोरखनाथ और उनके योग के प्रति गोस्वामी तुलसीदास के विरोध को रेखांकित करने का प्रयास प्रायः देखा जाता है। वस्तुस्थिति बिल्कुल इसके विपरीत है। कवितावली के उत्तरकाण्ड के छन्द 84 में तुलसी ने लिखा—

गोरख जगायो जोग भगति भगायो लोग।
निगम-नियोग से तो कलि ही छरो सो।।

यह प्रसंग कलिकाल वर्णन का है जिसमें कवि कहता है कि कलिकाल ने वर्णाश्रम को समाप्त कर दिया। कर्म और उपासना में कुवासना आ गयी तो ज्ञान भी हर लिया गया है। ऐसे में गोरखनाथ ने योग को जागृत किया जो वेद विहित है पर कलिकाल से योग भी छला गया है और योग के प्रभाव से लोगों ने भक्ति से भी पल्ला झाड़ लिया है। यह 'जगाया' शब्द बहुत महत्त्व का है—जगाया अर्थात् पतंजलि के योग-सूत्र को पुनः जागृत किया। पर इस वेद-विहित योग को कलिकाल में लोगों ने छल-कपट का माध्यम बना लिया है। इस अर्थ की सिद्धि रामचरितमानस के कलिकाल वर्णन प्रसंग से भी होती है—

असुभ वेष भूषन धरें, भच्छाभच्छ जे खाँहिं।
तेइ जोगी तेइ सिद्ध नर पूज्य ते कलिजुग माँहिं।।
(उत्तर 98 क)

यहाँ कवितावली की भाँति बात प्रारम्भ करते हैं, 'बरन धरम नहिं आश्रम चारी' से और फिर जोगी और सिद्ध का कलियुग में लक्षण बताते हैं। तात्पर्य यह कि तुलसी ने योग और सिद्धियों के आडम्बरी लोगों की बात की है। यही स्थिति उनके एक और पद में भी है–

हम लख हमहिं हमार लख, हम हमार के बीच।
तुलसी अलखहिं का लखै राम नाम लखु नीच।।

पहली पंक्ति का अर्थ है हम, हमार के बीच फँसा संसारी जीव 'अलख' को क्या लख पाएगा–उससे अलख-निरंजन की सिद्धि नहीं होगी। अतः वे ऐसे संसारी जीवों से कहते हैं कि सांसारिकता के निम्न पंक में फँसे व्यक्ति के लिए 'रामनाम' सम्भव है अलख और योग नहीं। कलियुग केवल नाम अधारा।

वह तुलसी जो योग की श्रेष्ठता का क्रियात्मक वर्णन करता है वह योग की अथवा योग को पुनर्जीवन प्रदाता गोरखनाथ की निन्दा कैसे कर सकता है! उत्तरकाण्ड में ज्ञान-भक्ति प्रकरण' में तुलसीदास कहते हैं–

भगतिहि ग्यानहिं नहिं कछु भेदा। उभय हरहिं भव सम्भव खेदा।
नाथ मुनीस कहहिं कछु अन्तर। सावधान सोउ सुनु बिहंगबर।।
(उ. 115 क)

वह भेद सुनिये, पहले 'सात्त्विक श्रद्धा धेनु सुहाई' से प्रारम्भ करके गोस्वामी जी जप, तप, यम, नियम से बढ़ते हुए निर्मल मन और निवृत्ति के साधनों से 'परमधर्ममय दूध' को निर्मलता से पकाकर मक्खन रूपी तत्त्व और फिर उसे तपाने के लिए कहते हैं–

जोग अगिनि करि प्रगट तब कर्म सुभासुभ जारि।
चित दिया भरि धरै दृढ़ समता दियटि बनाइ।

अब जो दिया की जोति है–सोहमस्मि इति वृत्ति आखण्डा। दीप सिखा सोइ परम प्रचण्डा की जोति।

यही सोऽहं, शिवोहं, अहं ब्रह्मास्मि, अनलहक शब्दों से व्यक्त भावना ही योग साधना की चरम अवस्था। अब इतना रूपक बाँधकर तुलसीदास कहते हैं कि पर यह मार्ग तलवार की धार पर चलने जैसा कठिन है और

कहत कठिन समुझत कठिन, साधत कठिन बिबेक।
होइ घुनाच्छर न्याय जौं पुनि, प्रत्यूह अनेक।।

(उत्तरकाण्ड 118 ख)

इस प्रकार सूरदास की भाँति तुलसी भी योग की श्रेष्ठता मानते हुए उसकी कठिनता के कारण भक्ति के सरल मार्ग का आग्रह करते हैं। मजे की बात यह है कि हर भक्ति-सम्प्रदाय पर गोरखनाथ का आतंक छाया है। यह गोरख की लोकप्रियता का प्रमाण है। यह सही है सब कोई योगी नहीं हो सकते पर योग के प्रति श्रद्धा और योगी द्वारा प्रशस्त जीवन के सहज मार्ग का अनुगमन तो सभी कर सकते थे।

गोरखनाथ की योग साधना को आत्मसात् किया सात समुन्दर पार से आये हुए सूफी विचारकों, कवियों और सन्तों ने। कई सूफी सन्तों की एकान्त में तपस्या करने का उल्लेख प्रामाणिक स्रोतों से मिलता है। कवि मंझन के गुरु शेख मुहम्मद गौस चुनार के किले में 12 वर्ष तपस्या करते रहे और 90 वर्ष की अवस्था तक जीवित रहे। मंझन ने अपने प्रेमाख्यान 'मधुमालती' के नायक को गोरखनाथ की योग साधना करने की बात कही है—

ज्ञान, ध्यान औ आसन, स्रवन नैनन्ह लौ लागि।
दरसन लागि भेस सब कीन्हा मकु गोरख गा जागि।।
सहस उदित अपान साधिके लीन्हि सिद्धि अवराधि।
बारह बरिस रहे बन पर्वत लाए जो ब्रम्ह समाधि।।

अल बदायूँनी ने भी 'मुन्तखबउत्तवारीख' में इस बात का उल्लेख किया है। सूफीसन्त मंसूर-अल-हल्लाज तो प्रसिद्ध ब्रह्मवादी था, उससे पहले बायजीद बिस्तामी नामक सूफी हुआ जिस पर उपनिषदों का प्रचुर प्रभाव था। तत्पश्चात् इब्नुल आरबी और अब्दुल करीम अल जिली पर भारतीय दर्शन का प्रभाव है कि उन्हें वेदान्ती कहा जा सकता है। मंसूर और अरबी तो भारत आये भी थे और इन्होंने यहाँ के योगियों और साधकों से सम्पर्क भी किया था।

सभी सूफी प्रेमाख्यानों के नायक योगी बनकर अपने प्रेम मार्ग पर निकलते हैं। उस समय ये कानों में कुण्डल, हाथ में धन्धारी चक्र आदि नाथ योगियों की वेश भूषा धारण करते हैं। साथ ही कई कवियों ने उनकी यात्रा के पड़ाओं में 'गोरखपुर' को दूसरे पड़ाव के रूप में बताया है। उसमान ने चित्रावली में चार पड़ाव—(1) भोगपुर (2) गोरखपुर (3) नेहनगर (रूपनगर) बताया है। कुतुबन की मृगावती में नायिका नायक योगी से पूछती है कि तुम कहाँ से आये हो, तो वह कहता है—'रंगनाथ' मेरे गुरु हैं और मैं गोरखपुर से चला हूँ—

पूछेसि कवन देस से आये, को गोरख का चेला।
रंगनाथ हैं गुरु हमारे गोरखपुर से खेला।

इन सब बाहरी बातों के अतिरिक्त जायसी ने साधना के अन्तरंग पक्षों का भी बड़ा सटीक निरूपण किया। उनकी दृष्टि में परमरूप की प्राप्ति के लिए योग-साधना द्वारा सिद्ध होना अनिवार्य है।

जायसी ने अपने महाकाव्य 'पदुमावति' में यह दर्शाया है कि योगमार्ग की साधना सूफी प्रेमसाधना के चरम लक्ष्य को पाने के लिए अनिवार्य है। हीरामन तोता योगी रतनसेन से कहता है—

कठिन आहि सिंहल कर राजू। पाइअ नाहिं राज कर साजू।
वहि पन्थ जाइ जो होइ उदासी। जोगी जती तपा संन्यासी।
भोग जोरि पाइअ वह जोगू। तजि सो भोग कोइ करत न जोगू।।

योग और महायोगी गोरखनाथ

'योग' शब्द का शब्दार्थ है जोड़ना। गणित में संख्याओं के जोड़ने को योग कहा जाता है और साधना के क्षेत्र में अपान वायु को प्राणवायु से जोड़ने को योग कहते हैं। कर्म काण्ड में निष्काम कर्म कर्ता के लिए गीता में कहा गया है—योगः कर्मसु कौशलम्, (अध्याय 2 श्लोक 50) अर्थात् कर्म की कुशलता ही योग है। पतंजलि महाराज ने कहा है—योग : चित्तवृत्ति निरोध :। अर्थात् चित्त की चंचल वृत्ति का निरोध योग है। यह परिभाषा साधकों योगियों से उपासकों तक पर चरितार्थ है। ज्ञानमार्गी के लिए 'संयोगों योग जीवत्मपरमात्मानोः। अर्थात् आत्मा परमात्मा का संयोग ही योग है। इन समस्त विधियों के लिए चंचल मन को स्थिर करना अनिवार्य है। अतः योग की साधना के लिए शरीर की निरोगता और उसमें बल-वीर्य की संरक्षा आवश्यक होती है और तभी साधक साधना द्वारा मन की चंचलता को दूर करके योग के अग्रगामी सोपानों पर चलता हुआ समाधि की स्थिति में पहुँचता है। इसलिए गोरखनाथ ने ब्रह्मचर्य पर बल दिया और मध्यम मार्ग का अवलम्बन करके शरीर को सक्षम रखने का सन्देश दिया। इनका कथन है कि न अधिक भोजन और न अत्यल्प भोजन, न अधिक सोना, न अधिक जागना—इस प्रकार सन्तुलित रहने पर ही साधना सम्भव होती है।

योग के अतिरिक्त कर्म मार्ग, ज्ञान मार्ग, भक्ति मार्ग सभी का महत्त्व है। जैसे सभी नदियाँ समुद्र में जाकर मिलती हैं, उसी प्रकार सभी मार्गों से निष्ठापूर्वक चलकर परम मद प्राप्त किया जा सकता है पर उसमें 'योग मार्ग' सर्व श्रेष्ठ कहा गया है। गीता में योगिराज श्री कृष्ण ने कहा है—

तपस्विभ्योऽधिको योगी,
ज्ञानिभ्योऽपि मतोऽधिक।

कर्मिभ्यश्चाऽधिको योगी,
तस्माद्योगी भवार्जुन।।

(अध्याय 6 श्लोक 46)

अब प्रश्न यह है कि योग है क्या और इसकी प्रक्रिया क्या है? वस्तुतः योग एक साधना है जिसमें मन की चंचल गति को रोककर उसे अमन या उन्मन किया जाता है। मन में ही पंचभूतनिर्मित संसार है। यदि मन की गति इसकी गन्ध स्पर्शादि भोगों से हटाकर परमात्मातत्त्व में लीन कर लिया जाय तो यही मन जो सभी सांसारिक विकारों का हेतु है, वह निरुद्ध और नियोजित मन हमें अमरत्व प्रदान कर सकता है। महायोगी गोरखनाथ ने अपनी बानी में बहुत सरल शब्दों में इस गूढ़ तत्त्व को बता दिया है—

यहु मन सकती यह मन सीव।
यह मन पाँच तत्त्व का जीव।
यहु मन ले जे उनमन रहे
तौ तीन लोक की बतां कहै।

किन्तु मन तो चंचल है—

चंचलहि मनः कृष्ण प्रमाथि बलवद्धृढ़म्
तस्याहं निग्रहं मन्ये वायुरिव सुदुष्करम्।

इसे वश में करने के लिए ही साधनात्मक योग की आवश्यकता होती है। इसके दो मार्ग बताये गये हैं। पीलिका योग और विहंगम योग। चींटी की चाल से धीरे-धीरे क्रमशः कुण्डलिनी को उद्‌बुद्ध करके सहस्त्रारचक्र तक पहुँचना पिपीलिका योग है। यही हठयोग है। विहंगम योग चिड़िया की तरह उड़कर तीव्र गति से कुण्डलिनी से सहस्त्रार तक पहुँचने की क्रिया है। यद्यपि विहंगम योग को श्रेष्ठतम माना गया है। पर पूर्व संस्कार युक्त प्रकृत्या ही विरक्त शुकदेवादि के लिए ही सम्भव है। इसलिए गुरु गोरखनाथ ने हठयोग को स्वयं सिद्ध किया तथा लोक के लिए उसको उपयोगी बताया। योगी श्री आदित्यनाथ ने 'राजयोग' नामक अपने ग्रन्थ में इस सम्बन्ध में उचित ही लिखा है कि, ''उन्होंने मुट्ठी भर लोगों से योग विद्या को निकालकर महलों से कुटियों तक सवर्णों से लेकर दलितों पीड़ितों तक के लिए सुलभ बना दिया। वामाचार और पंच मकरों (मद्य मांस मीन च

मुद्राश्य मैथुनैव च। एते पंचामकाराः हि मोक्षदा युगे युगे) के पंक से निकालकर सात्त्विकता संयम सदाचार और सद्विचार की भूमि पर प्रतिष्ठित किया। इनमें जातियों के भेदभाव ही नहीं, धर्म, मत, पन्थ का भी कोई बंधन नहीं था।'' अतः अनेक मुसलमान आदि ने भी हठयोग की दीक्षा ली थी। आज महायोगी गोरखनाथ के मार्ग की विश्वभर में दुन्दुभी बज रही है।

गोरखनाथ ने हठयोग में पतंजलि के अष्टांग योग के स्थान पर षडांग योग को स्वीकार किया है—यम, नियम, आसन, प्राणायाम, प्रत्याहार धारणा, ध्यान, समाधि में यम नियम को सर्वसारण के लिए अनिवार्य बता कर हठयोग में शेष छह को ही योग की साधना के लिए स्वीकार किया गया। इसमें आसन (पद्मासन आदि) प्राणायाम (पूरक, कुम्भक रेचक) प्रत्याहार (बाह्य विषयों से मन को हटाना) धारणा (चित्त को किसी स्थान विशेष पर स्थिर करना) ध्यान (किसी एक वस्तु को केन्द्र में रखकर निरन्तर एकाग्रता) समाधि (जब ध्यानकर्ता और ध्येय में एकाकार भासित हो) इन छह चरणों में हम कुण्डलिनी को ले जाकर ब्रह्माण्ड में पहुँचाते है। तब समाधि की स्थिति बनती है।

कुण्डलिनी और षड्चक्र की क्रिया का संक्षिप्त संकेत करने से इस योग की प्रक्रिया को समझा जा सकता है। भारतीय विचारकों के साथ ही आर्थर एवेलन है षडचक्रों की स्थिति इस प्रकार बतायी गयी है।

मेरुदण्ड के भीतर तत्त्वों के छह प्रधान केन्द्र हैं इन्हें चक्र कहते हैं जो कमल के पुष्प के आकार के कहे गये हैं। इन छह केन्द्रों का नाम हैं—मूलाधार चक्र जो जननेन्द्रिय के नीचे के प्रदेश में मेरुदण्ड से लगा जो सर्विणी के आकार का तीन वलयों में नीचे मुख किये है। उसे साधक प्राणायाम द्वारा ऊपर की ओर मुख कराकर क्रमशः अन्य चक्रों को भेदन करते हुए आज्ञा चक्र तक ले जाता है जो भूमध्य त्रिकुटी में स्थित है। वहाँ पहुँचकर साधक जीवधर्म से मुक्त होकर अमर हो जाता है और वह रागद्वेष, शत्रु मित्र, दुःख-सुख आदि द्वन्द्वों से ऊपर तथा संकल्प-विकल्प से मुक्त होकर निर्विकल्प समाधि की दशा में पहुँचता है और कुण्डलिनी आज्ञा चक्र से ऊर्ध्वगमन करके ब्रह्माण्ड में सहसदल कमल में पहुँचती है

जहाँ बिन्दु स्थान है वहाँ ब्रह्मरन्ध्र के बन्द द्वार के कपाट खुल जाते हैं और अनाहतवाद होता है। यह योग की पूर्णावस्था है। यहाँ पर योगी जीवन्मुक्त हो जाता है और उसके लिए कुछ भी असाध्य नहीं रहता। यही पिण्ड में ही ब्रह्माण्ड की स्थिति है।

गोरखनाथ जी की दृष्टि लोकमंगल की भावना से प्रेरित थी। इसलिए उन्होंने युगधर्म के रूप में योगमार्ग के अनुगमन का सन्देश उस परिस्थिति में किया जब समाज वाममार्गीय विकृतियों से आचरण भ्रष्ट तो हो ही रहा था, वह देश के साथ भी अपघात कर रहा था। सोमनाथ मन्दिर के गुप्तद्वार का पता मोहम्मद गजनबी को एक वैसे चरित्र भ्रष्ट व्यक्ति ने बताया था। इस प्रकार और भी बहुत से प्रसंग इतिहास में मिलते हैं। महायोगी गोरखनाथ का कलिकलुष को मिटाने के लिए अवतार हुआ था। बुद्ध के बाद गोरखनाथ जी इस राष्ट्र के सबसे बड़े लोकनायक हुए। बीच में शंकराचार्य ने भी समाज को जगाया, पर उनकी पहुँच और उनका अद्वैतसिद्धान्त सामान्यजन के लिए नहीं था जब कि गुरु गोरखनाथ का सन्देश दलित से लेकर बड़ों को पहुँचा था। वे चाहते थे कि साधना के साथ गृहस्थ भी आचारवान् बने। उसे संयम, सदाचार और अहिंसा का सन्देश उन्होंने लिया। जब वे कहते है—

हबकि न बोलिबा ढबकि न चलिबा धीरे धरिबा पाँव
गरबन करीबा सहजै रहिबा, भणत गोरख राँव।।
तो यह बात वह सर्वसमाज के लिए कहते थे।

महाकवि हरिऔध के सामाजिक सरोकार

हरिऔध जी का जन्म एक गाँवनुमा कस्बे में हुआ था और उसी प्रकार वहाँ पचीस वर्ष जीवन बिताने के पश्चात् वे आजमगढ़ जैसे छोटे शहर में रहने लगे जो गाँव जैसा ही छोटा शहर था जिसमें तब बिजली भी नहीं थी। नौकरी भी सरकारी राजस्व विभाग के कानूनगो की थी जिसका गाँव और गाँव के लोगों से ही नाता था। इसके प्रभाव से उनमें एक पूरा मुकम्मल गाँव बसता था और वे स्वयं एक ग्रामीण की तरह रहते थे। मिडिल पास हरिऔध जी कविसम्राट् और साहित्यवाचस्पति बने, पर उनके काव्य का धरातल सदैव गाँव, गाँव की प्रकृति के साथ देश और देश की दशा-अवदशा ही रहा। वे जब प्रकृति की ओर निहारते थे तो 'एला-ललित लवंग संग पुंगीफल सोहैं,' वाली प्रकृति अथवा 'सजग सुभग जगती शेफाली अलस मौलिश्री डाली डाली' वाली प्रकृति नहीं अपितु किसान के खेतों में उगी सरसों, चना, मटर के फूलोंवाली प्रकृति थी। उन्होंने ऋतुओं के सौन्दर्य को स्वयं आँखों से देखा था, तभी शिशिर ऋतु में–

तीसी लसी बहुखेतन में, अपनी कुसुमावलि से छवि छावत,
पात चने के हरे हरे कोमल, काकी नहीं अँखिया बेलभावत,
ये 'हरिऔध' प्रसून केराव के, कै चित्त चाहि नहीं ललचावत,
क्या जो नहीं सरसे, सरसों के सुहावन फूल लुभावत।

ब्रजभाषा के अपने ग्रन्थों में हरिऔध लोकजीवन का सरस चित्र प्रस्तुत करते हैं। गाँव के लोकोत्सव त्योहारों के रूप में होते हैं। उनमें होली बड़ी ही मस्ती और उल्लास का पर्व है। ब्रजी में 'बगरो बसन्त' है की तर्ज पर हरिऔध होली की धमाचौकड़ी और रंगीनी का कैसा सरस चित्र खींचते हैं–

द्वारन को, दर को, दरीचिन को देहरी को,
वसन को देहिन को रंजित जो कीन्हों है।
बाग को, बीथिन को, बाटन, बजारन को,
बिटप को बालिन को कीन्हों रंग भीनो है।
'हरिऔध' अबीर उड़ाय के बिवसन को,
औरैय ओप अवनि को, आँगन को दीन्हों हैं
नूपुर को, नथ, नासिका को, नवेलिन को,
बाल अलबेलिन को, लाल करि दीन्हों है।

ब्रजभाषा के अपने रचनाकाल में हरिऔध प्राचीन ब्रजभाषा कवियों की शृंगार-भक्ति की दृष्टि से परे अपनी सामाजिक दृष्टि ही रखते थे। 'रसकलस' की प्रेमसुधा प्रवाहित करने में अपने दृष्टिकोण को वे 'कलस' नामक कवित्त में लिखते हैं—

मानव की मति दानवता तजि, मानवता कब मंजु लहैगी?
नीति कुनीति कहै है नहीं, कब सुन्दरनीति सुपन्थ गहैगी
आकुल है 'हरिऔध' महा, कब आकुलता कबहूँ न रहैगी
प्रेम सुधाकर के कर ते कब शान्ति सुधा बसुधा में बहैगी।

उसकी भूमिका में वे लिखते हैं—

"मातृभूमि की सेवा करना सबका धर्म है, उसके गाढ़े दिनों में काम आना सबका प्रधान कर्त्तव्य है। यदि यह न हो सके और लेखनी इस प्रकार का विचार लिखने में कुण्ठित हो तो समाज में गन्दगी फैलाने से बचा जाय।"

इसीलिए उन्होंने परम्परागत नायिकाओं के भेद के साथ कुछ नयी नायिकाओं का वर्णन किया है—परिवार-प्रेमिका, जाति-प्रेमिका, देश-प्रेमिका, जन्मभूमि प्रेमिका, निजतानुरागिनी, लोक-सेविका और धर्म प्रेमिका। आचार्य शुक्ल इन भेदों को रस सिद्धान्त की दृष्टि से ठीक नहीं मानते। पर शुक्ल जी की दृष्टि जहाँ शास्त्रीय थी, वहाँ हरिऔध की सामाजिक और समसामयिक सरोकारों से युक्त थी। इसी कारण जब शुक्ल जी छायावाद का विरोध कर रहे थे, उसी समय हरिऔध महादेवी के 'नीहार' की भूमिका में उसकी स्वीकृति और उज्ज्वल भविष्य की कामना कर रहे थे।

हरिऔध अतीत के माध्यम से वर्तमान को प्रस्तुत कर रहे थे। 'प्रिय प्रवास' में एक ओर कंस के निरकुंश अत्याचारों के विरुद्ध श्री कृष्ण लोकसंग्रह करके उसे चुनौती दे रहे थे। दूसरी ओर अंग्रेजी शासन से मुक्ति हेतु लोकजागरण चल रहा था। अंग्रेजों के शासन के विरुद्ध स्वातन्त्र्य आन्दोलन की पृष्ठभूमि में इस रचना को देखिये—ब्रज का सारा दूध दही कंस के पास जाता था, कृष्ण ने उसे रोक दिया। इसमें वही ध्वनि है जो भारतेन्दु की 'परधन विदेश चलि जात, यहै अति ख्वारी' की है। यह तब 1913 ई. में लिखा गया जब गाँधी जी का अवतरण स्वातन्त्र्य आन्दोलन में नहीं हुआ था। तुलसी के 'मानस' के राम में राणाप्रताप की छवि थी—राम कन्दमूल फल खाकर बन्दर भालुओं की सेना जुटाकर महाप्रतापी रावण के विरुद्ध लड़ रहे थे, तो राणा प्रताप घासों की रोटी खाकर कोल भीलों की सेना एकत्र कर दिल्लीश्वर अकबर से। हरिऔध के परम शिष्य श्यामनारायण पाण्डेय 'हल्दी घाटी' स्वतन्त्रता आन्दोलन की जवानी में लिख रहे थे और इतिहास के इस प्रसंग से देश के युवाओं में जोश भर रहे थे। ठीक यही स्थिति 'प्रिय प्रवास' की है। वहाँ राधा कृष्ण के विरह के साथ अपने प्रेम का इस प्रकार रूपान्तर करती है कि वे लोक सेवा में निमग्न हैं, नन्द-यशोदा के आँसू भी पोंछती है अन्य गोप-गोपियाँ को ढाँढ़स देती है और कामना करती है—

प्यारे जीवें जग हित करें चाहे गेह न आवें।

पवन को दूत बनाकर अपना सन्देश कृष्ण के पास भेजते समय भी वह कृषक ललना को या किसी समान्य व्यक्ति के कार्यों में बाधा न डालने को सावधान करती है। यह सब हरिऔध के सामाजिक सरोकार ही हैं जो कृष्ण और राधा को उनके पौराणिक और रीतिकालीन-भक्तिकालीनवाले रूप से निकालकर समसामयिक समाजसेवी और निरकुंश शासन के प्रतिकार करनेवाले के रूप में प्रस्तुत करते हैं।

हरिऔध जी एक युगद्रष्टा और भविष्यद्रष्टा महाकवि थे। उन्होंने अछूत के प्रति भेदभाव का प्रश्न 1924 ई. के पहले ही अपने चौपदों में बड़े ही जोरदार ढंग से उठाया था। गाँधी जी ने 1932 ई. 28 सितम्बर को अम्बेडकर के साथ हुए पूना पैक्ट के बाद इस प्रश्न को अपने स्वातन्त्र्य-सुराज

के आन्दोलन का अंग बनाया था। हरिऔध जी ने अछूत कहे जानेवालों की लम्बी शोषण-प्रक्रिया पर प्रहार किया और कहा—

आदमी है आदमीयत है भली
बात यह कोई कहे दूसरा नहीं।
छेद छाती में अछूतों के हुए
जो अछूता जी गया छितरा नहीं।

ब्राह्मणों की इस व्याख्या पर कि शूद्र पैर हैं, वे कहते हैं। विष्णु के पैरों से निकली विष्णुपदी गंगा पूज्य है तो—

क्या उसी से न कढ़ी गंगा है
बल क्या उसी के न पुजे बामन
अचानक अछूत है कैसे
भला कौन पाँव-सा पावन।

एक चौपदे में वे लिखते हैं कि मन्दिर अछूत बनाते हैं, उसमें पूजी जानेवाली मूर्तियाँ वे ही गढ़ते हैं। उसे तुम पूजते हो और जिसने मन्दिर और मूर्ति बनायी, वह मन्दिर में प्रवेश नहीं पा सकते, यह विडम्बना है। अपने समय से बहुत आगे हरिऔध की यह अग्रगामी सोच थी।

नारी की पुरुष से समानता और उनके प्रति सम्मान की भावना से ओत-प्रोत कवि उर्मिला के दर्द को 'साकेत' की रचना के पूर्व ही एक लम्बी कविता में उठाते हैं। उर्मिला के त्याग-समर्पण की प्रशंसा तो कवि करता है, पर उसके हृदय में दर्द है कि उर्मिला के इस समर्पण के प्रति कभी किसी ने न आँसू बहाया और न उसे सान्त्वना देने हेतु उसके सिर पर हाथ रखा। कवि का प्रश्न है—

किसी दिन भी दो बूँद आँसू गिराकर
हमारी पड़ी आँख है उर्मिला पर?

कम-से-कम उर्मिला की इस कठिन तपस्या को ध्यान रखकर कोई कुछ उसको सान्त्वना के स्वर प्रकट करता। पर वह उपेक्षिता ही रही। इस घोर कष्ट के बाद भी—

न तब भी किसी ने गले से लगाया
न पोंछा सलिल जो दृगों से बहाया।

× × ×

न सोचा किसी ने कभी आँख भर कर
गयी बीत क्या इस तरह बालिका पर।

कवि ने उर्मिला, राधा, सीता जैसे चरित्रों का सम्मानपूर्वक चित्रण ही नहीं किया है, अपितु पुरुष प्रधान इस समाज द्वारा नारी के प्रति क्रूरता की भी बड़े सशक्त शब्दों में भर्त्सना की है—

मर्द चाहे माल चाबा ही करें।
औरतें पीती रहेंगी माँड़ ही
क्यों न रड़ुए व्याह कर लें बीसियों,
पर रहेगी रांड़ सब दिन रांड़ ही।

नारी उत्पीड़न के प्रति आक्रोश व्यक्त करने के साथ ही हरिऔध ने बालकों के संस्कार के लिए बाल कविताओं का तीन संग्रह प्रकाशित कराया। उस समय बाल कविता का प्रचलन नहीं था। 'रूपोद्यान प्रफुल्ल प्राय कलिका' लिखनेवाला कवि-बच्चों के लिए लिखता है—'देखो लड़कों बन्दर आया/एक मदारी उसको लाया।' बाल-कवितावली के पीछे कवि का मन्तव्य उस सामाजिक सरोकार से है, जो उन्हें संस्कारित कर सके। उन्हें सुमार्ग पर लावे। इसीलिए इन कविताओं में वे माता-पिता के प्रति समादर, बहनों के प्रति आदर-सम्मान की भावना भरते हैं। आज जिस प्रकार पढ़ा-लिखा वर्ग माँ-बाप की उपेक्षा करता है, उसका कारण यही है कि बच्चों को संस्कारजन्य साहित्य नहीं पढ़ाया जाता और न ही उन्हें ऐसे वातावरण में रखा जाता जो उन्हें बड़े होने पर मातृ-पितृभक्त बनावें और अपनी बहनों के प्रति बराबरी का भाव रखें।

महाकवि के समय हिन्दी बनाम उर्दू का विवाद चरम पर था। आजमगढ़ भी उर्दू का एक गढ़ था। शिबली नोमानी भी आजमगढ़ में आ गये थे। हरिऔध की उनके साथ प्रायः भेंट-वार्त्ता होती थी। हिन्दी को गँवार बोली और उसमें मुहावरों का अभाव जैसा आरोप उर्दूवालों द्वारा लगाया जाता था। इस प्रसंग में हरिऔध ने 'हिन्दी का उलाहना' शीर्षक से लिखा। इसमें उर्दूवालों से निवेदन किया—

तुम्हारी ही हूँ मैं मुझे मत बिसारो।
मैं हिन्दी हूँ न मुझको जी से उतारो।

खड़ी बोली की जमीन पर हिन्दी और उर्दू दो शैलियाँ बनीं। इसी से हिन्दी उर्दू की है और उर्दू हिन्दी की। उन्होंने लिखा कि नसीम और रतननाथ जैसे हिन्दुओं ने उर्दू लिखी। उसमें फारसीपन था पर–

न उनको हमने छड़ियाँ लगाईं
न डाटें बतायीं न आँखें दिखाईं।

साथ ही खुसरो, रहीम, रसखान, जायसी मुसलमान थे पर हिन्दी में उन्हें ऊँचा स्थान मिला।

मुसलमाँ होकर पर बहुत ऊँचा पद पाया।
रहीम और खुसरो ने जो जस कमाया।

× × ×

बड़ा जस बड़ा मान सच्ची बड़ाई
तो रसखान औ जायसी ने भी पाई।

गरज यह कि हिन्दी उर्दू का प्रश्न हिन्दू-मुसलमान का प्रश्न नहीं है और हिन्दी को उर्दू से कोई विरोध नहीं तो आप लोग क्यों नाहक हिन्दी का विरोध कर रहे हैं। यह भी समय और समाज की दृष्टि से दो जातियों और दो भाषाओं को समागम और सामंजस्य का समकालीन प्रयास था।

हरिऔध अपने समय के साथ खड़े थे और अपने समय से आगे भारत के भावी भव्य स्वरूप पर उनकी दृष्टि थी। भले ही उन्हें महात्मा गाँधी जैसा प्रमाणपत्र देनेवाला नहीं था और न आचार्य महावीरप्रसाद द्विवेदी जैसा वरदहस्त उन पर था और वे अंग्रेजी हुकूमत के एक अदना नौकर थे जब उनके बॉस कलेक्टर प्रायः अंग्रेज ही हुआ करते थे, तब भी उन्होंने राष्ट्रीयता और देशभक्ति का स्वर अपने प्रबन्धकाव्य 'प्रिय प्रवास' में उठाया और अपने समय की सारी सामाजिक जड़ताओं पर प्रहार करते हुए अपने समाज को एक सन्तुलित विकास का रास्ता दिखाया।

खड़ीबोली के विविध प्रयोग और हरिऔध

पं. अयोध्या सिंह उपाध्याय हरिऔध खड़ी बोली हिन्दी की विभिन्न शैलियों की काव्यभाषा के प्रयोक्ता और उसे संस्कारित करनेवाले साहित्यकारों में अग्रगण्य हैं। उनकी इस भाषारूप की विविधता की पहचान में कहा जा सकता है कि वे तुलसी और बिहारी की तरह भाषा प्रयोग के महान शिल्पी थे। तुलसी गंग दोऊ भए सुकबिन के सरदार। इनके काव्य में "मिली भाषा विविध प्रकार (भिखारी दास) और 'भाँति भाँति' रचना सरस देव गिरा ज्यों व्यास। त्यों भाषा सब कबिन में बिमल विहारी दास।" तुलसी की भाषा ब्रज, अवधी, ब्रजावधी सभी साहित्यिक प्राजलता के साथ बोलचाल तक सहजता के साथ मुखरित हुई। बिहारी की ब्रजी में बुन्देली से लेकर फारसी तक की शब्दावली गहन अर्थ बोध के साथ ऐसी जड़ी हुई हैं कि उसे देवभाषा के कवि शिरोमणि व्यास की भाषा के समान कहा गया। द्विवेदी युग में हरिऔध की भी यही स्थिति है। वे ब्रजभाषा के सफल कवि हैं, पर खड़ी बोली के संस्कृतनिष्ठ रूप कोमलकान्त पदावली, सरल हिन्दी, बोलचाल की मुहावरेदार हिन्दी और ठेठ हिन्दी के इन चार रूपों की रचनाओं के प्रदेय के कारण उन्हें खड़ी बोली के विविध भाषा रूपों के जनक और उसके संस्कारकर्त्ता के रूप में स्मरण किया जाता है।

सर्वप्रथम हम 'प्रिय प्रवास' की भाषा का विचार करेंगे। खड़ी बोली के इस प्रथम महाकाव्य को लिखते समय उनके सामने ब्रजभाषा की ललित पदावली और फारसी उर्दू की रवानी के समकक्ष खड़ी बोली को ललित, कोमलकान्त पदावली में ढालकर प्रस्तुत करने की चुनौती थी। फारसी भाषा का प्रसिद्ध विद्वान् अली हाजी भारत आया। ब्रज में आया तो एक छोटी बालिका का अपनी माँ से कहना 'मायरे माय, गैल साँकरी पगनु माँ

काँकरी गड़त है', सुनकर चकित रह गया। उसने कहा कि जहाँ लड़कियों का ऐसा सरस भाषण है, वहाँ के कवियों की वाणी का क्या कहना। यही ब्रजभाषा आदिकाल, भक्तिकाल, रीतिकाल और हरिऔध पूर्व के आधुनिक काव्य की भाषा के आसन पर विराजमान थी। उन्होंने संस्कृत छन्दों में संस्कृतनिष्ठ पदावली में महाकाव्य लिखा। इसके दो कारण थे। पहला, संस्कृत के शब्द उत्तर से दक्षिण तक सभी भारतीय भाषाओं में पर्याप्त हैं। अतः खड़ी बोली हिन्दी को अखिल भारतीय पसन्द का बनाने का यह प्रयास था। दूसरा खड़ी बोली जो अपने नामानुरूप ही खड़ी, खरी या रूक्ष भाषा है, उसे ललित काव्यभाषा, संस्कृतमय पदावली से जोड़कर ही बनाया जा सकता है।

हरिऔध पूर्व खड़ी बोली काव्य या तो इतिवृत्तात्मकता के साथ सरल भाषा में था जैसे भारत भारती, जयद्रथ वध जैसी सुप्रसिद्ध रचनाएँ हैं, अथवा वह अकाव्यात्मक कटुभाषा में है। राष्ट्रकवि की 'यशोधरा' जैसी रचना के कुछ पद ऐसे हैं–

घूम रहा है कैसा चक्र
वह नवनीत कहाँ जाता है, रह जाता है तक्र
बाहर के क्या जोडू जाडूँ
मैं अपना ही पल्ला झाडूँ
तब है जब वे दाँत उखाडूँ
रह भवसागर नक्र।

वहीं गुप्त जी जब संस्कृतयुक्त पदावली में लिखते हैं तो कैसी सरस और स्निग्ध भाषा होती है–

चन्द्र सूर्य दो मुकुट मेखला रत्नाकर हैं।
नीलाम्बर परिधान, हरित वे पट पर सुन्दर हैं।
करते अभिषेक पयोद हैं, बलिहारी इस वेश की।
हे मातृ तू सत्य ही सगुण मूर्ति सर्वेश की।

आज की खड़ी बोली की कविता तो छायावादी कवियों की टकसाल में ढलकर श्रुतिमधुर और गीत-संगीतमय बन चुकी है, पर हरिऔध को तो जमीन बनानी थी, प्रयोग करना था और मैं समझता हूँ कि अपने प्रयोग

में 'प्रिय प्रवास' की भाषा न केवल ललित प्रवाहयुक्त संगीतमय और कोमलकान्त है अपितु बहुअर्थगर्भित भी है। केवल दो उदाहरण प्रस्तुत हैं—

दिवस का अवसान समीप था
गगन था कुछ लोहित हो चला,
तरुशिखा पर थी अवसजती
कमलिनी-कुल-बल्लभ की प्रभा।।

यहीं से 'प्रिय प्रवास' प्रारम्भ है। कोई मंगलाचारण नहीं, अतुकान्त छन्द, संस्कृत वर्णवृत्त सभी नये प्रयोग। पूरे महाकाव्य के कथ्य का संकेत इस सीधे सरल 'द्रुतविलम्बित' में समाहित है। दिवस का अवसान गोपी, ग्वाल बाल, नन्द यशोमति के सुदिन का अवसान है। गगन का लोहित होना, रक्तिम होना यह उपर्युक्त सभी के अरमानों का रक्तरंजित होने का सूचक है। सूर्य जो कमलिनी कुल-बल्लभ है, वह गोपी कुल बल्लभ रूप सूर्य के अन्य लोक में गमन करने का सूचक है। जैसे सूर्य के अस्ताचल हो जाने पर कमलिनी का मुरझाना, वैसे ही ब्रजराज के जाने पर गोपियों का मुरझाना व्यंजित है।

अब राधिका का रूप देखिये, जिस पर आलोचकों की आपत्ति है कि इसमें क्रिया और सर्वनाम छोड़कर सब संस्कृत है। क्यों नहीं पूरा महाकाव्य संस्कृत में लिखा गया। ये आलोचक तुलसी से क्यों नहीं पूछते 'बन्दउ गुरु पद कंज कृपा सिन्धु नररूप हरि' कहाँ की अवधी है और सूर से कि 'अद्भुत एक अनूपम बाग, युगल कमल पर गजवर क्रीडित तापर सिंह, करत अनुराग यह कहाँ की ब्रज है। इसे छोड़िये, चार शार्दूल बिक्रीदत छन्द में राधा का रूप है।

रूपोद्यान प्रफुल्ल प्राय कलिका, राकेन्दु विम्बानना।
तन्वंगी, कल हासिनी, सुरसिका क्रीड़ा-कला पुत्तली।
शोभावारिधि भी अमूल्य मणि सी लावण्य लीलामयी।
श्री राधा मृदुभाषिणी मृगदृगी, माधुर्य की मूर्ति थी।। 2/4

सस्वर पढ़िये अर्थ खुलता जाता है, पर गूढ़ार्थ भी है, इसमें। रूप के उद्यान की यह प्रफुल्ल प्राय कली है—अभी खिली नहीं पर अब खिलने ही वाली है। यानी वयः सन्धि की दशा और मुग्धावस्था का प्रथम चरण।

'क्रीड़ा कला पुत्तली' काव्य शास्त्र और काम शास्त्र के आचार्य जानते हैं कि क्रीड़ा और केलि में क्या अन्तर है? 'लावण्य' रूप में है। लीलामयी का तात्पर्य है कि बल्लभ सम्प्रदाय कृष्ण राधा को एक ही मानते हैं। वे लीलामय रूप से अलग-अलग है। इसी प्रकार 2/6 के प्रारम्भ में दो पंक्तियाँ है—

नाना-भाव-विभाव, हाव-कुशला आमोद आपूरिता।
लीला-लोल कटाक्ष-पात-निपुणा भ्रूभंगिमा पण्डिता।।

यह रसिकों के लिए कविता है, अरसियों को 'हरिऔध' में 'बुढ़भस' और 'तीस-पैंतीस छोड़कर' सब कूड़ा कचरा दिखता है।

चूँकि हरिऔध संस्कृत वर्णवृत्तों की मर्यादा के साथ संस्कृत की प्रांजल शब्दावली का प्रयोग करते हैं तो अनेक शब्दों के गठन में त्रुटियाँ भी हुई हैं। 'पतित' शब्द का प्रयोग—'गिरने' के अर्थ में चिन्त्य है। जैसे—

रात राशि की सरस सुखकी, दिव्य न्यारी कलाएँ
धीरे-धीरे पतित जब थीं, स्निग्धता साथ होती।

चाँदनी का 'पतित' होना कैसा लगता है। 'पत्तों' में पतित इतनी बारि की बूँदियाँ थी।' 15/18

यहाँ 'पतित' के साथ 'बूँदियाँ' का प्रयोग भी चिन्त्य है। ऐसे ही 'यक' (एक) और 'वहाँ' जैसे प्रयोग है पर इन पर भूमिका में हरिऔध जी ने छन्द की बाध्यता के कारण दिया है और केवल कहीं-कहीं।

'प्रिय प्रवास' अधिकांशतः बोधगम्य संस्कृत शब्दावली में लिखा गया है। जैसे 'पवनदूत' प्रसंग में राधा का वचन है—

मेरे प्यारे नव जलद से, कंज से नेत्र वाले।
जाके आये न मधुवन से औ न भेजा सन्देसा।
मैं रो-रो के प्रिय विरह से बावली हो रही हूँ।
जा के मेरी सब दुःख-कथा श्याम को तू सुना दे।।6/33

हरिऔध के प्रिय-प्रवास की भाषा पर आचार्य शुक्ल का अभिमत है—

''खड़ी बोली में इस प्रकार का बड़ा काव्य अभी तक नहीं लिखा गया है।

बड़ी भारी विशेषता इस काव्य की यह है कि सारा संस्कृत के वर्ण वृत्तों में है, जिसमें अधिक संख्या में रचना करना कठिन काम है। हरिऔध जी ने अपने इस काव्य में संस्कृत शब्दों की ऐसी लम्बी चौड़ी लड़ी बाँधी है कि हिन्दी को 'था' 'किया' 'दिया' ऐसी दो-एक क्रियाओं के भीतर सिमटकर रह जाना पड़ा है। भाषा के इस रूप का कारण उनका कोमलकान्त पदावली के प्रति अनुराग था। (हि.सा.इति)

डॉ. विवेकी राय का 'प्रिय प्रवास' का अनुभव इस प्रकार है–

"कविता जब समझायी जाय तो वह कविता नहीं रह जाती। पढ़िये तो देखिये वह स्वयं आपको समझायेगी। आज काव्य पुस्तकों में वह आँसू खोजता हूँ, परन्तु निराश हो जाता हूँ। जो प्रिय प्रवास में है।"

निःसन्देह अब लगता है 'प्रिय प्रवास' जैसा सरल ग्रन्थ हिन्दी में नहीं है। वह सरल ही नहीं साधु है।' एक डॉ. मनोरमा अवस्थी ने 'आधुनिक काव्य भाषा' नामक शोधपूर्ण ग्रन्थ लिखा है। इसमें उन्होंने अन्यों के साथ हरिऔध के इस महाकाव्य की भाषागत त्रुटियों की खूब आलोचना की है पर समग्र रचना के अपने ऊपर पड़े प्रभाव के सम्बन्ध में वे लिखती हैं–

"जहाँ-जहाँ संस्कृत गर्भित भाषा संस्कृतमय शैली शुद्ध रूप में है, वही प्रिय प्रवास में श्रुति मधुरता और संगीतमयता अधिक बढ़ गयी है। वहीं प्रियप्रवास को पढ़ने में अधिक आनन्द आता है। इसका एकदम त्याग कर देने पर 'वैदेही वनवास' नीरस और शुष्क हो गया। संस्कृत गर्भित भाषा और संस्कृतमय शैली 'प्रिय प्रवास' का भूषण है, दूषण नहीं। पृ. 236

भाषा का दूसरा रूप सरल हिन्दी का है, जिसमें 'वैदेही वनवास' और एक अन्य प्रबन्धात्मक कृति उर्मिला है। इनकी भाषा प्रिय प्रवास की भाषा से अलग है। यह प्रसादगुण सम्पन्न, प्रवाहयुक्त और अभिव्यक्ति क्षमता से युक्त है। इसमें भी संस्कृत शब्दों का विनियोग है पर अधिकांश पद सहज भाषा में हैं। 'वैदेही वनवास' की पंक्तियाँ ऐसी भी है–

हरे भरे तरुवर मनमोड़ थे खड़े
पत्ते कँप कँप कर आँसू ढालते।
कलरव करते आज नहीं खग वृन्द थे
"खोतों" से वे मुँह भी न थे निकालते।।

''नीड़ों' की जगह ग्राम्य शब्द 'खोतों' का प्रयोग भाषा के इसी रूपान्तरण को प्रकट करते हैं। 'उर्मिला' की भाषा भी सरल प्रवाहमयी है। देखिये–

सिसकती रही वह पड़ी एक कोने।
सुना सब, निकल किन्तु आई न रोने।
कलेजे में दुख के पड़े बीज बोने।
उसे सब सुखों से पड़े हाथ धोने।
न तब भी विफल प्राणपति को बनाया।
न मुखड़ा हुआ आँसुओं ने दिखाया।

उनके 'पद्य प्रमोद' 'पद्य-प्रसून' की भी स्फुट कविताओं में यही रवानी और सहजता है।

तीसरा प्रयोग मुहावरेदार काव्य-भाषा का है 'चोल चाल' 'चोखे चौपदे' और 'चुभते चौपदों' में प्रत्येक पंक्ति मुहावरों में है। भाषा भी बोलचाल की सरल भाषा है। ईश्वर के सम्बन्ध में वे लिखते हैं–

पर तुम्हें जो अपने को भूल गया,
वह डराये कब किसी के डर सका।
जो कि प्यारे! हाथ तेरे बिक गये,
कौन उनका बाल बाँका कर सका।। बोलचाल।

ऐसी ही सरल और मुहावरेदार भाषा चोखे चौपदे और चुभते चौपदों में है,

तब लगाया भभूत क्या तन पर
जो सके मोह-भूत को न भगा।
तो किया था बसन रंग कर के
मन अगर राम रंग में न रंगा। (चोखे चौपदे)

धर्म की अधोगति और भौतिकता के प्रोत्साहन पर कहते हैं–

कोयले पर हम लगाते हैं मुहर,
पर 'मुहर' लुट जा रही है घर पड़ी
है गजब औंधी हमारी खोपड़ी।। (चुभते चौपदे)

ये सरल हिन्दी के अनुपम प्रयोग है, और यह उन आरोपों के उत्तर भी हैं, जो कहते हैं कि हिन्दी में मुहावरे नहीं है।

चौथा भाषा प्रयोग उनका गद्य में ठेठ बोलचाल की हिन्दी का है जो उनके दो उपन्यासों 'ठेठ हिन्दी का ठाठ' और 'अधखिला फूल' में है। भाषाविद् डॉ. सुनीति चटर्जी ने लिखा है—'उपाध्याय जी पहले तो राष्ट्रभाषा हिन्दी के अद्वितीय लेखक हैं, दूसरे आपने ठेठ हिन्दी की शक्ति को जिस कदर प्रभावित किया है, वह आधुनिक आर्य भाषाओं के इतिहास में अपूर्व है। डॉ. ग्रियर्सन उनकी ठेठ हिन्दी से अत्यन्त प्रभावित थे। उन्होंने ऐसी भाषा में रचना करने के लिए लोगों को प्रोत्साहित किया। 'हरिऔध अभिनन्दन ग्रन्थ' में उनकी भाषा पर एक सार्थक टिप्पणी यह है कि सब प्रकार की भाषा पर इनका अधिकार देखकर दाँतों तले उंगली दबानी पड़ती है। भाषा इनके हाथ की कठपुतली मालूम होती है। सरल-से-सरल और क्लिष्ट-से-क्लिष्ट भाषा लिखने में वे सिद्धहस्त हैं। ''देखो लड़कों बन्दर आया' से लेकर 'रूपोद्यान प्रफुल्ल प्राय कलिका' सरीखी भाषा लिखना हरिऔध जी का ही काम है।''

राष्ट्रीय चेतना के बैतालिक 'दद्दा' और दादा

किसी राष्ट्र की चेतना का प्राण वहाँ की संस्कृति होती है। हमारी राष्ट्रीयता भारत की उस सनातन आर्य संस्कृति से अनुप्राणित रही है, जिसमें किसी भी पन्थ-सम्प्रदाय की अवहेलना नहीं, अपितु सबके प्रति आदर और स्नेहभाव भरा है। अतः यह एक समावेशी संस्कृति है जिसका गर्व होना स्वाभाविक है। वैसे तो हिन्दी-काव्य में सदैव राष्ट्रीय चेतना मुखरित रही है, पर द्विवेदी युग में यह मुखरता और प्रकट रूप में प्रवाहित हुई। रामचरित उपाध्याय, हरिऔध से लेकर माखनलाल चतुर्वेदी तक कई कवियों में यह स्वर गूँजा। पर युगबोध और तत्कालीन स्वातन्त्र्य समर को दृष्टि में रखते हुए दद्दा मैथिलीशरण का स्वर सबसे अधिक प्रभावी रहा। उनमें बुन्देलखण्ड की रानी झाँसी की स्वातन्त्र्य कामना, राम के रूप में भारतीय आदर्श की प्रतिष्ठा और वेत्रवती की निर्मल धारा के समान मातृभूमि के निर्मल स्वरूप की त्रिवेणी विद्यमान थी। वंशीधर पण्डा ने उनके इसी रूप का अभिनन्दन करते हुए उन्हें स्मरण किया–

दद्दा तुम झाँसी के पार का हम झाँसी के
हते एक दद्दा गुप्त जू चिरगाँव वारे

झाँसी की रानी के साकौ उठाय ते–

लैके पताका गाँधी जवाहर की
प्यारे हते वे देश भारत की रैयत के
तुलसी हते वे ओड़छे के रामराजा के,
केशव हते वे बेतवन्ती धारा के

झाँसी उदासी भई कासी कविताई की–

कौम काज जैहैं अब दौर चिरगाँव हम

जैहैं परदेशन में देशन विदेसन में
नांव लै लै के गरेरू भर दै हैं हम।

गुप्त जी की राष्ट्रीयता के आह्वान और राष्ट्रीय पुनरुत्थान का सबसे प्रभावी स्वर 'भारत भारती' (1914 ई.) में हुआ। छपते-छपते दो महीने में यह हाथों-हाथ बिक गयी और संस्करण-पर-संस्करण होते गये। गुजराती के कवि उमाशंकर जोशी ने इसे युग की गीता कहा। महात्मा गाँधी ने इसी पर उन्हें 'राष्ट्रकवि' कहा, यद्यपि उनसे पहले माखनलाल चतुर्वेदी ने इसी पर उन्हें 1914 में यह उपाधि दे दी थी—

यह चपल मन जिसको हृदय में ढूँढ़ता अविराम है
उन वीरपुंगव राष्ट्रकवि को यह अनन्त प्रणाम है।

भारत-भारती की प्रेरणा मौलाना अलताफ हुसेन हाली की रचना 'मद-ओ-जह्द-ए-इस्लाम' (इस्लाम का ज्वार भाटा) से मिली थी। यह मुसद्दस छन्द में थी। 1879 ई. की यह रचना 1857 के प्रथम स्वातन्त्र्य समय के बाद आयी थी- प्रथम स्वतन्त्रता की लड़ाई हिन्दू-मुसलमान दोनों ने मिलकर लड़ी थी। उसके दो वर्ष बाद केवल मुसलमानों के गौरव और पराभव की बात करनेवाली इस रचना से दो कौमों में अलगाव की गन्ध आ रही थी। अतः उर्दू के ही मौलाना दत्तात्रेय कैफी ने इसके उत्तर में 'भारत दर्पण' लिखा जिसमें सम्पूर्ण भारत के उत्कर्ष और अपकर्ष की एकता का आह्वान था। फिर मैथिलीशरण गुप्त ने उसे 32 वर्ष बाद 'भारत भारती' में भारतीयों के भूत-वर्तमान और भविष्य नामक तीनों भागों में यह रचना की। हाली के मुसद्दस का प्रारम्भ ही था—

दीन-ए-हजाजी का बेबाक बेड़ा
निशां जिसका अक्सा-ए-आलम में पहुँचा।
मजाहिम हुआ कोई खतरा न उसका
न अस्मा में ठटका, न कुलजुग में भुभुका।
किये पै सिपर जिसने सातो समन्दर
वो डूबा दहाने में गंगा के आकर।

वह डूबा तो इसलिए कि, 'कुछ बात है कि हस्ती मिटती नहीं हमारी', हाली की ध्वनि तो लगती है कि वह मुसलमानों की पश्त-हिम्मत होने से

डूबी। गुप्त जी ने सम्पूर्ण भारतीय जन-मन को जगाने के लिए 'भारत भारती' लिखी। इसमें भारत के पुरातन वैभवशाली-भविष्य का स्मरण, वर्तमान का पराभव और भविष्य की आशावादी सम्भावना है। उनका भारत निश्चय ही सनातन संस्कृतिवाला आर्य भारत है। वे प्रारम्भ में ही लिखते हैं—

भारत-भवन में आर्यजन जिसकी उतारें आरती।
भगवान भारत वर्ष में गूँजे हमारी भारती।

'आर्यजन' शब्द का प्रयोग महत्त्वपूर्ण है। उनकी मान्यता है कि यहाँ के नागरिक पन्थ-सम्प्रदाय अलग-अलग होते हुए भी सभी आर्य हैं, क्योंकि ये सभी धर्मान्तरण से अलग पन्थवाले हैं पर सभी आर्य सन्तान हैं। यह भारती का आह्वान करती हैं—

हम कौन थे क्या हो गये, और क्या होंगे अभी
आओ विचारें आज मिलकर ये समस्याएँ सभी।।

इस बात को स्पष्ट करते हुए भविष्य के लिए सबका आह्वान करते हैं—

हे भाइयों! इस भाँति तो तुम कभी जीते नहीं,
हे आर्य सन्तानों! उठो अवसर निकल जावे कहीं।

भारतवर्ष के वैभवशाली भूतकाल के सम्बन्ध में गुप्त जी की स्पष्ट धारणा है कि यह आर्य भारत है। कोई भी हिन्दू हो, मुसलमान हो ईसाई हो भारत के अतीत का स्मरण करेगा तो वह वही भारत होगा, जो भारत भारती का भारत है—

वे आर्य ही थे जो कभी अपने लिए जीते न थे।
वे स्वार्थरत हो मोह की मदिरा कभी पीते न थे।

इस ऋषिभूमि की गरिमा का जो गान गुप्त जी ने किया, उसी ढंग से अन्य राष्ट्रवादी कवियों ने भी किया है। नजरूल इस्लाम इसके बारे में लिखते हैं—

आमार सोनार हिन्दुस्तान
देशे-देशे वंदिता तुम बिखेर प्राण।
धनोनीर ज्येष्ठ कन्या, तुमी आदि माता।
तब पुत्र गाहिलो वेद-वेदान्त साम गाथा।

'माता भूमि पुत्रोरम् पृथ्वीव्याः' के भाव इन दोनों में हैं।

'भारत-भारती' के जागरण सन्देश के बाद अन्यान्य रचनाओं के माध्यम से राष्ट्र की स्वातन्त्र्य चेतना को जगाता हुआ, कवि 1934 ई. में अपनी सबसे प्रतिष्ठित कृति 'साकेत' लेकर आता है। 'साकेत' में राम की कथा है। गुप्त जी की राष्ट्रीय दृष्टि का आदर्श राम के रूप में आया है। कुबेर नाथ राय कहते थे कि यदि भारतीय संस्कृति को एक शब्द से परिभाषित करना हो तो वह शब्द 'राम' है। गाँधी लोहिया के लिए भी राम हमारी जाति के आदर्श हैं। डॉ. इकबाल ने राम को भारत का इमाम कहा है—

है राम के वजूद पर हिन्दोस्तां को नाज,
अहले नजर कहते हैं उसको इमामे हिन्द।

इसी लोकव्यापी रामादर्श को गुप्त जी ने भी अपनी राष्ट्र-चेतना का आधार बनाया। राम कथा में वे देश की आजादी का भी शंखनाद करते हैं। राम ने समुद्र पार वन्दिनी माता सीता को लंका विध्वंस कर मुक्त किया। अब सात समुद्र पार दूसरे रावण की लंका को जीतना है—

भारत लक्ष्मी पड़ी राक्षसों के बन्धन में।
सिन्धु पार वह बिलख रही है व्याकुल मन में।
सजे अभी साकेत बजे हाँ जय का डंका
रह न जाय अब कभी किसी रावण की लंका।

स्वाधीनता का यह स्वर उनकी आगे की रचनाओं में भी बराबर प्रवाहमान् रहा। 'सिद्धराज' में जय सिंह जब मालव पर आक्रमण करता है और उस पर विजय प्राप्त करता है, पर वहाँ का सेनापति जगदेव पराक्रम पूर्वक उससे लड़ता है। जय सिंह की जीत होने पर भी जगदेव कहता है।

''मेरी जन्मभूमि यह जननी जगत् में,
मेरे प्राण रहते रहेगी महारानी ही,
किंकिरी न होगी किसी और नरपाल की,
कहला रहे है वही मुझसे पुकार के
हम परतन्त्र नहीं सर्वथा स्वतन्त्र हैं।

स्वतन्त्रता एक अवधारणा है, जो परतन्त्र व्यक्ति को परतन्त्र नहीं अनुभव करने देती और इसके अभाव में स्वतन्त्र होकर भी व्यक्ति परतन्त्र रहता है—विचार में, अचार में और भाषा में भी। आज स्वतन्त्र भारत में भी ऐसे परतन्त्र मानस के लोग हैं, जो औपनिवेशिक मानसिकता धारण करके अपने को आज का बुद्धिजीवी मानते हैं।

इसी रचना के अन्तिम सर्ग में महोबा के आक्रमण के बाद वहाँ के राजा से सन्धि होती है और महोबा नरेश मदन बर्मा पराधीन भारत में भी निराश नहीं, वह मन से स्वतन्त्र हैं। सिद्धराज जय सिंह का स्वागत करते हुए वह कहता है—

धार्मिक विरोध हमें दुर्बल बना रहे,
तो भी मैं निराश नहीं, आप जैसी विजयी
वीर और धीर जब जन्म यहाँ लेते हैं।
सोमनाथ मन्दिर विधर्मियों ने ढा दिया
तो भी वह पूर्व से पुष्ट खड़ा आज है।

राष्ट्रकवि में सोमनाथ और ऐसे ही हमारे श्रद्धा केन्द्रों के ढा देने का दर्द झलकता है, तो उसके पुनः निर्माण पर उसे गर्व है। देश के विभाजन का भी अपार दर्द उनके हृदय में था। यह दर्द 1955 ई. में संसद में उनकी उस कविता में झलक पड़ा, जब राज्य पुनर्गठन आयोग का प्रस्ताव आया, उन्होंने कहा—

एक ओर तो विश्वबन्धुता की वे बातें।
उठी दूसरी ओर हर घर में ही घातें।
एक बार बँट चुका उसे अब और न बाँटों।
अपने हाथों आप अंग अपने मत काटो।
भारतीय क्या यथापूर्व हम नहीं रहेंगे।
कितने पाकिस्तान यहाँ हम और सहेंगे।

(12 सितम्बर, 1955)

भारतीयता की स्पष्ट धारणा राष्ट्रकवि में थी कि वह आर्य और हिन्दू भावबोध की भारतीयता है जो सर्व समावेशी है और सभी पन्थों का सम्मान और स्वागत करती है—

'हिन्दू' नामक रचना में वे स्पष्ट कहते हैं—

हम सब हैं हिन्दू सन्तान जिये हमारा हिन्दुस्तान।

और 'स्वदेश संगीत' में कहते हैं—

हिन्दू-मुस्लिम सब भाई, निज नवीन जय गान।
बौद्ध, जैन आदि के हम, उस पर हिंसा करें कि प्यार।

गुप्त जी एक धार्मिक परिवार में जन्में, पले थे और देश की परिस्थिति तथा अंग्रेजी सत्ता वह दमनचक्र के नाते सुरक्षित कवच में रहकर अपनी राष्ट्र चेतना के उद्गार को प्रकट करते थे। वे अगर यह न लिखते—

यशस्वी रहे हे प्रभो हे मुरारे।
चिरंजीवी राजा व रानी हमारे।।

तो पूरी 'भारत-भारती' छपते ही प्रतिबन्धित हो जाती। वे गाँधी के अहिंसा में विश्वास करते थे। उनका पथ दादा माखन लाल का बलिपन्थी वाला नहीं था।

माखन दादा दद्दा की ही भाँति गाँधी जी के भक्त थे। गाँधी जी की नीयत में उनका विश्वास था, पर उनकी नीति से कभी-कभी असहमत भी होते। 1938 ई. में लिखी कविता 'अमर राष्ट्र' में वे गाँधी से कहते है—

अमर राष्ट्र उदण्ड राष्ट्र उन्मुक्त राष्ट्र
यह मेरी बोली।
यह सुधार समझौतोंवाली
मुझको भाती नहीं ठिठोली।
मैं न सहूँगा मुकुट और
सिंहासन ने वह मूछ मरोरी
जाने दे सिर लेकर मुझको
ले सँभाल यह लोटा डोरी।

यह वह समय था जब 1935 के ऐक्ट से अंग्रेज ने भारत में स्वायत्तशासन का झुनझुना थमा, अंग्रेजों ने आग में पानी डालने का प्रयत्न किया था। साथ ही मुसलमानों की साम्प्रदायिक माँग कि टर्की के खलीफा को ही टर्की का राजा बनाया जाय, पर गाँधी जी ने खिलाफत आन्दोलन में भाग लिया था। अतः दद्दा का स्वर उग्र, उदग्र और उन्मादी बना। वह

6 वर्ष के सश्रम कारावास में हथकड़ियाँ डाले, कोल्हू में नधते, रातभर पेट पर जुआ लगाकर बैल की तरह मोट से कुँए का पानी खींचते, पर हथकड़ियों को वे ब्रिटिश राजा का गहना कहते और कहते थे कि मैं अंग्रेजों की आकड़ का कुँआ खाली कर रहा हूँ। काले शासन, काले कानून के विरोध में रात के अँधेरे में कोकिल को सम्बोधित करके कहते हैं–

काली तू, रजनी भी काली,
शासन की करतूतें काली।
काली टोपी कमली काली
मेरी लौह शृंखला काली
पहरे की हुंकृति की व्याली
तिस पर भी है गाली, ऐ आली।

दादा और दद्दा का रास्ता एक, पर स्वर बहुत अलग थे। इस अलगाव के साथ भी माखन दादा दद्दा का बहुत सम्मान करते थे। दादा का कोई भी दोषदर्शन करनेवाले को वह फटकार देते थे। कानपुर के अपने अभिनन्दन के प्रस्ताव को उन्होंने इस शर्त पर स्वीकार किया कि पहले दद्दा का अभिनन्दन हो तब मेरा। गुप्त जी ने कहा कि कानपुर तो मेरा घर है। घर में मेरा अभिनन्दन कैसा? पर दादा अड़े रहे और पहले दद्दा का, फिर दादा का अभिनन्दन हुआ।

कुँवर चन्द्र प्रकाश सिंह : राष्ट्रीय आस्था अस्मिता के कवि

आज साहित्य के क्षेत्र में उत्तरआधुनिकता, अन्तरराष्ट्रीयता, मानवाधिकार और धर्मनिरपेक्षता की बातें बड़े व्यापक स्तर पर सुनी जाती हैं। साहित्य में रचना और आलोचना दोनों स्तरों पर यह बड़बोलापन जोरों से चल रहा है। पर जब हम वास्तविकता के धरातल पर चीजों को देखते हैं तो हमें लगता है कि हमारे रचनाकार अनजाने ही मानों किसी अन्तरराष्ट्रीय षड्यन्त्र के शिकार हो गये हैं और एक रटी-रटायी भाषा बोलने के साथ ही अपनी कविता, कहानी उपन्यास आदि में वैसे ही कथानकों की सृष्टि करते हैं जो उनके इन कथित ऊँचे आदर्शों और सिद्धान्तों के अनुकूल हों। पर पिछले सौ वर्षों के अपने देश के इतिहास को देखें तो 1930 ई. से ही हमारे देश में इस्लामी साम्प्रदायिकता से प्रेरित अलगाववादी शक्तियाँ कारगर रहीं और धीरे-धीरे उनका उग्र-उग्रतर रूप होता गया और देश का दुर्भाग्यपूर्ण विभाजन हो गया। विभाजन के बाद भी अल्पसंख्यक के नाम पर उन्हें विशेषाधिकार देने और वोट के लिए नाना प्रकार से उनके तुष्टिकरण के प्रयास ने आज ऐसी स्थिति उत्पन्न कर दी है कि सीमापर से आनेवाले आतंकवाद का शरणगाह यहाँ का निवासी और नागरिक बन रहा है और आये दिन भयानक संहारकारी दुर्घटनाएँ घट रही हैं। आज का परिदृश्य ऐसा है कि हम जानते हैं कि कौन हमारे देश में काली भेड़ें (ब्लैकशीप) हैं पर हम मुँह खोल नहीं सकते क्योंकि हम साम्प्रदायिक घोषित कर दिये जायेंगे। वन्दे मातरम् न कहने का साहसपूर्ण फतवा, संविधान लागू होने के साठ वर्ष बाद, देने का साहस इस राष्ट्र की अस्मिता

के साथ खिलवाड़ ही है। आतंकवाद में लिप्त युवकों आदि के पकड़े जाने पर उन्हें बेगुनाह कहकर सुरक्षा एजेंसियों के विरुद्ध खुला आन्दोलन और संसद के सामने तक प्रदर्शन के मंसूबे संकेतक हैं कि राष्ट्र की अस्मिता को एक भारी खतरा सामने खड़ा है।

ऐसा क्यों हो रहा है? इस प्रश्न पर विचार करने पर हमें पता चलता है कि हमने स्वतन्त्रता प्राप्ति के बाद से ही राष्ट्रीय गौरव और स्वाभिमान को जाग्रत करनेवाले साहित्य से नाता तोड़ लिया है। स्वतन्त्रता आन्दोलन में 5-6 वर्षों तक जेल काटनेवाले मैथिलीशरण गुप्त, माखनलाल चतुर्वेदी और बालकृष्ण वर्मा नवीन जैसे राष्ट्रभक्ति और पौरुष जगानेवाले रचनाकारों की उपेक्षा कर दी। और तो और भूषण और श्यामनारायण पाण्डेय जैसे राष्ट्रवादी ऊर्जा के कवियों को साम्प्रदायिक करार देकर स्कूली पाठ्यक्रमों से अलग कर दिया। इसके बदले अन्तरराष्ट्रीयता और मानवतावाद का राग अलापनेवाले, धर्मनिरपेक्षता और कौमी एकता का राग अलापने वाले, प्रेम के गीत और मार्क्सवाद को प्रदर्शित करनेवाले साहित्य को युवापीढ़ी को पढ़ाया। जबकि जमीनी हकीकत यह है कि मानवतावाद और मानवाधिकार की आड़ में पश्चिमी विकसित राष्ट्र हमारे देश को साम्प्रदायिक अलगाववाद, आतंकवाद में झोंक रहे हैं। मार्क्सवाद के जयगान करनेवाले स्वतन्त्रता आन्दोलन में अंग्रेजों के समर्थक, पाकिस्तान के समर्थक, आजाद हिन्द फौज के विरोधी और 1962 के चीनी आक्रमण के समय चीन के समर्थक थे। इस मानसिक सोच का परिणाम आज का भारतीय परिदृश्य है जिससे अलगाव, विघटन, स्वार्थ साम्प्रदायिकता और जेहादी आतंकवाद का कहर देश झेल रहा है।

कुँवर चन्द्र प्रकाश की सांस्कृतिक रचनाओं में 'विजया' और 'वृन्दावन' का महत्त्वपूर्ण' स्थान है। 'विजया' में दुर्गा के अवतरण और असुरसंहार की कथा का बड़ा ही रोचक और काव्यमय वर्णन है। दुर्गा एक देवी और उपासना की मूर्ति ही नहीं है, अपितु वह राष्ट्रीय संगठन और दुष्टों के दमन के लिए संगठित होकर उनके साथ युद्ध करके उन्हें पराजित करने की प्रतीक गाथा भी है। जब देश में अंग्रेजों का शासन था और उनका शोषण-अत्याचार चरम सीमा पर पहुँच गया था तो

पौराणिक कथा के आधार पर देश को संगठित होकर उनके विरुद्ध लड़ने और उन पर विजय प्राप्त करने का सन्देश कवि रचना में देता था। द्विवेदी युग में तो 'साकेत', 'प्रिय प्रवास' आदि में इसी प्रकार प्राचीन कथानकों के माध्यम से नवजागरण का सन्देश दिया गया था। वही जागरण का सन्देश भी दुर्गाख्यान पर आधारित इस रचना में दिया गया है। रचना का नाम 'विजया' भी बहुत सोच-समझकर रखा गया है। वह समय विजय की अकांक्षा से संघर्ष का समय था, अतः विजया की आराधना, जो संगठित सामर्थ्य से ही सम्भव है, का लक्ष्य रखकर कवि ने इसे आकार दिया है। कवि चन्द्रप्रकाश की तार्किक धारणा थी कि भारतीय राष्ट्रीयता की आधारशिला यहाँ की सांस्कृतिक आस्था ही बन सकती है। दुर्गा सेतु-हिमांचल भारतीयों की आराध्य है। वह बंगाल से लेकर पंजाब तक और कश्मीर से लेकर मुम्बई और तमिलनाडु में मीनाक्षी देवी व कन्या कुमारी तक सम्पूर्ण भारत में पूँजी जाती है। ऐसे आस्था के प्रकाश को राष्ट्रीय जागृति का आधार बनाने पर आन्दोलन अधिक भावात्मक और मर-मिटने की प्रेरणा देने वाला बनता है। बंकिम चन्द्र चटर्जी ने 'आनन्द मठ' नाटक में 'वन्दे मातरम्' गीत भी इसी भाव से लिखा था। यह गीत तो भारत माता की वन्दना का है, पर उसमें भारतमाता को दुर्गा के प्रतीक के द्वारा शक्ति-शालिनी और तेजस्विता से परिपूर्ण तथा सम्पूर्ण राक्षसी प्रवृत्तिवालों के दमन में समर्थ बताकर रचनाकार ने देशवासियों के हृदय में वीरभाव भरने का प्रयास किया। इसी कारण 'वन्दे मातरम' स्वतन्त्रता-संग्राम का बीज-मन्त्र बन गया। डॉ. कुँवर चन्द्रप्रकाश की 'विजया' भी इसी राष्ट्रीय सोच से उद्भूत रचना है।

कुँवर साहब पूर्णतः कवि ही थे। छायावादी कवि थे पर स्वतन्त्रचेता छायावादी थे। वे क्रान्तिकारी राष्ट्रीय कवि थे और वे सांस्कृतिक आस्था को राष्ट्रीयता से जोड़नेवाले महाकवि थे पर साथ ही वे एक भक्त कवि भी थे। भक्ति एक ऐसा तत्त्व है जो भावुक हृदय की पहचान बनता है। जो भक्त होता है वही देशभक्त, समाजभक्त, मातृ-पितृ भक्त और मानवता का भी भक्त होता है। तर्क से भक्ति का कोई नाता नहीं। अतः

तर्कशील बुद्धिजीवी आजादी के पूर्व भी और पश्चात् भी अवसरवादी-स्वार्थी और सिद्धान्तविहीन दिखायी पड़ते हैं। निराला भक्त भी थे और जनपीड़ा के गायक भी थे और कुँवर चन्द्रप्रकाश सिंह भी भक्त, देशभक्त और अपनी अस्मिता और आस्था के महान् कवि थे। आधुनिक कविता इसी आस्था के विरुद्ध तर्कजाल है।

निराला से वे कई रूपों में मिलते दिखायी पड़ते हैं। निराला की उदात्त और महत् शैली इनकी रचनाओं में भी मिलती है। शब्द-चयन की ओजमयी संगति, मेघ घन गर्जनवाली ग्रैण्ड स्टाइल भी निराला जैसी उनमें थी। पर जो बात निराला के अधिक निकट उन्हें जोड़ती है, वह है निराला की भक्ति जो उनके जीवन के अन्तिम चरण में आराधना के गीतों से लेकर गीताकुंज तक सैकड़ों की संख्या में लिखे गये। डॉ. नामवर सिंह ने इन भक्तिगीतों के सम्बन्ध में एक बार कहा था कि निराला के ऐसे गीतों की एक 'नयी विनय पत्रिका' बन सकती है। बहुत से आलोचकों को क्रान्तिकारी निराला का निराशावाद और पराजय भाव इन शरणागति और प्रपत्ति के गीतों में दिखायी पड़ता है, पर वास्तव में ये गीत निराला की आस्था और अपने स्व और स्वत्व में विश्वास के प्रतीक हैं। निराला की स्थिति ही कुँवर चन्द्रप्रकाश सिंह के भक्ति के गीतों की है। उन्होंने अपनी 'वृन्दावन' नामक रचना में राधा-माधव की माधुर्य भक्ति का बड़ा ही भावुक और मनोरम चित्र उपस्थित किया है। 'राधा-माधव' काव्य के मध्यकालीन विषय हैं। आधुनिक युग में राधा-माधव की रचना और रचना का नामकरण 'वृन्दावन' रखना विशेष महत्त्व रखता है। अपनी संस्कृति में नारी और पुरुष के साहचर्य और सहयोग को बराबर महत्त्व दिया है। शिव-पार्वती हों, विष्णु-लक्ष्मी हों, राम-सीता हों या राधा-कृष्ण हों सभी में यही श्रद्धेय भाव दर्शाया गया है कि दोनों मिलकर एक होते हैं। ब्रह्म और उसकी माया दो नहीं एक ही हैं। आज के अनास्था और अविश्वास के युग में नारी-पुरुष के युग्म में भी विरोध और विसंगति सामान्य हो गयी है। ऐसे में 'वृन्दावन' की तरह देश को आनन्दमय, प्रेममय, मधुमय बनाना है तो राधा-माधव के स्नेहसिक्त आत्मभाव को प्रत्येक के हृदय में जागृत करना होगा।

राम हमारी संस्कृति के प्रतीक पुरुष हैं। राम गाँधी के अवलम्ब थे और लोहिया के प्रेरणा-पुरुष थे। यही राम हमारे आलोच्य कवि के चरम आराध्य हैं। लेकिन उसने राम के स्थान पर रामभक्त हनुमान को अपने काव्य का आधार बनाया। 'रामदूत' और 'संकटमोचन' नामक प्रबन्धकाव्यों की रचना में उन्होंने इन्हीं को नायक बनाया है। 'रामदूत हनुमान' में हनुमान की उत्कट भक्ति भावना का निदर्शन है। यह हनुमान की रामभक्ति भी है। हनुमान राम के दूत बनकर लंका जाते हैं और राम-कार्य करके ही लौटते हैं। प्राणों को संकट मे डालकर इतना बड़ा कार्य कोई भक्त ही कर सकता है। वे युद्ध से अवकाश पाने पर शिलाओं पर राम-नाम अंकित करके अपने खाली समय को सार्थक करते हैं। रामकाव्य के आलोचकों ने राम के चरित्र में हनुमान की सेवा और भक्ति को चरमोत्कृष्ट माना है। हनुमान राम के ही नहीं सबके संकट मोचक हैं। राम के ऊपर जब संकट आया, हनुमान सेवा के लिए तत्पर हैं। इस प्रसंग में एक मौलिक उद्भावना इस कवि ने इस रूप में की है कि युद्ध में शत्रुपक्ष के राक्षसों के घायल होने पर उनके मूर्च्छित और मरणासन्न होने पर हनुमान उनकी सेवा करने में लग जाते हैं, ऐसा कदाचित् अन्य किसी कवि और नाटककार ने नहीं दर्शाया है। यह प्रसंग भी हमें उनकी राष्ट्रीय भावना से जोड़ देता है जिसमें देशभक्ति के लिए भक्ति और समर्पण के साथ सेवाभाव और सेवा कर्म भी आवश्यक होता है। गाँधी जी ने सेवा का जो आदर्श अपने स्वातन्त्र्य आन्दोलन के साथ जोड़ा था, वही हनुमान के ऊपर लिखे इस प्रबन्ध काव्य का भी प्रतीकात्मक प्रतिपाद्य लगता है।

समग्ररूप से जब हम उनके काव्य का मूल्यांकन करते हैं तो मुझे लगता है कि कुँवर चन्द्रप्रकाश सिंह की केन्द्रीय दृष्टि भारतीय संस्कृति, भारतीयता, भारतीय अस्मिता और इन्हीं भावों से ओत-प्रोत राष्ट्रीय जागरण, स्वातन्त्र्य कामना और राष्ट्रीय स्वाभिमान के जागरण की है। इसीलिए इस महाकवि ने मार्क्सवाद और नयी कविता के विचार प्रवाह को सदैव अस्वीकार किया और उन्हें राष्ट्र-विरोधी तथा पश्चिम के प्रभाव से आक्रान्त बताया है। डॉ. चन्द्र प्रकाश सिंह कवि-नाटककार के

साथ ही बड़े मनस्वी शोधकर्त्ता भी थे। उन्होंने प्राकृत से लेकर गुजराती तक के प्राचीन कवियों पर शोधकार्य कराया और जोधपुर एवं बड़ोदरा जैसे विश्व-विद्यालयों के प्रोफेसर तथा विभागाध्यक्ष के रूप में गुजराती के सन्तों और डिंगल-साहित्य पर महत्त्वपूर्ण शोध-योजनाएँ प्रारम्भ कीं। उनकी सेवाओं का मूल्यांकन करते हुए उत्तर प्रदेश हिन्दी संस्थान ने अपने सर्वोच्च सम्मान 'भारत-भारती' से विभूषित किया था। वे भारतीय आस्था के महान् कवि और शोध-समीक्षक रहे हैं।

राम वन–गमन का निहितार्थ

राम का वनवास एक ऐसी घटना है जो आज भी हमें एक सार्थक सन्देश देती है। शान्तनु महराज की काम-मोहकता से सत्यवती के पुत्र को युवराज बनाने की शर्त पर उनकी शादी हुई और गांगेय भीष्म को ब्रह्मचर्य की प्रतिज्ञा और राज्य कर्म के त्याग की घोषणा के बाद हुई। यहीं से महाभारत के भयानक विनाश का बीज पड़ गया। वर्तमान इतिहास में राणा संग्राम सिंह की तीन प्रमुख रानियों में सबसे अल्पवय कर्मावती ने अपने दो पुत्रों के लिए अलग से कुम्भल गढ़ और उसके अन्तर्गत के इलाकों की जागीर माँग ली और बढ़ी हुई आयु में संग्राम सिंह जैसे लौहपुरुष को परम्परा के प्रतिकूल उसकी माँग माननी पड़ी और मेवाड़ का राजवंश यहीं से अपने पराभव का इतिहास लिखने लगा। यही दशा अयोध्या के महाराज दशरथ की भी हुई। कैकेयी को दो माँगों का वचन तो वह दे ही चुके थे पर कैकेय-नरेश से विवाह भी इसी शर्त पर हुआ था कि कैकेयी की सन्तान ही युवराज और राज्याधिकार पा सकेगी। अतः यह चरितार्थ हुआ—

पुरुष पुरातन की बधू क्यों न चंचला होय।

राजधर्म भी प्रजाभक्ति है और भक्ति का अधिकारी वह नहीं है;

कामी, क्रोधी, लालची इनते भक्ति न होय।
भक्ति करै कोई सूरमा जाति बरन कुल खोय।।

राम, निर्दोष राम, पिता के वचनों की मर्यादा अपने कन्धों पर लेकर स्वयं चल पड़े वन-मार्ग पर; सीता और लक्ष्मण भी साथ चल दिये। अरे, यह क्या आज राजतिलक होना था राम का; पर वह राजमार्ग त्यागकर बन मार्ग पर चल पड़े। उन्होंने राजसी वस्त्रों को उतार फेंका और काशाय चीर धारण किया, वह भी सहज भाव से जैसे कुछ हुआ ही नहीं और यात्रा का एक पड़ाव अयोध्या थी और अब दूसरा वन है—एक यात्रा, निरन्तर यात्रा,

यात्रा में भी पड़ाव-दर-पड़ाव और एक महान् उद्देश्य की सिद्धि अधर्म का विनाश कर धर्म की स्थापना। तो यों चल पड़े राम–

कीर के कागर ज्यों नृप चीर विभूषन उप्पम अंगनि पाई।
औध तजो मगबास के रूख ज्यों पन्थ के साथी ज्यों लोग लुगाई।
संग सुबंध, पुनीत प्रिया, मनो धर्म-क्रिया धरि देह सुहाई।
राजिवलोचन राम चले तजि बाप को राज बटाऊ की नाई।।

राजसी वस्त्रों आभूषणों को उतारकर काषाय वस्त्र धारण कर लिया। संगी-साथियों को वैसे ही सहज भाव से छोड़ दिया जैसे पथिक मार्ग में विश्राम के लिए जब किसी वृक्ष के नीचे रुकता है और पुनः सहज भाव से उसे छोड़कर आगे चल देता है। उन्होंने पिता के राज को भी एक पथयात्री की भाँति सहज भाव से छोड़ा-जैसे अयोध्या-निवास का कालखण्ड एक पड़ाव था, अब आगे के पड़ाव को यह यात्री-दल चल पड़ा।

सुमन्त जी रथ पर चढ़ा शृंग्वेरपुर तक ले गये, वहीं से गंगा तट पर राम ने उन्हें विदा कर दिया, पर अयोध्या से कुछ दूर तक पैदल सीता जी राम लक्ष्मण के साथ चल रही हैं तो उतनी ही दूरी में उनके भाल पर पसीना आ गया और पूछती हैं कि अभी कहाँ चलकर हमारी पर्णकुटी बनेगी? यह थकान, यह अकुलाहट सीता के सुकुमार और उस बज्र-संकल्प का प्रतीक है जिसकी कड़ी परीक्षा अभी होनी है। कुछ डग चल कर क्या दशा है सीता जी की–

पुरते निकसी रघुबीर बहूरि धीर दए मग में पग द्वै।।
झलकी भलि भाल कनी जल की पुट सूखि गये मधुराधर द्वै।
फिरि बूझति हैं 'चलबो अब केतिक' पर्णकुटी करिहौ कित ह्वै।
तियकी अति आतुरता लखि, पिय की अँखियाँ अति चारु चलीं जल च्वै।

अभी तो अयोध्यापुरी से कुछ कदम चलने पर यह दशा। शृंग्वेरपुर से प्रयाग और प्रयाग से चित्रकूट की पदयात्रा शेष है। देखनेवालों को दर्द होता है। लोकगीत में कहा गया है–

कदम कदम भुइयाँ भारी
कइसे चलिहैं जनकदुलारी।

एक गायक के मुख से ये पंक्तियाँ सुन कर कवि सम्राट पं. अयोध्या सिंह उपाध्याय 'हरिऔध' की आँखों में आँसुओं की झड़ी लग गयी। इधर मार्ग में ग्रामवधुएँ इस दर्दनाक दृश्य को देखकर द्रवित हैं। वह कहती हैं–

'आँखिन में सखि राखिबे जोग, तिन्हैं क्योंकर बनबास दियो है' और उधर अयोध्या में माँ कौशल्या और सुमित्रा अलग नाना प्रकार की आशंकाओं से ग्रस्त हैं। वर्षा होने पर वे सोचती हैं–

काहू बिछितर भीजत होइ हैं,
राम लखन दुवौ भाई।
साथ में जनक दुलारी।

इस प्रसंग से राम के त्याग और समर्पण का वह सन्देश हमें मिलता है कि सच्चा राज्याधिकारी वही हो सकता है जो त्यागी हो और दूसरों के हित में समर्पण को सदा तत्पर हो। 'रामराज्य' को वही राजा चरितार्थ कर सकता है जो राम की तरह कन्दुक को दूसरे पाले में फेंक सके। चित्रकूट में भरत, सभी माताओं, जनक महाराज, वशिष्ठ आदि के साथ पहुँचते हैं तो राज को भरत राम के पाले में फेंकते हैं और राम भरत के पाले में। आज के राष्ट्रपति, प्रधानमन्त्री, मन्त्रीगण सभी के लिए यह आदर्श है। आज सत्ता संघर्ष का कटु युद्ध देश-हित को दर किनार करके लड़ा जा रहा है, उसका अन्त तभी होगा जब आज के सत्ताधीश और शासक राम की तरह कह सकें कि, ''लोक की आराधना में मुझे राजसत्ता क्या अपनी प्रिय पत्नी को भी छोड़ना पड़े तो मुझे कोई व्यथा नहीं होगी।'' सद्-असद् और लोकहित व्यक्तिहित का विवेक इसी त्यागी के मन में जगता है और अपने प्रत्येक कार्य को अपने मन्त्रीगण की राय से करता है–

जो अनुचित कुछ भाखों भाई, तुम बरजो मोहिं भय बिसराई।

'सीता की शालीनता और पति-स्नेह उनकी थाती है, इसकी परीक्षा भी वन-मार्ग में खूब होती है। राम सीता के दुःख के प्रति चेतन हैं और सीता राम के। थकी हुई सीता राम से कितनी विनम्रता से कहती हैं–

जल को गये लखन हैं लरिका, परिखौ पिय छाँह घरीक ह्वै ठाढ़े।
पोंछि पसेऊ बयारि करौं, पिय पाँव पखारहों हैं भूम्मुरि राढ़े।
तुलसी रघुवीर प्रिया श्रम जानि के बैठि विलम्ब लौं कंटक काढ़े।
जानकी नाह को नेह लख्यौ, पुलको तन वारि विलोचन बाढ़े।।

यही आत्मभाव जब पति-पत्नी में आता है तो परिवार स्वर्ग बन जाता है। इसी के अभाव में आज का परिवार टूट रहा है, बिखर रहा है और हिंसापूर्ण कलह का कारण बन रहा है।

नारी में शालीनता की भी अत्यन्त आवश्यकता है। मार्ग में स्त्रियाँ पूछती हैं—साँवरे से सखि रावरो को हैं? सखियाँ तो "कोटि मनोज लजावन हारे, सुमुखि कहहु को आहि तुम्हारे?" वे केवल राम के बारे में पूछती हैं पर सीता ने उत्तर दिया जिसमें पहले देवर का परिचय दिया, फिर राम का –

'सहज सुभाय सुभग तन गोरे, नाम लखन लघु देवर मोरे।' और राम को आज की आधुनिका की तरह सीता यह नहीं कहतीं कि यह 'मेर पति हैं, हसबैण्ड हैं।'

वे इशारे से कहती हैं, कैसे—

बहुरि बदम विधु अंचल ढाँकी। प्रिय तन चितइ भौंह करि बाँकी।
खंजन नैन तिरीछे नयननि। निज पति कहेउ तन्हैं सिय सैननि।

वह शालीनता भी आज नारी-विमर्श और नारी स्वातन्त्र्य के नारे के साथ तार-तार हो रही है। आज का समाज विकृति को ही संस्कृति के रूप में अलंकृत कर रहा है।

'हरि अनन्त हरि कथा अनन्ता' की तरह वनमार्ग में राम-सीता-लक्ष्मण ने जो-जो कार्य किये हैं, उनके विविध निहितार्थों को निरूपित करने में तो एक नयी रामायण बन सकती है। क्योंकि राम का व्यक्तित्व और रामत्व; जिसके कारण आज भी भारत और दूर देशों में बसे भारत-वंशियों के रोम-रोम में राम बसे हैं; वह वनमार्ग में ही प्रतिबिम्बित होता है। चाहे वह बालिवध के प्रसंग में राम की धर्म की व्याख्या हो या शबरी के जूठे बेर खाने के साथ 'जाति, पाँति, कुल, धर्म' के बड़प्पन की व्यर्थता हो, अथवा विभीषण को शरण देना और लंका-विजय करके रावण के अनुज विभीषण को लंका का राज समर्पित करने के द्वारा सिद्ध करना कि वे साम्राज्यवादी नहीं, युद्धोन्मत्त नहीं अपितु अधर्म के विनाश और धर्म की स्थापना हेतु ही युद्ध मार्ग का अवलम्ब ग्रहण करनेवाले लोकनायक हैं। यह उनके उदात्त चरित्र को उजागर करनेवाला है।

तुलसी ने राम का केवल गौरव-गान ही नहीं किया है अपितु राम के बहाने समाज को भी वे सन्देश देते हैं कि देश के नायक, शौर्य-शक्ति के पुंज, चारित्रिक श्रेष्ठता के प्रतिमान और त्याग-तपस्या के साक्षात् विग्रह राम भी यदि सुन्दरता और मूल्यवान् स्वर्ण जैसी वस्तु के प्रति आशक्त होते हैं तो उनका शौर्य भी तेजहीन हो जाता है और समाज के सामान्य व्यक्तियों में भी उपहास के पात्र हो जाते हैं। एक कंचन मृग जिसका शरीर सोने का है और उसका रूप बड़ा सुन्दर है। सीता उसे चाहती हैं—'आनहु चर्म कहति बैदेही' राम कुछ ना-नुकुर करके उसके पीछे धनुष-वाण लिये दौड़ पड़े- फिर सीताहरण। अब राम विलाप कर रहे हैं—वन-वन सीता को ढूँढ रहे हैं और आज राम-धनुर्धर राम का ओज तिरोहित है, वह आर्त्त हैं, दीन हैं, सीता के विरह में वन-वन में खग-मृग से उनका पता पूछ रहे हैं और उन्हें लगता है—

नारी सहित ए खग मृग वृन्दा। मानहुँ मोरि करत हहिं निन्दा।
हमहिं देखि मृग निकर पराहीं। मृगी कहहिं तुम कहँ डर नाहीं।
तुम आनन्द करहु मृग जाए। कंचन मृग खोजन ए आये।
यह काव्य व्यंग्य राम के लिए।

ये वही राम हैं जिनके तेजस्वी स्वरूप और वाणों की त्वरा देख कर खग-मृग क्या बाघ-चीते भग जाते थे और वे हाथ उठाकर धरती का 'निसिचर हीन' करने की घोषणा करते हैं। क्यों? इसलिए कि जब भी कोई शौर्य शक्ति का पुंज लोक नेता कंचन और रूप की ओर झुकता है तब उस देश की संस्कृति सीता का हरण होता है। राम स्वयं इसकी घोषणा करते हैं, इसी प्रसंग के कुछ आगे—

तात तीनि अति प्रबल खल काम क्रोध अरु लोभ।
मुनि विज्ञान धाम मन करहिं निमिष महुँ छोभ।।

(अरण्यकाण्ड दोहा 38)

राम काम, क्रोध, लोभ तीनों के क्षणिक वश में हो गये थे। तभी यह दुर्गति हुई। अतः वन मार्ग में राम-चरित के जीवन सन्देश आज के समय में भी पूर्ण प्रासंगिक हैं। इसी से 'राम' हमारी संस्कृति के मेरुदण्ड हैं और 'राम' ही हमारी संस्कृति की परिभाषा हैं।

भारतीय संस्कृति के पुरोधा आचार्य हजारीप्रसाद द्विवेदी

संस्कृति किसी राष्ट्र और वहाँ के साहित्य की प्राण वायु होती है। संस्कृति, संस्कारयुक्त कृति को कहते हैं। परम्परा से समाज उत्तरोत्तर श्रेष्ठतर मूल्यों को अपनाते रहता है और बहुत-सी मान्यताएँ और विचार जो विकसित होते हुए समाज के लिए निरर्थक रूढ़ि और अवैज्ञानिक होते हैं, उनको वह छोड़ता चलता है। इस प्रकार संस्कृति भाषा के समान ही कोई स्थिर और जड़ वस्तु नहीं है, अपितु समय के प्रवाह के साथ परिस्कृत होती रहती है। इसी तथ्य को विद्वानों ने विभिन्न शब्दों में व्यक्त किया है। हजारीप्रसाद द्विवेदी के अनुसार, ''मानव की श्रेष्ठ साधनाएँ संस्कृति के अन्तर्गत आती हैं।'' (अशोक के फूल, पृ. 75)। इसी धारणा को डॉ. बलदेव प्रसाद मिश्र इस रूप में व्यक्त करते हैं कि–''संस्कृति मानव जीवन के विचार, उच्चार, आचार का शुद्धीकरण या परिमार्जन है। वह है मानव जीवन की सजी-सँवरी हुई अन्तःस्थिति। वह है मानव समाज की परिमार्जित मति, रुचि और प्रकृति-पुंज का नाम।'' डॉ. गोविन्द चन्द्र पाण्डेय ने इसी बात को दूसरे शब्दों में कहा है कि, ''मूलतः संस्कृति जीवन का एक विशिष्ट दृष्टिकोण है, अनुभव के मूल्यांकन और व्याख्या का एक विशिष्ट और मूलभूत प्रकार है। विचार भावना और आचरण के विभिन्न प्रस्तरों में संस्कृति की सिद्धि होती है।'' डॉ. देवराज के अनुसार ''संस्कृति उन समस्त क्रियाओं को कहते हैं, जिनके द्वारा मनुष्य अपने को विश्व की निरुपयोगी, किन्तु अर्थवती छबियों से, फिर वे छवियाँ प्रत्यक्ष हों या कल्पित, सम्बन्धित करता है।'' संक्षेप में हम कह सकते हैं कि मानव के श्रेष्ठतर आचार-विचार जो उसकी जातीय स्मृति में बचे रह जाते हैं, वही उस समाज की संस्कृति होती है।

भारतीय संस्कृति ने अनेक विचारों को अपने भीतर आत्मसात् किया है। हूण, शक, यवन आदि विदेशी जातियों के अतिरिक्त बौद्ध व जैन सम्प्रदाय की बातों को हमारी संस्कृति ने ऐसा आत्मसात् कर लिया है कि वे इसके अविच्छिन्न अंग हो गये हैं। कई धाराओं से प्रवाह ग्रहण करने के बाद भी मूल रूप से यह संस्कृति भारतीय संस्कृति या हिन्दू संस्कृति ही है। जैसे गंगा में यमुना, गण्डक आदि कितनी बड़ी, बड़ी नदियाँ मिलती हैं, परन्तु सब मिलकर गंगा में ही आत्मसात् हो जाती हैं। यही स्थिति हमारी संस्कृति की भी है। लोक मन की आशाएँ-आकांक्षाएँ, पर्व-त्योहार और उनके अन्तर्गत निहित-भाव संस्कृति के उपादान बनते हैं। हिन्दू संस्कृति भारत की प्रतिनिधि संस्कृति है। डॉ. देवराज ने अपनी पुस्तक भारतीय संस्कृति (पृ. 28) में लिखा है—"हिन्दू संस्कृति ने, कम-से-कम प्राचीन काल में बौद्धों आदि के मूल्यवान् विचारों एवं शिक्षाओं को बहुत कुछ आत्मसात् कर लिया। हिन्दू संस्कृति की सफलता के दो कारण थे, एक उसकी विविधता और दूसरा उसकी समन्वय-वृत्ति। इस देश में हिन्दू संस्कृति का जैसा सर्वांगीण विकास हुआ, वैसा किसी दूसरी संस्कृति का नहीं हो सका। रामायण और महाभारत जैसे भारतीय महाकाव्य तथा कालिदास, भारवि, माघ, भास, भवभूति आदि की कक्षा के महाकवि एवं नाटककार तथा अन्य साहित्यकार किसी दूसरी जाति या धर्म ने उत्पन्न नहीं किये।"

हजारीप्रसाद द्विवेदी संस्कृत साहित्य के विद्वान् रहे हैं। और उनके संस्कार में ही संस्कृति के बीज पड़े थे। साथ ही शान्ति निकेतन में आचार्य के रूप में कार्य करते हुए गुरुदेव रवीन्द्र नाथ टैगोर और वहाँ भारतीय संस्कृति के पुरोधा विद्वानों के सम्पर्क में उनके सांस्कृतिक क्षितिज का निरन्तर विस्तार होता गया। हिन्दी साहित्य की भूमिका और कबीर के द्वारा उन्होंने हिन्दी साहित्य के क्षेत्र में भारतीय संस्कृति के मूलभूत तत्त्वों का अच्छी प्रकार से उपयोग किया है। कबीर की परम्परा वज्रयानी सिद्धों और नाथपन्थी योगियों से जोड़ते हुए, उनमें भारतीय वेदान्त के अद्वैत दर्शन की जो प्रतिष्ठा मिलती है, उसके विश्लेषण के साथ-साथ समसामयिक समाज में बुनकर समाज की स्थिति और उनके जीवन पर भी उन्होंने प्रकाश डाला है। हिन्दी साहित्य के इतिहास की पृष्ठभूमि को तलाशते हुए द्विवेदी जी

ने ''हिन्दी साहित्य की भूमिका में'' हिन्दी की समस्त आदिकालीन एवं मध्यकालीन धाराओं के उपजीव्य कारकों को अपनी प्राचीन साहित्य परम्परा और अपनी प्राचीन संस्कृति से जोड़कर उद्‌घाटित करने का प्रशंसनीय कार्य किया है। द्विवेदी जी का सारा आलोचना कर्म सांस्कृतिक परिवेश के साथ-साथ हुआ है। क्योंकि संस्कृति उनके केवल लेखन और विचारों में ही नहीं थी, अपितु उनके व्यक्तिगत जीवन में भी एक सांस्कृतिक पुरुष की भाँति ही थी। अपनी प्राचीन गुरुशिष्य परम्परा का जैसा निर्वाह उनके द्वारा हुआ है वैसा कम ही आचार्यों के जीवन में देखने को मिलता है। विभिन्न विचारों के शिष्य भी समान रूप से उनका आदर करते हैं जो इस बात को सिद्ध करती है कि वे भारतीयता की विशेषता भिन्नता में एकता के प्रतीक थे।

उपन्यासों का सांस्कृतिक परिवेश

आचार्य हजारीप्रसाद द्विवेदी के उपन्यास भी संस्कृति के चित्रण पर केन्द्रित हैं। उनके चार उपन्यास 'बाणभट्ट की आत्मकथा' (1946) 'चारुचन्द्रलेख' (1963) 'पुनर्नवा' (1973) और 'अनामदास का पोथा' (1976) क्रम से हर्षवर्द्धन कालीन, मध्ययुगीन, गुप्तकालीन एवं प्राक् इतिहास कालीन भारतीय संस्कृति की सजीव झाँकी प्रस्तुत करते हैं। प्राग इतिहास-कालीन भारतीय संस्कृति से लेकर गहड़वार नरेश, जयतिचन्द्र (जयचन्द) की पराजय के बाद के समय (लगभग 1175-1220 ई. तक) की भारतीय संस्कृति की झाँकी प्रस्तुत करना द्विवेदी जी के उपन्यासों का प्रमुख प्रतिपाद्य रहा है।

सांस्कृतिक ऐतिहासिक उपन्यासों के माध्यम से देशीय एवं जातीय संस्कृति तथा परम्परागत मान्यताओं का वर्तमान सामाजिक हित में चित्रण किया जाता है। उपन्यासकार के विषय-संग्रह के स्रोत ऐतिहासिक और तथ्यात्मक घटनाएँ ही न होकर तत्कालीन साहित्य तथा लोक-जीवन को अनुप्राणित करती हुई चली आती किंवदन्तियाँ एवं आचार-विचार हुआ करते हैं, जिनका सजीव चित्रण वह अपनी कल्पना-शक्ति के माध्यम से करता है। 'बाणभट्ट की आत्मकथा' में जिन घटनाओं एवं परिस्थितियों की सहायता से उपन्यास का कलेवर निर्मित है, उनके उपजीव्य ऐतिहासिक

घटनाएँ न होकर सामाजिक एवं सांस्कृतिक घटनाएँ हैं जिन्हें प्रस्तुत करने में द्विवेदी जी ने तत्कालीन काव्य में प्राप्त सामग्री से सहायता ली है, जो उस काल की सांस्कृतिक झाँकी प्रस्तुत करने की दिशा में एकमात्र प्रामाणिक सामग्री के रूप में स्वीकार की जा सकती है। 'चारुचन्द्र लेख' के प्रमुख पात्र सातवाहन तथा रानी चन्द्रलेखा की ऐतिहासिकता सन्दिग्ध है। कथा में रंग भरनेवाले विद्याधर तथा जल्हण जैसे एकाध नाम उपन्यास में आये हैं जो उपन्यास की घटनाओं को इतिहास से जोड़ने का असफल प्रयत्न करते हैं, अन्यथा उस काल में प्राप्त धार्मिक, विषमता, राजनैतिक विशृंखलाता, वज्रयानी सिद्धों तथा नाथपन्थी योगियों की तन्त्र-मन्त्र साधना और अभिचार आदि के चमत्कार के वर्णन में ही उपन्यासकार ने अपनी काल्पनिक प्रतिभा का सर्वाधिक उपयोग किया है। 'पुनर्नवा' में भी सांस्कृतिक वातावरण का दृश्य उपस्थित हुआ है।

इसके प्रमुख पात्र गोपाल आर्यक, श्यामरूप, देवरात और मातृगुप्त या तो लोकप्रचलित कथाओं से ले लिये गये हैं अथवा उनकी ऐतिहासिक संगति के साथ मनमानी की गयी है।

द्विवेदी जी की दृष्टि भारतीय इतिहास के स्वर्णयुग की संस्कृति की ओर इतिहास की अपेक्षा अधिक रही है और वे कुछ ऐसे सामाजिक प्रश्नों को उठाना चाहते हैं जिनके माध्यम से उस काल की संस्कृति को आधुनिक सन्दर्भों में व्याख्यायित किया जा सके। भारतीय संस्कृति में जड़ीभूत सामाजिक विश्वासों एवं रस्म-रिवाजों के कारण जो गतिहीनता आ गयी थी, उसे गतिशीलता प्रदान करने के लिए उन्होंने जनमानस में बिखरे पात्रों को देशकाल की सीमाओं का ध्यान किये बिना समुद्रगुप्त नामक ऐतिहासिक पात्र के साथ ला जोड़ा और अपनी रचना को ऐतिहासिक संगति प्रदान करते हुए प्रस्तुत सांस्कृतिक चेतना के द्वारा वे स्पष्ट करना चाहते हैं कि किसी भी युग को स्वर्णयुग बनाने के लिए किन सांस्कृतिक मूल्यों की अपेक्षा है।

'अनामदास का पोथा' ऐतिहासिक उपन्यास न होकर एक प्रागैतिहासिक उपन्यास है। इस उपन्यास के कुछ पात्र तो उपनिषदों से उठा लिये गये हैं और कुछ उपन्यासकार की कल्पना की उपज है।

यह एक नितान्त सांस्कृतिक उपन्यास है, जिसके माध्यम से प्रागैतिहासिक का की सांस्कृतिक व्याख्या कर उसे प्राप्त इतिहास की मूलधारा से जोड़ने का प्रयास किया गया है।

उससे एक ऐसी संस्कृति उभरकर सामने आती है जो भारतवर्ष के लिए कभी भी अपरिचित नहीं रही। द्विवेदी जी निवृत्तिमार्गी संस्कृति को अपने साहित्य में कहीं महत्त्व देते नहीं जान पड़ते। प्रवृत्तिमार्गी संस्कृति को कतिपय संशोधनों के साथ वे आदर्श रूप में प्रस्तुत करने के पक्षधर हैं। स्वस्थ गार्हस्थ्य जीवन का प्रबल समर्थन द्विवेदी जी ने अपने सभी उपन्यासों से किया है। गार्हस्थ्य जीवन में भी वो भोगवादी संस्कृति का कहीं भी समर्थन करते नहीं दिखते बल्कि गार्हस्थ्य धर्म के निर्वाह को वे तापस की कठिन साधना से दुष्कर मानते हैं। वे तप को नहीं, बल्कि जीवन को सत्य के रूप में स्वीकृति प्रदान करते हैं और उसी जीवन को वे सार्थक मानते हैं।

सामाजिक कुरीतियों का भी विस्तारपूर्वक वर्णन यथास्थान पर द्विवेदी जी के उपन्यासों में मिलता है। मानव-मानव में भेद डालनेवाली संस्कृति देश और समाज को किसी-न-किसी दिन गर्त में ढकेलकर ही रहती है। जब-जब सामाजिक कुरीतियों ने जोर पकड़ा है, देश कमजोर हुआ है, इतिहास इस बात का साक्षी है। द्विवेदी जी के उपन्यास देशकाल के चित्रण में जब गतिशील होते हैं तो प्रतिकूल और अनुकूल सामाजिक प्रवृत्तियाँ और उनके परिणामों को स्पष्ट खोलकर रख देते हैं कि जिससे प्रबुद्ध पाठक को सही निर्णय तक पहुँचने में किसी भी प्रकार की कठिनाई का सामना न करना पड़े। छूआछूत का रोग हर्षकालीन भारत में अपनी पराकाष्ठा पर था। 'ह्वेनसांग' के अनुसार 'कसाई' 'मेहतर', 'जल्लाद' तथा नट आदि के निवास स्थानों पर पहचान के लिए चिह्न लगा दिये गये थे और वे नगर से बाहर रहने के लिए बाध्य थे तथा गाँवों में जाते समय बायीं ओर दबकर चलना उनके लिए अनिवार्य था। बाण कृत 'कादम्बरी' में जिस समय चाण्डाल कन्या ने सुग्गे को लेकर राजा शूद्रक के दरबार में प्रवेश किया उसने राजा को सचेत करने के लिए कुछ दूर से ही हाथ में लिये हुए जर्जरित वंशखण्ड को पीटा।

सांस्कृतिक निबन्ध

आचार्य हजारीप्रसाद द्विवेदी की रचनाओं में ललित निबन्ध के वृक्ष का पूर्ण विकास और विस्तार है। आचार्य हजारीप्रसाद द्विवेदी का रचना-संसार लगभग 30 ग्रन्थों में फैला है। इतिहास, दर्शन, संस्कृति, समालोचना, सौन्दर्य, लालित्य, हिन्दी भाषा-साहित्य और शोध से सम्बन्धित इन ग्रन्थों में आचार्य द्विवेदी का ललित निबन्धकार, इतिहासविद्, दार्शनिक, अन्वेषक, लेखक, उपन्यासकार, आलोचक, सम्पादक रूप उद्घाटित हुआ है। 'अशोक के फूल' (1948), 'कल्पलता' (1951), 'विचार और वितर्क' (1954), विचार-प्रवाह (1959), 'कुटज' (1964) और 'आलोक पर्व' (1972) निबन्धों और ललित निबन्धों के संग्रह हैं। उनका सम्पूर्ण साहित्य 'हजारीप्रसाद द्विवेदी ग्रन्थावली' के 11 खण्डों में प्रकाशित हुआ है। उनके ललित निबन्धों का आधार सांस्कृतिक है। उन्होंने कहा है, 'मनुष्य की श्रेष्ठ साधनाएँ ही संस्कृति' है। इन्हीं साधनाओं के द्वारा उसने अपने जीवन-लक्ष्य और चेतना-आलोक को पाया है। इसलिए मनुष्य इस सृष्टि का सदस्य होते हुए भी सृष्टि में सर्वाधिक महत्त्वपूर्ण है और महत्त्वपूर्ण है उसकी अदम्य जिजीविषा, अपराजेय शक्ति। मनुष्य को आचार्य द्विवेदी ने सारी ललित कलाओं का सर्जक माना हैं। सृष्टि-स्थित सुन्दरता सौन्दर्य है और मनुष्य-सर्जित सौन्दर्य लालित्य है। अतः आचार्य द्विवेदी के ललित निबन्धों में मनुष्य की इसी ललित जययात्रा को वाणी मिली है। "मुझे मानव जाति की दुर्दम-निर्मम धारा के हजारों वर्षों का रूप साफ दिखायी दे रहा है। मनुष्य की जीवनी शक्ति बड़ी निमर्म है, वह सभ्यता और संस्कृति के वृत-मोहों को रौंदती चली आ रही है। न जाने कितने धर्माचारों, विश्वासों, उत्सवों और व्रतों को धोती-बहाती यह जीवन धारा आगे बढ़ी है। संघर्षों से मनुष्य ने नयी शक्ति पायी है।"

मनुष्य द्वारा स्वयं को द्राक्षा की भाँति निचोड़कर सर्वहित में अर्पित करना एवं अपनी आत्मा के विस्तार में सृष्टि को अन्तर्धान कर लेना ही सच्ची मानवता है और आत्मोत्कर्ष है। ललित निबन्ध इस भाव-भूमि पर व्यक्ति को स्थित और उपस्थित करता है। मनुष्य की मानवता का चरम विकास 'आत्म बलिदान' की संज्ञा में ही है। यह तभी सम्भव है जब व्यक्ति के अन्दर संवेदना हो।

आचार्य हजारीप्रसाद द्विवेदी का यह विश्व मानवतावाद भारतीय सांस्कृतिक स्रोतों से रस ग्रहण कर ही विस्तार पाता है। आचार्य द्विवेदी ने अपने ललित निबन्धों में जिन प्राकृतिक और मानवीय सन्दर्भों को केन्द्र में रखा है, वे सब संस्कृतिगर्भित होते हुए नव-मानव के जन्म और विकास की अकांक्षा और आतुरता धारे हुए है। उनकी अखण्ड दृष्टि सब प्रसंगों में मानवीय क्रियाशीलता, ऊर्जा, प्राणधारा, जिजीविषा और मानव की जययात्रा का उद्घोष करती आगे बढ़ती है। वे न तो दर्शन और न ही इतिहास को खण्ड-खण्ड देखनेवाले रचनाकार हैं, वे मनुष्य के भीतर सतत प्रवाहमान् प्राणधारा का वन्दन करते हुए सभी अनुशासनों में उसे उच्छलित हुआ पाते हैं। इतिहास की शव-साधना उन्हें प्रिय नहीं, वह साध्य नहीं है। साध्य है भविष्य का निर्माण। मनुष्य की जीवनी शक्ति में अक्षय विश्वास है। मनुष्य की अपरिमेय सम्भावनाओं और अपराजेय शक्ति के आधार पर मनुष्यत्व में ईश्वरत्व की प्रतिष्ठा। ललित निबन्धों में आचार्य द्विवेदी ने सौन्दर्यानुभूति को मनुष्य-कर्म के लालित्य-स्तर पर व्याख्या दी है। जहाँ ललित निबन्ध अपने आप में एक परिपूर्ण विधा का आकार ग्रहण कर अपना व्यापक और विराट् स्वरूप धारण करता है।

आचार्य हजारीप्रसाद द्विवेदी शास्त्र और लोक की अवधारणाओं की समन्वयात्मक स्थिति ललित निबन्धों में अवश्य उकेरते हैं।

इस प्रकार उनका सम्पूर्ण साहित्य सांस्कृतिक परिवेश पर केन्द्रित है। वे भारतीय संस्कृति के पुरोधा हैं जो सहिष्णु, समन्वयवादी और मानवीय दृष्टि सम्पन्न हैं।

लक्ष्मीनारायण मिश्र की काव्ययात्रा

लक्ष्मीनारायण मिश्र हिन्दी नाटककारों की शीर्ष पंक्ति में हैं और हिन्दी के आलोचक और अध्येता उन्हें नाटक-एकांकी के नाते जानते-पहचानते हैं। उनकी युवा-रचनाएँ कविता से प्रारम्भ हुई थीं। काशी हिन्दू विश्वविद्यालय के स्नातक-छात्र के रूप में मिश्र जी ने कविता लिखना प्रारम्भ किया था। सूर्यकान्त त्रिपाठी 'निराला' ने मुक्त छन्द में रचना प्रारम्भ की थी और उनकी अमर कृति 'जूही की कली' उस समय की प्रतिष्ठित पत्रिका 'सरस्वती' से लौटा दी गयी थी। पुराने आलोचक निराला, छायावाद और मुक्तछन्द के प्रबल विरोध पर उतर आये थे। उस समय मिश्र जी ने निराला के समर्थन में टिप्पणी लिखकर कविता की इस नयी धारा का समर्थन किया था। इस प्रसंग को रामविलास शर्मा ने 'निराला की साहित्य-साधना' भाग-1 में लिखा है। इससे जाहिर है कि मिश्र जी छात्र-जीवन से ही जड़ता की जकड़न को तोड़कर नयी ताजगी के पक्षधर थे। वे लकीर पीटने के विश्वासी नहीं थे। परम्परा की लकीर मिटाने के पक्ष में भी वे नहीं थे पर उसमें नयी उर्जा और नयी प्राणशक्ति के संचार के कायल थे। वस्तु के नवीकरण के साथ उसकी भाषा और अभिव्यंजना के नये द्वार खोलने की लालसा भी इस तरुण-हृदय में थी। छात्र-जीवन में उन्होंने अवश्य प्रेम-मिलन के गीत लिखे होंगे। छायावादी-रहस्यवादी प्रगीत रचनाएँ की होंगी, यह अनुमान ही किया जा सकता है, क्योंकि उस काल की उनकी रचनाएँ आज सुलभ नहीं है।

अन्तर्जगत् : छायावाद का मुक्त प्रबन्ध

उनका छायावादी मुक्त प्रबन्ध 'अन्तर्जगत्' 1924 ई. में विद्यापति प्रेस लहरिया सराय बिहार से प्रकाशित हुआ था। जिसका दूसरा संस्करण वहीं से 1938 ई. में छपा था। पहले संस्करण में 100 छन्द थे। दूसरे में एक छन्द

और जोड़कर 101 कर दिया गया था। इसी छन्द में जयशंकर प्रसाद का 'आँसू' 1925 ई. में प्रकाशित हुआ। अन्तर्जगत् की रचना 1921-22 ई. में हुई थी जब वे सेण्ट्रल हिन्दू स्कूल वाराणसी के छात्र थे। (डॉ. किशोरीलाल गुप्त, हिन्दुस्तानी भा. 67 अं.1, पृ. 40)। अब यह प्रश्न बेमानी है कि पहले 'अन्तर्जगत्' या 'आँसू' अथवा कौन किससे प्रभावित हुआ? साहित्य में इस प्रकार के प्रश्नों से उलझना अत्यन्त गैरसाहित्यिक सोच का परिचय होता है। रचनाकार किसी विरुदावली अथवा छोटे बड़े की नाप-जोख से महान् नहीं होता। वह महान् होता है अपने रचना-मूल्य से और उसी आधार पर उसके मूल्यांकन की आवश्यकता होती है।

सन्देह नहीं कि 1920 से मिश्र जी ने कविता की उस धारा में अपनी सशक्त भागीदारी दर्ज करनी प्रारम्भ कर दी थी, जिसे आगे चलकर छायावाद कहा गया। छायावाद के नामचीन आलोचकों से अधिक गहरे छायावादी काव्य के उद्घाटन करनेवाले आलोचक थे पं. शान्ति प्रिय द्विवेदी। शान्ति प्रिय जी ने छायावादी कवियों का एक संकलन साहित्य सदन, चिरगाँव, झाँसी से 'परिचय' नाम से प्रकाशित किया था। उसमें प्रसाद, रामनरेश त्रिपाठी, माखनलाल चतुर्वेदी, मुकुटधर पाण्डेय, सियाराम शरण गुप्त, लक्ष्मण सिंह मयंक, बालकृष्ण शर्मा 'नवीन', निराला, गोविन्दवल्लभ पन्त, सुमित्रानन्दन पन्त, मोहन लाल महतो, लक्ष्मी नारायण मिश्र, भगवती चरण वर्मा, जनार्दन झा द्विज की रचनाएँ संकलित हैं। इसमें मिश्र जी के 'अन्तर्जगत्' के छन्द 8 पृष्ठों में दिये गये हैं। उस समय कवि मिश्र जी 'श्याम' का नाम उपयोग करते थे। रामधारी सिंह 'दिनकर' ने चक्रवाल की भूमिका में मिश्र जी और द्विज जी को छायावाद के जनक के रूप में परिगणित किया है—''छायावादी कवियों में से एक समय श्री लक्ष्मीनारायण मिश्र के 'अन्तर्जगत्' और जनार्दन झा द्विज की कविताओं को हमने पढ़ा था। खेद की बात है कि छायावाद के विवेचन क्रम में लोग इन कविताओं का नाम भी नहीं लेते हैं। किन्तु जब छायावादी आन्दोलन जोर पर था, इन दो कवियों की बानगी दिये बिना छायावाद के समर्थन की प्रक्रिया पूरी नहीं समझी जाती थी और इसमें सन्देह नहीं कि छायावाद की धूमिल भावुकता के जैसे प्रमाण इन कवियों की रचनाओं में उतरे थे, वैसे अन्यत्र

दुर्लभ थे।'' (चक्रवाल पृ. सं. भू.पृ. 27) दिनकर जी बहुत ही गहरे ढंग से छायावाद के प्रारम्भिक पुरस्कर्ता इन दो कवियों से प्रभावित थे। 'जनार्दन झा द्विज-स्मृति-तर्पण' ग्रन्थ में उन्होंने लिखा है–''द्विज जी की 'अनुभूति' और श्री लक्ष्मीनारायण मिश्र 'श्याम' का 'अन्तर्जगत्' छायावादी युग की बड़ी देन है। जिस समय छायावाद को लेकर हिन्दी में घोर आन्दोलन छिड़ा हुआ था, उस समय नये स्कूल को स्थापित करने के लिए जितने भी लेख प्रकाशित किये जाते थे, उनमें अनुभूति की कविताओं का उद्धरण अनिवार्य रूप से रहता था। ...'अन्तर्जगत्' और 'अनुभूति' की कविताओं के पढ़ने से यह साफ जाहिर होता है कि प्रेम का घाव संसार में सबसे सुन्दर और भयानक चीज है। इस घाव से मनुष्य का हृदय ही नहीं, उसकी आत्मा भी फट जाती है और ज्यों-ज्यों इसका विस्तार बढ़ता है त्यों-त्यों मनुष्य भी गहरा और विदीर्ण होता जाता है।'' (पृ. 213)

इसमें सन्देह नहीं कि अपने अध्ययनकाल में या यों कहें कि अपने किशोर-यौवन काल में मिश्र जी छायावादी कवि के रूप में उभरे और इस प्रकार की कविता के समर्थन में भी साहस के साथ खड़े होते थे। रचना के क्षेत्र में 'अन्तर्जगत्' को छायावाद की पृष्ठभूमि बनानेवाली कृतियों में स्थायी महत्त्व प्राप्त है। छायावाद की चर्चा में 'अन्तर्जगत्' या द्विज, मुकुटधर पाण्डेय, माखनलाल चतुर्वेदी का नाम न आना, अस्वाभाविक नहीं है क्योंकि स्वयं ही मिश्र जी तथा अन्यों ने भी छायावाद के प्रवाह से अपने को अलग कर लिया।

'अन्तर्जगत्' कवि मिश्र के भावाकुल अन्तःकरण की अभिव्यक्ति है। उस समय छायावादी कवि अपनी प्रेम भावना और विरह-व्यंजना को रहस्य का आवरण देकर व्यक्त करते थे। 'आँसू' के प्रथम संस्करण और द्वितीय संस्करण के पाठ का तुलनात्मक अध्ययन इसे सिद्ध करता है कि कवि अपने वैयक्तिक प्रेम-विरह की अभिव्यक्ति को परमसत्ता के प्रति मिलन-विछोह का आवरण जान-बूझकर डालते थे। आचार्य रामचन्द्र शुक्ल ने 'हिन्दी साहित्य के इतिहास' में छायावादी कवियों के इस कृत्रिम रहस्यवाद का बहुत स्पष्ट शब्दों में उल्लेख किया है। छायावादियों के लिए यह एक युगीन आवश्यकता भी थी। पं. महावीरप्रसाद द्विवेदी और उनके प्रभाव के

नैतिकतावादी युग में खुलकर प्रेम-विरह की बात करना, एक जोखिम का काम था। इसके कारण कवियों ने अपने सौन्दर्यांकन में प्रकृति के प्रतीकों का सहारा लिया और मिलन-विरह के गीतों में रहस्य के आवरण का।

इस परिप्रेक्ष्य में जब हम पं. लक्ष्मी नारायण मिश्र के 'अन्तर्जगत्' की कविताओं का विचार करते हैं तो निर्भ्रान्त रूप से हम कह सकते हैं कि 'अन्तर्जगत्' युवा कवि मिश्र की व्यक्तिगत विरह-वेदना का काव्य है। जयशंकर प्रसाद की कविताओं की व्यक्तिगत प्रेम विरह की भावभूमि को उनके मित्र श्री विनोदशंकर व्यास ने 'प्रसाद' पर लिखी अपनी पुस्तक में बहुत ही साफगोई से व्यक्त किया है। मिश्र जी का कोई समकालीन मित्र उनके 'अन्तर्जगत्' की कहानी तो नहीं बताता पर सम्भव है कि मिश्र जी की किसी असफल प्रेम कहानी 'अन्तर्जगत्' में छिपी हो। सम्भव यह भी है कि काल्पनिक विरह की कथा हो क्योंकि उस समय कविता में ऐसी रचनाओं का एक फैशन चल पड़ा था। इसी सन्दर्भ में मैं यह भी अभिव्यक्त कर देना चाहता हूँ कि मिश्र जी ने 'नाथ' और 'देव' सम्बोधन से परम सत्ता से अपनी पीड़ा व्यक्त की है पर उनका देव (देवता) उनका प्रियतम ही प्रतीत होता है। जनार्दन झा द्विज की अनुभूति में भी यह 'देव' सम्बोधन प्रायः इन दोनों ही अर्थों में मिलता है। आलोचक डॉ. रामप्यारे तिवारी ने अन्तर्जगत् का मूल्यांकन करते हुए लिखा है–छायावाद युग में मिश्र जी के 'अन्तर्जगत्' के प्रकाशन के पश्चात् कविवर जयशंकर प्रसाद का 'आँसू' और सुमित्रानन्दन पन्त का 'ग्रन्थि' अतीन्द्रिय प्रेम-वियोग-वेदना के काव्य प्रकाशित हुए जो जीवन और जगत् के अन्तर्विरोधों के बीच से संवेदनशील हृदय की आकुलता के सहज उद्गार हैं। ये तीनों काव्य आधुनिक विरह काव्य परम्परा के अन्यतम और युगान्तकारी काव्य हैं, लेकिन 'आँसू' और ग्रन्थि' लौकिकता से आयुत और सम्पृक्त होकर अपने आराध्य देवता की स्मृति में वेदना अश्रु से जहाँ पाठकों के हृदय को आप्यायित करते हैं, वहाँ 'अन्तर्जगत्' में वह आयुष्मिता है जो व्यक्तिवादी अन्तश्चेतना को उत्तरोत्तर ऊर्ध्वगामी बनाती गयी है। स्पष्ट है कि इसमें कवि के हृदय की पीड़ा, विराट् चेतना का संस्पर्श करती है, जिसमें भौतिक आह-कराह, चोट-कचोट उसकी अप्रतिम सुषमा में तिरोहित हो जाती है–

मार्ग विहीन असीम शून्य के सुन्दर जग में,
ऐसे तेरी रंगभूमि में प्रियतम पहुँच सकी मैं कैसे?
पूछो मत अब तक न ज्ञात है यह रहस्य कुछ मुझको,
मूक पुकार समझ मानस की देख रही हूँ तुझको।
(हिन्दुस्तानी भा. 67 अंक 1, पृ. 25)

अपने कथन को और स्पष्ट करते हुए तिवारी जी आगे लिखते हैं–'अन्तर्जगत्' में व्यक्त वेदना, करुणा और पीड़ा अपनी वैयक्तिकता से सुसंस्कृत और उदार है। उसकी वेदना में संकीर्णता या संकुलता नहीं है अपितु एक अपूर्व राग की मधुरिमा है, अद्भुत विलक्षणता और निरालापन है।'' इसके उदाहरण में वह निम्नांकित छन्द उद्धृत करतते हैं–

अति विक्षुब्ध असीम सिन्धु पर सुन्दर प्रातः रवि-सी
बन श्याम नीरद में अविचल नील अनन्त सुछबि-सी
दुःख में करुण रस, विस्मृति के प्रेमी के चुम्बन-सी
नित्य मधुरिमा लसती तुममें नित्य निरालेपन-सी।

'लक्ष्मी नाराण मिश्र रचनावली,' खण्ड 1 की भूमिका में सम्पादक डॉ. विश्वनाथ प्रसाद ने लिखा है–'अन्तर्जगत्' की प्रारम्भिक पंक्तियों से ही कवि ने वेदना का उदात्तीकरण कर दिया है। वह उसके अन्तर्जगत् की वेदना नहीं है, बल्कि वह एक अनुभव है जो 'आसक्ति रहित' है लेकिन वह 'नियति ज्योति' को घेरे हुए है। कवि का मधुर प्रेम अति विक्षुब्ध और असीम है। दुःख में करुणा के समान है। विस्मृति में प्रेमी के चुम्बन के समान मधुर है। उसमें नित्य मधुरिमा शोभा पाती है' (छं.सं. 18) प्रसाद के 'आँसू' में वेदना को दार्शनिक रूप दिया गया है और लक्ष्मी नारायण मिश्र ने उसे भावात्मक बनाया है।' (रचनावली खण्ड 1 (भू.) पृ. 4)

मुझे लगता है कि इन आलोचकों ने छायावादी कवियों की आत्मगोपन हेतु प्रयुक्त छायाभाषी शब्दावली का प्रयोग करके मिश्र जी के इस शुद्ध प्रेम-विरह के काव्य को उदात्त, वैश्विक और अमांसल-आसक्ति रहित सिद्ध करने का प्रयास किया है। विश्व-वेदना, असीम, शून्य आदि सभी छायावादियों की घिसी-पिटी शब्दावली थी और स्वयं मिश्र जी अपने व्याख्यानों में कहा करते थे कि छायावादी कवियों में कैशोर-पौगण्ड भावुकता का प्रवाह और

अतृप्त वासनाओं का विस्तार था। पं. श्रीनारायण चतुर्वेदी ने ठीक ही लिखा है कि 'अन्तर्जगत्' गीति काव्य है जिसकी रचना छायावादी पद्धति में युवा मन के चंचल भावों की अभिव्यक्ति लेकर की गयी है। (लक्ष्मीनारायण रचनावली पृ. 364)

इस विरह काव्य के प्रारम्भ में कुछ वायवी वर्णनवाले पाँच-छह छन्दों के बाद कवि अपने भौतिक-सांसारिक प्रेम की स्पष्ट व्यंजना करता है—

तुमको देख हुई वह मुझको भय-लज्जा जो इतनी
उसके बिना सत्य में होती नीरसता थी कितनी?
जो कुछ है सौन्दर्य सत्य के भीतर बसता मेरे
उसकी सृष्टि हुई थी पहले दृढ़ बन्धन में तेरे।

यह अलग बात है कि किशोर मिश्र जी का यह अनुभव वास्तविक है या काल्पनिक? भावात्मक है या अभावात्मक? पर है पूर्ण भौतिक सांसारिक काव्य जैसे कविवर प्रसाद का 'आँसू' है। देखिये—

प्रिये, बंचना कर सकती तू कितनी, मुझसे मेरी?
बजती है अनादि वह सम्मुख मोहक मुरली तेरी।

* * *

प्रेम-जगत्! अब तक तुमने कुछ कभी न ली सुधि मेरी।
लीन हुई यह करुण कहानी नीरवता में तेरी।

* * *

मुझे याद वह बात तुम्हारी है, उस सुन्दर निशि की,
प्रेमी मधुर हृदय में बसती शान्ति स्वर्ग के शशि की।

* * *

मधुर रागिनी बजती उसमें मानस में चिर सुख की,
विस्मृति होती करुण कहानी जिसकी लय में दुख की।

इन पंक्तियों से 'प्रसाद' की पंक्तियों की क्रमशः तुलना कीजिए—

मुरली मुखरित होती थी मुकलों के अधर बिहँसते।

* * *

रो-रो कर सिसक-सिसक कर कहता मैं करुण कहानी।

* * *

इस करुणा कलित हृदय में क्यों विकल रागिनी बजती।

इस प्रकार शब्दों का सामान्य प्रयोग दोनों रचनाओं में मिलते हैं। 'आँसू' का विरही कवि अपने वेदना को जग की वेदना में क्रमशः पर्यवसित कर देता है। 'अन्तर्जगत्' का कवि अपनी वेदना को ही विश्व-वेदना का एक अंश मान कर चलता है।

'कालजयी' अधूरा महाकाव्य

महाभारत के अत्यन्त तेजस्वी पात्र कर्ण की कथा को लेकर लिखा गया यह महाकाव्य (पाँच सर्ग तक) 1956 में सर्वप्रथम किताब महल इलाहाबाद से 'सेनापति कर्ण' के नाम से प्रकाशित हुआ था। इसका लेखन तो इसके कई वर्ष पहले 1933 ई. में प्रारम्भ हो गया था। बाद में मिश्र जी ने इसका नाम 'कालजयी' रख दिया और 'लक्ष्मीनाराण मिश्र-रचनावली' भाग-1 में वह इसी नाम से अधूरा ही प्रकाशित हुआ है। 1950 में 'रश्मिरथी' नामक सुन्दर काव्यग्रन्थ रचने वाले रामधारी सिंह 'दिनकर' ने उसकी भूमिका में लिखा है—''इस काव्य का प्रारम्भ मैंने 16 फरवरी, 1950 ई. को किया था। उस समय मुझे केवल इतना पता था कि प्रयाग के यशस्वी साहित्यकार पं. लक्ष्मीनारायण मिश्र कर्ण पर एक महाकाव्य की रचना कर रहे हैं। किन्तु 'रश्मिरथी' के पूरा होते-होते हिन्दी में कर्ण-चरित पर कई नूतन और रमणीय काव्य निकल गये। यह युग दलितों और उपेक्षितों के उद्धार का युग है अतएव यह बहुत स्वाभाविक है। राष्ट्रभारती के जागरूक कवियों का ध्यान उस चरित की ओर जाय जो हजारों वर्षों से हमारे सामने उपेक्षित और कलंकित मानवता का मूक प्रतीक बनकर खड़ा रहा है। ... कर्ण चरित का उद्धार एक तरह से, नयी मानवता की स्थापना का प्रयास है।'' आज कई प्रबन्ध प्रकाशित हुए हैं किन्तु कर्ण काव्यों में मिश्र जी का कालजयी (इसकी रचना 1933 ई. से प्रारम्भ हुई थी) कर्ण-चरित्र से सम्बन्धित हिन्दी में पहली काव्य रचना है—केदारनाथ मिश्र प्रभात का 'कर्ण' और रामधारी सिंह दिनकर का 'रश्मिरथी' बहुत बाद में प्रकाशित हुए। नरेन्द्र कोहली के 'महासमर' के साथ मनु शर्मा का 'कर्ण' की आत्मकथा' और डॉ. बच्चन सिंह का 'सूतो वा सूत पुत्रो वा'

ऐसी औपन्यासिक कृतियाँ हैं, जो कर्ण के चरित्र पर जमी पक्षपात और जातीय उपेक्षा की पर्तों को उद्घाटित करती हैं। कर्ण की उपेक्षा और पीड़ा की पहचान आधुनिक हिन्दी साहित्य में सर्वप्रथम मिश्र जी ने की और उस दलित उपेक्षित महान् चरित को महाकाव्य का महानायक बनाया। उनके पूर्व के और समकालीन कवियों ने प्रसिद्ध पौराणिक चरित्रों को अपने महाकाव्य का नायक बनाया था। 'हरिऔध' का प्रियप्रवास, रामचरित उपाध्याय का 'रामचरित चिन्तामणि', मैथिलीशरण गुप्त का 'साकेत' द्वारिका प्रसाद मिश्र का 'कृष्णायन' सभी राम और कृष्ण को नायक बनाकर लिखे गये। छायावाद युग की 'कामायनी' मनु के पौराणिक आख्यान पर आधारित थी। इस प्रकार वस्तु चयन में मिश्र जी ने एक नयी पहल की।

'महाभारत' की कथा के केन्द्र में राज का बँटवारा, द्रौपदी का अपमान आदि जो भी कारण हों, पर सबसे प्रधान कारण कर्ण का अपमान, उसकी उपेक्षा, उसका तिरस्कार ही था। यदि कर्ण कौरव पक्ष में न जाता तो शायद महाभारत रुक सकता था। जो द्वापर की उस महान् रचना का और उस युग का उपेक्षित पात्र था और जन्मना न सही पर पोषण और परिवार से दलित था, उसे महाकाव्य का नायक बनाना एक क्रान्तिकारी कदम था। आज दलित-चेतना का युग है, दलित-विमर्श साहित्य का एक प्रमुख चिन्तन है। पर उस समय कौन 'कर्ण' के पक्ष में खड़ा होता जब साक्षात् धर्म के विग्रह श्रीकृष्ण ही उसे छल से जीतने और मार डालने के पक्षधर थे। ऐसे तेजस्वी कर्ण के सम्बन्ध में दिनकर ने लिखा, "कर्ण चरित्र का उद्धार एक तरह से, नयी मानवता की स्थापना का प्रयास है।" कर्ण ने अर्जुन को धनुर्विद्या में प्रतिद्वन्दिता के लिए ललकारा। शस्त्र-परीक्षा में अर्जुन सर्वश्रेष्ठ घोषित हुआ तो कर्ण ने चुनौती दी। द्रोणाचार्य को पता था कि कर्ण अर्जुन को पराजित कर देगा। अतः उससे कुल-गोत्र पूछा गया। कर्ण का उत्तर था–

मस्तक ऊँचा किये जाति का नाम लिये चलते हो।
पर अधर्ममय शोषण के बल से सुख में पलते हो।
अधम जातियों से थर-थर काँपते तुम्हारे प्राण।
छल से माँग लिया करते हो अँगूठे का दान।

पूछो मेरी जाति शक्ति हो तो मेरे भुजबल से।
रवि-समान दीपित ललाट से, और कवच कुण्डल से।
पढ़ो उसे जो झलक रहा है मुझमें तेज प्रकाश।
मेरे रोम रोम में अंकित है मेरा इतिहास।

(रश्मिरथी)

यह दलित चेतना के उभार के स्वर थे जिसे स्वतन्त्रता प्राप्ति के बाद दिनकर ने अपनी रचना में स्वर दिया पर इस चेतना को 1933 ई. में झंकृत करना प्रारम्भ किया था, मिश्र जी ने। बुद्धिवादी मिश्र जी का बुद्धिवाद उस रचना में दर्शनीय है। पुरानी संस्कृति के उज्ज्वल पक्ष के पोषक होने और वर्ण-व्यवस्था के साधु स्वरूप को मान्यता देनेवाले मिश्र जी ने महाभारत के कथानक में उभरे पाण्डव पक्ष के छल-कपट को उजागर किया है। इस कूटनीति में श्रीकृष्ण तो लिप्त हैं ही धर्मराज की संज्ञा धारण करनेवाले युधिष्ठिर भी इसमें लिप्त हो जाते हैं। प्रथम सर्ग में जब द्रोणाचार्य को छल से समाप्त किया गया और कौरव शिविर में विचार-विमर्श चल रहा है तो सुयोधन कहता है—

"धर्मसुत धर्मराज, धर्म सम विश्व में
धार्मिक विदित हैं जो, हीन स्वार्थवश हो,
वंचना की पामर ने। उच्च स्वर में कहा,
'अश्वत्थामा मारा गया' किन्तु मंद स्वर में
'नर नहीं कुंजर' बढ़ाया और उसने
सत्य-रक्षा हेतु।"

यह कड़े शब्द आज के तार्किक युग के किसी भी विचारक के ही हो सकते हैं। श्रीकृष्ण के शिशुपाल-वध के प्रसंग में भी 'तर्क का उत्तर शस्त्र से' कहकर वह कृष्ण के आचरण को निन्द्य बताता है—

"और वे मनस्वी हैं तभी तो शिशुपाल को
मारा था उन्होंने, सभा मध्य जो निःशस्त्र था
तर्कपूर्ण वाणी-युद्ध करने उठा था जो,
जानता नहीं था जोकि उत्तर में तर्क के
चक्र चलता है।"

लक्ष्मीनारायण मिश्र ने अपने तर्कवादी-बुद्धिवादी व्यक्तित्व से आज के लोकतान्त्रिक युग में इस कथा को 'सत्य की तर्कपूर्ण यथार्थ कसौटी' पर कसा है। यह नहीं कि कौरव पक्ष ने छल नहीं किया पर कवि ने उस पक्ष के छल-कपट को तार-तार किया है जो सत्यवादी, धर्मनिष्ठ, साधु और धर्म के विग्रह होने का दावा करता है।

इस प्रसंग में एकलव्य का अँगूठा कटवा लेना और अर्जुन को आगे करने के लिए कर्ण की तेजस्विता को दुत्कारे जाने का जो दर्द कर्ण ने अनुभव किया होगा, वह मिश्र जी ने अपने 'कालजयी' महाकाव्य में अनुभव किया है। महाभारत भी व्यक्त करता है कि सीधे शस्त्र-प्रतियोगिता में कर्ण अर्जुन को पराजित कर देता, मत्स्य-वेध में भी अर्जुन से पहले ही कर्ण सफल हो जाता। घटोत्कच पर अमोघ का प्रहार नियोजित कराकर कर्ण की शक्ति क्षीण न की जाती, शल्य को सारथी बनाकर उसका मनोबल न गिराया जाता, उसके कर्ण-कुण्डल आदि को छलपूर्वक दान में न लिया जाता तो वही विजयी होता। मिश्र जी ने भी महाभारत की भाँति अन्तिम सर्ग में कर्ण को पराजित किया होता पर वह युद्ध में वह योद्धा भले ही जयी न हुआ पर वह अपनी वीरता से वह 'कालजयी' हो गया। अन्तिम भाग शेष रह गया। अतः कवि के निष्कर्ष का अनुमान तो किया जा सकता है पर कवि-वाणी में जिस भास्वरता से प्रकट होता, वह तो रह ही गया।

मिश्र जी बुद्धिजीवी होने के साथ-साथ सांस्कृतिक परम्पराओं के पक्षधर थे। इसलिए वर्ण-व्यवस्था के मण्डन में उनकी रुचि बराबर देखी जाती है। आचार्य हजारीप्रसाद द्विवेदी ने इस सम्बन्ध में लिखा है कि, '' 'कालजयी' में जो भारतीय भावबोध है वह मिश्र जी की वर्णाश्रम व्यवस्था के प्रति दृढ़ निष्ठा से प्रभावित है। 'कालजयी' में उनकी यह निष्ठा पूर्ण रूप से प्रभावी जान पड़ती है। नये विचार के लोगों के लिए यह अटपटी जान पड़ सकती है।'' (लक्ष्मीनारायण मिश्र रचनावली (परिशिष्ट) पृ. 361) पर कर्ण के नायकत्व और उसके चरित्र-विधान पर द्विवेदी जी रचनाकार की प्रशंसा करते हुए कहते हैं–

''भारतीय साहित्य में आदिकाल से लेकर रीतिकाल तक जो प्रख्यात वंश नायक की 'टाइप' रचना की थी, उस प्रथा का यह चरित्र प्रतिवाद है।

मिश्र जी ने इस चरित्र को जो इतने उदात्त रूप में चित्रित किया है, वही उनके मानवीय भावबोध को उजागर करता है। एक तरफ वे आधुनिक युग के मानवता बोध को बहुत उदात्त और मनोहर रूप दे सके हैं, वहीं भारतीय काव्यधारा के महनीय और श्रेयस्कर रूप को भी उजागर करने में सफल हुए हैं।'' (वही, पृ. 360)

लक्ष्मीनारायण मिश्र में परम्परा के परिष्कार द्वारा उसे युगानुकूल बनाकर आधुनिक जीवन बोध के साथ जोड़ने की जो दिशा उनके नाटकों में दीख पड़ती है, वही उनके महाकाव्य 'कालजयी' में भी विद्यमान है।

●●●